U0832512

权威·前沿·原创

皮书系列为
“十二五”“十三五”国家重点图书出版规划项目

汽车与保险蓝皮书

BLUE BOOK OF
AUTOMOBILE AND INSURANCE

中国汽车与保险大数据发展报告（2018）

REPORT ON DEVELOPMENT OF CHINESE AUTOMOBILE AND INSURANCE BIG DATA (2018)

中国汽车技术研究中心有限公司
中国保险信息技术管理有限责任公司／编

社会科学文献出版社
SOCIAL SCIENCES ACADEMIC PRESS (CHINA)

图书在版编目（CIP）数据

中国汽车与保险大数据发展报告. 2018 / 中国汽车技术研究中心有限公司，中国保险信息技术管理有限责任公司编. -- 北京：社会科学文献出版社，2018. 11
（汽车与保险蓝皮书）
ISBN 978-7-5201-3821-5

Ⅰ. ①中… Ⅱ. ①中… ②中… Ⅲ. ①汽车保险-研究报告-中国-2018 Ⅳ. ①F842. 634

中国版本图书馆 CIP 数据核字（2018）第 247176 号

汽车与保险蓝皮书
中国汽车与保险大数据发展报告（2018）

主　　编／郑继虎
副 主 编／单　鹏　朱向雷

出 版 人／谢寿光
项目统筹／丁　凡
责任编辑／丁　凡

出　　版／社会科学文献出版社·区域发展出版中心（010）59367143
　　　　　地址：北京市北三环中路甲 29 号院华龙大厦　邮编：100029
　　　　　网址：www. ssap. com. cn
发　　行／市场营销中心（010）59367081　59367083
印　　装／三河市龙林印务有限公司

规　　格／开　本：787mm × 1092mm　1/16
　　　　　印　张：21　字　数：316 千字
版　　次／2018 年 11 月第 1 版　2018 年 11 月第 1 次印刷
书　　号／ISBN 978-7-5201-3821-5
定　　价／89.00 元

皮书序列号／PSN B-2018-767-1/1

《中国汽车与保险大数据发展报告（2018）》编委会

编著机构简介

中国汽车技术研究中心有限公司

中国汽车技术研究中心有限公司（简称“中汽中心”）是1985年根据国家对汽车行业管理的需要，经国家批准成立的科研院所，现隶属于国务院国有资产监督管理委员会，是在国内外汽车行业具有广泛影响力的综合性技术服务机构。同时，该公司建立了以首席专家、学科后备带头人、青年科技骨干为基础的人才梯队，形成一个高学历、高技能、懂经营、善管理的人才方阵。

中汽中心始终坚持“独立、公正、第三方”的行业定位，坚定不移地走“科技引领、行业导向、创新驱动、绿色发展”的发展道路，业务涵盖：行业服务、标准业务、政策研究、检测试验、工程技术研发、认证业务、大数据、工程设计与总包、咨询业务、新能源、产业化和战略性新兴业务等。

中国保险信息技术管理有限责任公司

中国保险信息技术管理有限责任公司（简称“中国保信”）是经国务院批准，于2013年7月在国家工商行政管理总局登记成立的企业法人。中国保信注册资本20亿元，总部设在北京，由中国银行保险监督管理委员会管理。公司以服务行业发展、支持保险监管、保护保险消费、辅助社会治理为使命，主要职责是了解保险行业信息交互共享需求，建设和运营集中统一、设计科学、功能完善、安全高效的保险业数据信息共享和对外交互平台。目前，中国保信已经建成和正在规划建设机动车辆保险、农业保险、健康保险、保险中介和保单登记等平台，其中车险平台基本实现了全国范围内机动车辆保险数据信息的汇集利用和交互共享，可在车险保费定价、车船税联网征收、代位求偿、反欺诈等方面发挥重要作用。

主要编委简介

于　凯　研究员级高级工程师，中国汽车技术研究中心有限公司董事长、党委书记、总经理。中国汽车工业协会副会长，机械工业联合会理事，享受国务院特殊津贴专家。

吴晓军　原中国保险信息技术管理有限责任公司董事长、总裁。历任中国保监会办公厅副主任、统计信息部主任等职，曾担任中国保险标准化委员会主任委员。

吴志新　中国汽车技术研究中心有限公司副总经理。全国汽车标准化技术委员会电动汽车分技术委员会主任委员，国家科技部863计划“节能与新能源汽车”重大项目总体组专家，天津大学电气与自动化工程学院控制理论与控制工程专业教授、博士研究生导师，中国汽车工程学会电动汽车分会副主任。

王　哲　高级经济师，中国保险信息技术管理有限责任公司副总裁。曾经在中国人民银行和保监会长期从事金融保险统计与分析和保险监管信息化建设工作，先后参与完成了金融统计改革、保险会计制度建设、保险统计改革和保监会监管信息化系统建设等多项任务。

郑继虎　高级工程师，中国汽车技术研究中心有限公司数据资源中心主任，C－ECAP管理中心常务副主任，汽车与保险大数据产业联盟秘书长。长期从事汽车产业大数据、节能与新能源、绿色发展、生态设计评价等领域的科研工作。通过翔实的数据分析以及建立科学的分析模型，取得了丰富的研究成果，部分研究成果已经成为国家宏观产业调控的重要参考依据。主持并参与完成多项国家级重要科研课题，在专业技术领域形成一定影响力。

单　鹏　金融学博士，中国人民大学攻读博士后。中国保险信息技术管理有限责任公司车险业务部总经理，曾任中国保监会辽宁监管局办公室副主任、辽宁省保险行业协会副会长兼秘书长、中国保险行业协会副秘书长。组织和参与我国人身保险伤残给付标准研究、全国车险信息平台建设与运营。

朱向雷　高级工程师，中国汽车技术研究中心有限公司大数据技术领域首席专家，数据资源中心总工程师。曾主持或参加工信部、国家税务总局、交通运输部等省部级课题及中汽中心课题三十余项，发表学术论文五十余篇。

摘　要

《中国汽车与保险大数据发展报告（2018）》是由中国汽车技术研究中心有限公司、中国保险信息技术管理有限责任公司共同组织编著，由汽车与保险行业多位资深从业人员，通过大数据分析，共同撰写的全面论述中国汽车与保险大数据发展现状及趋势的权威著作。

全书包括总报告、汽车大数据篇、保险大数据篇、综合应用篇以及附录等5个部分。

自2015年我国提出实施国家大数据战略以来，大数据产业经历了爆发式的发展，汽车与保险大数据产业取得了长足进步。在此背景下，本书以“中国汽车与保险大数据现状及展望”为主题，详细论述了中国汽车与保险大数据的发展历程、发展现状以及面临的问题与挑战，并结合当前形势提出未来发展思路。汽车大数据篇以汽车产业全产业链大数据融合为背景，从汽车市场大数据、新能源汽车大数据、换购及二手车大数据、汽车工程研发大数据等多角度进行了全面、深入的分析。汽车保险大数据篇围绕大数据在车险行业的实际应用展开，涵盖了新能源汽车保险、营运车队风险、货车驾驶行为、汽车延保等内容，并基于大数据研究发布了2017年全国商业车险风险地图，为车险行业各个业务领域的大数据应用提供了参考。综合应用篇结合大数据实际应用案例进行展开，梳理了大数据在应用方面取得的成果，并结合发展现状对未来大数据应用提出新的构想。

综观全书，从基于大数据应用的实例研究入手，深入分析了大数据在汽车行业、保险行业各个细分领域的应用，同时对我国大数据发展存在的问题与挑战进行了客观分析并提出相应建议。本书对汽车行业、保险行业及其他相关行业的大数据建设与应用具有重要的参考价值和研究意义。

关键词： 大数据　国家战略　应用　汽车行业　保险行业

目 录

Ⅰ 总报告

Ⅱ 汽车大数据篇

Ⅲ 保险大数据篇

Ⅳ 综合应用篇

Ⅴ 附录

皮书数据库阅读**使用指南**

总 报 告

General Report

B.1 2017 ~2018年中国汽车与保险大数据现状及展望

孟 菲　刘英男　杨立阳*

摘　要： “十三五”规划纲要指出，实施国家大数据战略，把大数据作为基础性战略资源，全面实施促进大数据发展行动，加快推动数据资源共享开放和开发应用，助力产业转型升级。在大数据快速发展的带动下，汽车产业电动化、智能化、网联化、共享化趋势日趋明显，车险行业精准科学化承保、智能便捷化理赔趋势日益加快，同时在新趋势演变过程中将产生更为宝贵的大数据资源。本报告在对我国大数据发展现状、汽车大数据发展现状、保险大数据发展现状进行梳理的基础

* 孟菲，中国汽车技术研究中心有限公司数据资源中心数据业务本部本部长；刘英男，中国汽车技术研究中心有限公司数据资源中心数据平台部部长；杨立阳，中国汽车技术研究中心有限公司数据资源中心数据平台部项目经理。

上，客观分析了大数据发展存在的问题，并结合国内外大数据发展经验提出了我国汽车与保险大数据产业未来发展的方向。

关键词： 大数据　汽车产业　保险行业　变革

一　引言

大数据概念最初起源于美国，是由思科、甲骨文、IBM 等公司倡议发展起来的。大约从 2009 年开始，“大数据”成为互联网信息技术行业的流行词汇，大数据是指在一定时间范围内用常规软件工具无法捕捉、管理和处理的数据集合，是用户需要通过新处理模式才能获得更强的决策力、洞察发现力和流程优化能力的海量、高增长率和多样化的信息资产。①

据 IDC（国际数据公司）预测，2020 年全球大数据总量将 2020 年达到 44 ZB（Zetta byte，泽字节，10 的 21 次方字节，1ZB = 1048576PB），大数据总量的每年增速将超过 40%。我国大数据产业将迎来爆发式增长，据预测到 2020 年我国大数据总量将达到 8 ZB 左右，相当于全中国每人每年产生 6. 2TB 的数据量，占全球数据总量的 18%。

（一）我国实施大数据战略

大数据在我国越来越被重视，短短几年大数据成为各行各业关注的焦点。2015 年 8 月国务院发布《促进大数据发展行动纲要》，提出全面推进我国大数据的发展和应用，加快建设数据强国。这是我国促进大数据发展的第一份权威性、系统性文件，从国家大数据发展战略全局的高度，提出了我国大数据发展的顶层设计，是指导我国未来大数据发展的纲领性文件。同年

① 资料来源：百度百科。

10月中共十八届五中全会公报提出要实施“国家大数据战略”，这是大数据第一次写入党的全会决议，标志着大数据战略正式上升为国家战略。开启了大数据建设的新篇章。同时各行各业以及各地政府也在加快相关进程，纷纷出台大数据相关政策法规，加速发展大数据产业，截至目前我国已形成比较完善的大数据建设法规政策体系，为指导大数据快速发展提供了有效保障。

（二）大数据是汽车产业“新四化”的基石

新形势下汽车行业的电动化、智能化、网联化、共享化趋势越来越明显，越来越多的汽车企业围绕着汽车“新四化”展开未来规划。“新四化”的提出为我国汽车工业的转型升级提供了鲜明的发展方向，同时必将带来整个行业的变革。虽然我国汽车企业起步较晚，但在实现“新四化”的道路上所有企业又一次站在了同一起跑线上，国内企业如何抓住机遇从追随者变为领跑者，实现弯道超车，是每一位汽车人都应该思考的问题。

实现汽车产业的“新四化”不仅关系到汽车产业，同时需要各行各业进行跨行业的深度融合，而其中大数据正是实现各行业深度融合的桥梁与催化剂。新形势下用户对汽车产品的要求越来越高，需求变化越来越快，这就需要车企能够实时、快速地了解用户需求并第一时间提供相应的产品与服务，而大数据可以在用户信息、产品规划、智能制造、精准营销、维保服务等方面提供强力支持。未来汽车智能化、网联化的基础是大数据收集、融合、分析、交互、决策的过程，在其中无论是汽车本身的运行数据，比如速度、温度、节气门开度，加速度、减速度等，还是与汽车相关联的其他数据，比如驾驶员、路况、红绿灯、商超位置、目的地等，共同形成“人—车—环境”的大数据集合。

大数据的另一个优势就在于运用大数据技术、通信技术使汽车不再只是单一的交通工具，而是未来社会中最具活力的有机组成部分，成为提供超越移动本身的内容和服务的载体。

（三）大数据促进车险行业变革升级

车险行业已经成为与社会公众关系最紧密、公众感受最直接及利益最明显的保险业务领域之一。信息技术在现代金融创新中发挥了极为重要的作用，但针对车险行业而言，虽然其近年来在大数据战略和网络经营等方面进行了积极探索，但在数据收集、信息共享方面还未完全打通，这也给保险业发展带来了一些问题，如骗保、欺诈等行为时有发生。同时，随着科学技术的不断进步，科学承保、智能理赔成为众多经营车险企业的共同诉求。随着汽车“新四化”、智能设备、互联网商业、电子监控、网络社群的发展，人类生活正在走向全面数据化，数据采集的范围越来越宽，程度越来越深，频度越来越高，维度越来越丰富，这就为车险行业的大数据应用提供了丰富的基础数据。在真实的应用场景中需要对所有数据源进行全方位的统一、开放、共享，同时要提高大数据在车险行业的加工和应用能力，进而提高大数据在车险行业的实用性。

二　政策引领，大数据产业快速发展

当今伴随着移动互联网的快速发展，大数据呈现爆发式的增长，其中公共设备、个人电脑、移动终端、车载设备、传感器等生产或传播数据载体的不断增多，使数据以超出想象的速度在发展。随着大数据技术的不断发展，大数据在相关产业应用越来越广泛，大数据的应用价值不仅体现在政府、医疗、汽车、保险等传统领域，更是渗透到整个社会生活的方方面面。在世界范围内已有多个国家将发展大数据提升至国家战略高度，特别是西方发达国家纷纷制定大数据相关政策，以政府为主体推进本国大数据发展，抢占发展先机，增强本国在大数据领域的领先地位。

（一）世界各国大数据战略兴起

1. 美国大数据战略

由美国政府主导的大数据战略最早始于2011年初，美国总统科学技术顾问委员会提出：大数据包含着重要的战略价值，应该由政府进行主导，加快加强美国的大数据建设。2012年3月29日，美国政府正式公布了《大数据研究与发展倡议》（Big Data Research and Development Initiative），此举标志着美国政府将大数据提高到国家战略层面，形成以联邦政府为主导，相关政府部门为主体，联合众多大数据企业共同推进美国大数据建设的格局。

2013 年 11 月，白宫推出“数据—知识—行动”计划，进一步细化了大数据改造国家治理模式、促进前沿创新、提振经济增长的路径，这是美国向数字治国、数字经济、数字城市、数字国防转型的重要举措。

2014 年 5 月，美国总统办公室提交《大数据：把握机遇，维护价值》政策报告，强调政府部门和私人部门紧密合作，利用大数据最大限度促进增长，减少风险。伴随着这些战略计划，美国政府启动“公开数据行动”，陆续公开健康、能源、气候、教育、经济、公共安全、全球发展等 50 个门类的政府数据，便于商业部门进行开发和创新。

2016 年 5 月，白宫发布《联邦大数据研发战略计划》，在已有基础上提出美国下一步的大数据发展战略。美国政府将数据定义为“未来的新石油”，认为一个国家拥有数据的规模、活性及对其解释运用的能力将成为该国综合国力的重要组成部分，21 世纪数据将成为下一个大的战略资源。

2. 日本大数据战略

2012 年 7 月，日本颁布了《面向 2020 年的 ICT 综合战略》，以开放公共数据和大数据为核心，重点关注大数据在具体行业的应用，扭转日本经济的下滑态势，提升日本竞争力，大数据应用不可或缺。2013 年 6 月，日本内阁正式公布《创建最尖端信息技术国家宣言》，这是以开放大数据为核心的 IT 国家战略，旨在把日本建成具有“世界最高水准的广泛运用信息产业技术的社会”。

日本的大数据战略将以政府和企业为主体，并鼓励全员参与，重点在开放数据、数据流通、创新应用、人才培养等方面进行了部署。

3. 欧盟大数据战略

欧盟于 2011 年 12 月公开颁布了《开放数据战略》，它以开放数据为核心，以创新、增长和透明治理为引擎，制定了欧盟应对大数据挑战的战略，将重点加强在数据处理技术、数据门户网站和科研数据基础设施三方面的投入。

同时，欧盟正在研究制定数据价值链战略计划，以实现数据的最大价值，尤其是所谓的“大数据”，重点是通过一个以数据为核心的连贯性欧盟生态体系，让数据价值链的不同阶段产生价值。数据价值链的概念为数据的生命周期，从数据产生、验证到进一步加工，以创新产品和服务形式出现的利用和再利用。数据价值链战略计划包括开放数据、云计算、高性能计算和科学知识开放获取这四大战略。遵循的主要原则：高质量数据的广泛获得性，包括公共资助数据的免费获得；作为数字化单一市场一部分，欧盟内数据的自由流动；寻求个人潜在隐私问题与其数据再利用潜力之间的适当平衡，同时赋予公民以其希望的形式使用自己数据的权利。

（二）中国加速大数据体系建设

2015 年 8 月国务院发布了《促进大数据发展行动纲要》（以下简称《纲要》），《纲要》提出，要加强顶层设计和统筹协调，大力推动政府信息系统和公共数据互联开放共享，加快政府信息平台整合，消除信息孤岛，推进数据资源向社会开放，增强政府公信力，引导社会发展，服务公众及企业；以企业为主体，营造宽松公平环境，加大大数据关键技术研发、产业发展和人才培养力度，着力推进数据汇集和发掘，深化大数据在各行业创新应用，促进大数据产业健康发展；完善法规制度和标准体系，科学规范利用大数据，切实保障数据安全。《纲要》部署三方面主要任务。一要加快政府数据开放共享，推动资源整合，提升治理能力。大力推动政府部门数据共享，稳步推动公共数据资源开放，统筹规划大数据基础设施建设，支持宏观调控科学化，推动政府治理精准化，推进商事服务便捷化，促进安全保障高效化，加快民生服务普惠化。二要推动产业创新发展，培育新兴业态，助力经济转型。发展大数据在工业、新兴产业、农业农村等行业领域应用，推动大数据发展与科研创新有机结合，推进基础研究和核心技术攻关，形成大数据产品体系，完善大数据产业链。三要强化安全保障，提高管理水平，促进健康发展。

2015 年 10 月召开的十八届五中全会提出实施“国家大数据战略”，这是大数据第一次被写入党的全会决议，标志着大数据战略正式上升为国家战略。发展大数据战略要坚持党的领导，坚持政府表率推动数据开放共享，坚持完善立法规范，坚持保证大数据信息安全。2016 年 3 月，国家在出台的“十三五”规划纲要中再次明确了大数据作为基础性战略资源的重大价值，提出要加快推动相关研发、应用及治理。

2017 年 1 月，《大数据产业发展规划（2016～2020 年）》正式发布，全面制订了未来五年的大数据产业发展计划，为“十三五”期间大数据产业的持续健康发展确立了目标与路径。

三　汽车产业大数据发展综述

（一）我国汽车产销量连续9年位居世界第一

我国汽车产销量自 2009 年超越美国后，已连续 9 年位居世界第一。2017 年我国汽车产、销 2901.5 万辆和 2887.9 万辆，同比增长 3.2% 和 3.0%，增速比上年同期回落 11.3 个和 10.6 个百分点，其中，乘用车产、销 2480.7 万辆和 2471.8 万辆，同比增长 1.6% 和 1.4%。受益于小排量汽车购置税优惠政策，2016、2017 年汽车销售维持了较高的景气度，但也透支了消费。2018 年 1～8 月份受益于豪华车市场的高速增长，我国汽车销量同比增速与 2017 年持平，但是分月来看，乘用车销量已出现多次同比负增长，购置税优惠政策的退出，中国经济走势结构性分化，群体购买力受到影响及部分地区楼市走强，购房后引起的消费降级等是主要原因。根据预测，2018 年我国汽车销量将出现微增长或负增长。

（二）大数据助力中国迈入世界汽车强国行列

21 世纪以来，我国汽车产业迎来了快速发展时期，从整车研发能力，到零部件配套体系，产品质量水平不断提高，中国品牌成长迅速，产品竞争力稳步提升，尤其是新能源汽车发展取得重大进步。但同时，中国汽车工业大而不强的矛盾依然突出，自主品牌占比仍有很大的提升空间。与西方发达

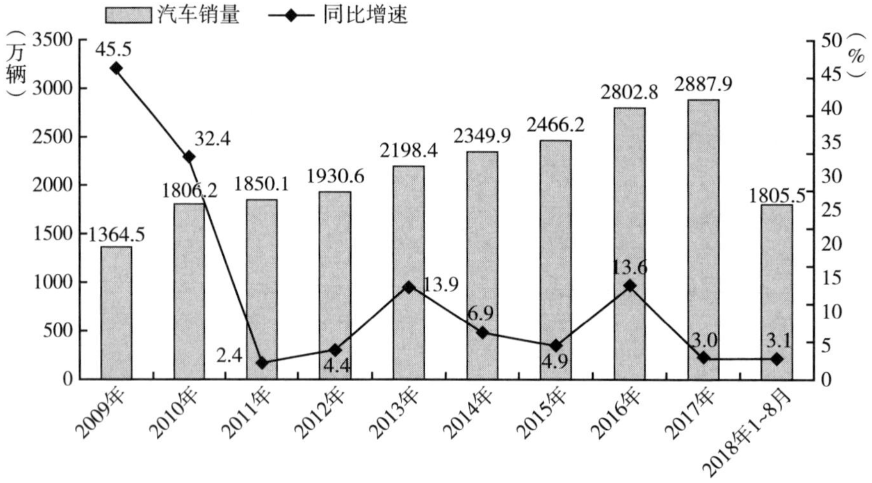

图 1　我国汽车历年销量数据

数据来源：根据公开资料整理。

国家相比我国的汽车工业起步较晚，比较突出地体现在：①我国汽车制造企业规模较小，生产成本较高。②技术落后，高端装备对外依赖度高，创新能力不足。③研发投入比重较少，相关人才匮乏。④汽车零部件等配套行业存在短板。

近几年我国在汽车产业顶层设计方面进行了部署，为我国由汽车大国向汽车强国迈进提供了有力支撑。随着大数据产业发展的日趋成熟，其在助推传统产业转型升级方面的作用也将越来越大。国家对智能制造在信息化与工业化融合中的作用高度肯定，在国务院 2015 年 5 月印发的《中国制造 2025》中就做出相关部署，要求大数据、云计算、工业互联网等技术综合集成应用在企业全流程及全产业链中，加快推进企业在研发设计、生产制造、经营管理以及销售服务方面的智能化发展。2017 年工业与信息化部联合国家发改委、科技部印发了《汽车产业中长期发展规划》，明确提出了“力争经过十年持续努力，迈入世界汽车强国行列”这一规划目标。要做到新型产业生态基本形成，完成研发设计、生产制造、物流配送、市场营销、客户服务一体化智能转型，实现人、车和环境设施的智能互联和数据共享，形成汽车与新一代信息技术、智能交通、能源、环保等融合发展的新型智慧生态体系。

当前，我国正处于新旧动能转化的关键时期，利用大数据改造升级传统制造产业培育新的动力，符合我国经济发展客观需要，对实现创新驱动实体经济转型发展意义重大。就汽车产业而言，大数据推动的智能化、网联化、共享化等发展趋势将为构建汽车产业新格局带来新思路、新动力。大数据在中国汽车工业的发展过程中扮演着越来越重要的角色，随着国家政策的进一步落实，大数据技术的进一步发展，大数据在收集、融合、交互及共享方面将更加完善，必将引领汽车行业走向数字化、智能化，早日实现汽车强国梦。

（三）汽车产业大数据正处于快速发展阶段

当前很多汽车企业的数据获取停留在通过业务获取、积累获取数据阶段，或是通过原始的方法收集对企业有用的数据，建立简单的数据库。通过对数据库中的数据简单分析，进而辅助企业进行市场决策，这种模式停留在“业务数据”的初级阶段。随着大数据的发展，数据获取途径将呈现多样化，未来企业运营新模式将是“数据驱动”，企业的每一项决策都会有大数据分析结果作为支撑，结合企业实际进行业务决策。

汽车产业数据体系正在从单点数据迅速爆发的阶段进入全链条数据融合的产业数据化阶段。基于大数据应用的汽车产业全链条数据融合，不是将既有单点数据进行简单的聚合处理，而是应用大数据技术手段，对汽车行业内部数据与外部相关联数据进行创新性整合。通过这些创新性整合能够最大限度地发挥大数据的作用。

随着国内外汽车行业信息化的发展，以及国家对大数据产业发展的鼓励与支持，中国汽车行业发展对大数据的应用需求愈加凸显。从大数据平台、大数据技术、产业应用等层面创新性地进行数据融合，打造数据、技术、应用与安全协同发展的大数据产业生态体系。要坚持开放合作这条路线，特别

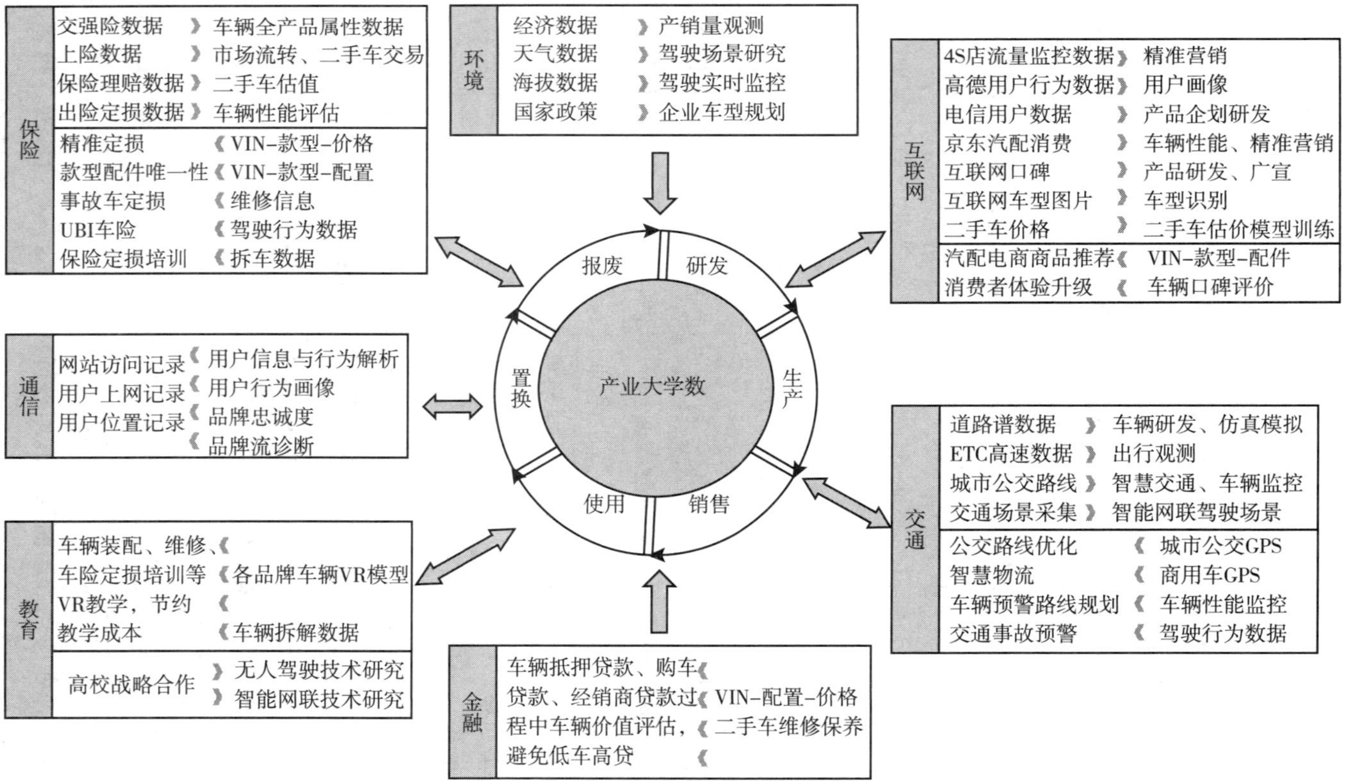

图 2　汽车产业大数据跨行业数据融合与应用场景框架

是在智能网联和新能源技术发展和数据应用上，健全合作体制机制，深化创新技术合作，激发产业主体活力，扩大合作成果影响，推动大数据驱动下汽车产业价值的有效转化。强化技术创新能力，以企业为主体集中攻克各个行业关键技术，加快大数据技术产品研发在汽车行业的融合应用，培育汽车产业的创新生态。

以汽车产业数据为核心，推动跨行业数据资源的融合与开发，在驱动汽车产业发展的同时，推动汽车相关行业的转型与发展。利用大数据技术的渗透作用和贯通作用，推动产业间数据资源、人才资源的紧密结合，加速产业联动和企业跨界，实现大数据推动汽车产业链的整体发展和各相关产业间的协同共进。多渠道、多层面采集汽车数据，建立汽车及相关产业数据共建共享机制；健全汽车与相关产业信息化和数字化基础设施建设，提升保障应用能力。当前逐步实现了汽车产业数据与保险、互联网、通信、交通、金融、教育、环境等领域的数据融合与应用，不仅实现借助其他行业数据推动汽车产业发展，同时基于融合数据的开发成果，快速推动金融、保险、教育、交通等行业运营能力的提升。

四　汽车保险大数据发展综述

（一）我国汽车保险产业发展现状

我国汽车工业的不断发展，汽车保有量的逐渐增加，促使汽车保险应运而生，从20世纪50年代开始，到70年代中期随着我国汽车数量的逐渐增多，汽车保险车险需求越来越大，汽车保险业务进入第一个快速发展阶段。到2000年后我国汽车工业进入快速发展期，随着私人消费群体的不断增加，汽车保有量快速增加，车险业务也进入高速增长期，车险保费由2000年的400余亿元增长至2017年的7931亿元，十八年间车险保费增加了18倍。目前国内的车险保费收入占据了财险保费收入的近八成，在我国财险中占据了主导地位，而随着我国汽车市场的不断发展，汽车保有量的进一步增加，车险品种不断完善，可以预见未来车险将持续增长。

截至目前，我国境内经营车险的公司近60家，但从各个保险公司的保费收入及利润来看，车险企业寡头格局进一步加剧。2017年车险原保费收入超过100亿元的企业共计9家，合计占比达87.6%，其中人保财险及平安财险两家企业合计占比达55.8%。2017年车险利润率方面，整体市场承保盈利为83.0亿元，承保利润率为1.1%。其中承保盈利企业共计7家，共计盈利153.0亿元，其中行业前三名企业共计盈利138.0亿元；承保亏损企业共计51家，累计亏损70.0亿元，近9成企业为亏损。

（二）应用大数据助力保险行业转型升级

进入21世纪，伴随着经济社会的持续发展，千人一面的车险产品已经远远不能够满足人民群众日益增长的美好生活需要，消费者需要更加个性化、更“懂”自己的产品，这也是供给侧结构性改革要求之一。保险业作为数据密集型产业，大数据为其提供了二次创业的新空间，特别是大数据在汽车保险中的应用，随着信息技术的不断发展为我们提供了前所未有的丰富而精准的数据，使保险公司能够更加深入地了解事故的原因，更准确地洞察不同驾驶方式造成的事故风险，从而真正实现从“关注车”向“关注人”的转变。

车险行业是具有经营风险的特殊行业，每家车险企业都会利用风险模型或数理统计进行风险评估，来自车联网、互联网、移动终端的大数据能够极大地丰富目前车险费率定价因子，比如消费者、行驶路径、道路拥堵状况、车辆属性等众多因子的引入必将对车险费率因子进行深度优化。运用大数据技术，通过高效收集、高效整合相关数据，包括行业数据与社会数据，健全车险行业的大数据机制，将极大地提升车险行业的竞争力，在承保端精准找到优质客户，在理赔端可以进行快速精准理赔，在服务端能够为客户提供满意的服务。

从2015年启动至今，车险费改已经经历三个阶段，保险企业的自主定价范围逐渐扩大。商车费改的核心内容之一是调整险企的自主渠道系数和自主核保系数范围，在其中谁拥有的数据更多，谁将能够更加精准地掌握市场动态，但目前来看大部分企业将自主系数定在了最低折扣，产品创新能力不足，各企业之间价格战加剧。在大数据时代可以应用更多的数据源，包括汽车保有数据，行驶路线、驾驶行为、维修工时，零部件费用、消费者属性等，对车险厘定因子进行调整优化，达到商车费改的真正目的。

大数据不是简单的数据堆积，而是需要通过跨界融合比对和关联，重构出有商业价值、能指导车险企业决策的数据，因此单靠一个企业、一个行业很难发挥数据的最大价值。建设成立一个全维度的大数据共享生态系统尤为必要，在这个系统平台中可以引入汽车、医疗、气象、交通、消费者等外部数据，同时与政府管理部门进行数据交换，有效发挥外部数据在车险行业中的应用，为车险行业转型升级提供助力。

五　汽车与保险大数据发展面临的问题与挑战

（一）数据孤岛问题严重，数据共享程度低

预计到2020年中国大数据总量占全球大数据总量将超过18%，我国拥有海量的大数据资源。但是在大数据的实际应用方面我国与西方发达国家还有很大的差距。这是因为目前我国的数据资源分散在了政府机构、企事业单位、高等院校、科研院所等不同主体内部，形成了一个个的数据孤岛，而没有真正地将这些数据整合应用起来。数据孤岛的问题之所以产生，最重要的原因之一是大数据利益相关者之间的大数据利益分布不均。同时由于各级政府之间、企业与企业之间、企业与机构之间信息不对称，缺少相关政策、法律的相关规定，大数据物权不明确，缺少权威的共享平台，这些因素导致了政府、企业等主体机构“不愿意公开、不敢公开、不能公开、不会公开”的问题。

如何解决数据孤岛问题，打造数据共建共享是实施大数据战略首要解决的问题之一。借鉴其他国家的经验结合中国的实际国情，可以考虑从以下三个方面展开：从政府方面制定大数据共建共享相关政策体系，加快政

府数据开放共享，逐步推进企事业单位数据及公共数据开放共享，形成完善的大数据发展协调机制。从大数据标准方面加强大数据标准化顶层设计，加速大数据处理技术发展，形成促全的大数据标准开放共享体系。从执行方面推进国家级数据共享平台，加速建设行业级数据交易平台、应用中心，从而形成完善的大数据交易体系、应用体系，激活大数据价值。最终形成以政府为主导，以企业、高校、研究机构为主体，全社会共同参与的中国特色大数据开放共享体系，在这个体系中每个主体都是数据提供者，也是数据受益者。

（二）数据标准不统一增加了数据应用难度

数据标准的不统一不仅存在于跨行业间，即使在同一行业不同企业之间、不同部门之间也存在着大数据标准不一致，这就导致了数据应用率、应用价值的降低，只有将大数据的标准进行统一才能充分发挥数据的作用。每个企业都会基于自己的业务体系及应用系统开发适用于本企业的大数据体系，在大数据融合时就会出现同一类型的数据标准不同的情况，几种标准甚至几十种标准，在单点数据应用阶段这种情况在做数据分析应用时并不会引起太大的麻烦，但是在大数据阶段，数据标准的不统一势必会极大地影响大数据的应用成果。就汽车行业而言，基于 VIN 码的单车全生命周期的数据融合是汽车产业大数据建设中的重要一环，但是现在每个企业都在其中的一个或多个环节拥有相关数据，即使各企业将数据进行共享但是由于标准的不一致也有必要进行数据的清洗，这样不仅浪费很多的时间，也会导致数据资源的重复建设。

建立数据统一标准需要从国家政策的顶层设计出发，制定相关的政策，只有将顶层设计好才能更好地引导各行业各地区开展大数据业务。虽然国家就大数据标准统一已经制定相关政策，但是效果并不明显，执行层面并没有有效贯彻执行，只有全社会全行业统一思想，基于统一的大数据标准进行大数据建设与数据交换共享，我国的大数据战略才能够真正地落实，为经济社会发展提供强力支持。

（三）数据安全是发展大数据战略的先决条件

在各国制定的大数据战略中都将数据安全放在了重要位置，数据安全是数据开放共享、数据融合的基础，大数据安全涉及方方面面，小到公司商业秘密，大到国家安全。大数据泄密风险加剧，大量数据集中储存，多种元数据相互关联，增加了泄密的风险以及扩大泄密造成的影响，在大数据时代是多维数据融合的时代，通过其中一个或多个关键字就可以将多种数据信息进行整合，一旦发生泄密事件，造成的损失将远远超过传统数据时期。随着大数据的快速发展，PB级数据存储与处理，甚至EB级数据储存与处理都将出现，目前的数据存储架构，难于支持这种数量级大数据的考验，现有的数据储存与安防措施需要尽快更新升级，安全管理制度也要跟上大数据的快速发展。大数据安全建设需要从以下三方面入手。

第一，政策层面进一步完善相关体系建设。大数据安全应该打破以往的传统数据安全保障体系，从国家安全角度出发，以政府为主导制定涉及法律、技术、所有权等多方面全角度的大数据安全保障体系。

第二，加强重要数据基础设施保护。大数据时代数据采集场景、应用场景复杂化，大数据参与方增多，同时在大数据存储、计算、共享、交易等各个环节都存在数据泄露的风险，在复杂环境下，保证政府数据、企业数据以及用户个人数据等重要数据不发生外泄，是数据安全的首要要求。

第三，重视个人隐私保护。世界各国对公民个人信息保护一直都是发展大数据战略中的重要一环，其中欧盟颁布了《通用数据保护条例》（General Data Protection Regulation），通过监管手段，保障个人资料、个人隐私不受侵犯。涉及个人重要信息的数据要利用标识、匿名、密文等技术手段进行处理，避免在数据流传、数据分析、数据融合过程中造成信息泄露。

（四）大数据相关技术人才缺乏

近年来，我国大数据产业发展进入爆发期，由于成熟的人才培训体系尚未建立，直接导致人才短缺的问题日益突出。清华大学经管学院发布的《中国经济的数字化转型：人才与就业》报告显示，当前我国大数据相关人才约30万，大数据领域人才缺口高达150万，到2025年将达到200万。当前，企业的经营形态已经渐渐从“经验决策”向“数据决策”不断规范化。大多数企业有数据分析师岗位需求，而大数据产业起步时间短，人才储备远远满足不了市场的需求。针对大数据人才供应不足的现象，各种培训机构和各大高校也开始强化大数据人才的培养。

面对巨大的大数据人才缺口，我国高校纷纷开设了大数据本科专业教学，并呈现了快速增长态势。2016年2月，北京大学、对外经济贸易大学、中南大学三所大学首次成功申请到“数据科学与大数据技术”本科专业。2017年3月，第二批32所高校获批开展大数据本科专业教育。截至2018年3月教育部最新公布的高校新增专业名单中，有248所高校获批开设大数据专业。但培养大数据人才需要一定时间，按普通本科4年学制计算，在短期内大数据领域的专业人才仍然会呈现出供不应求的现象。

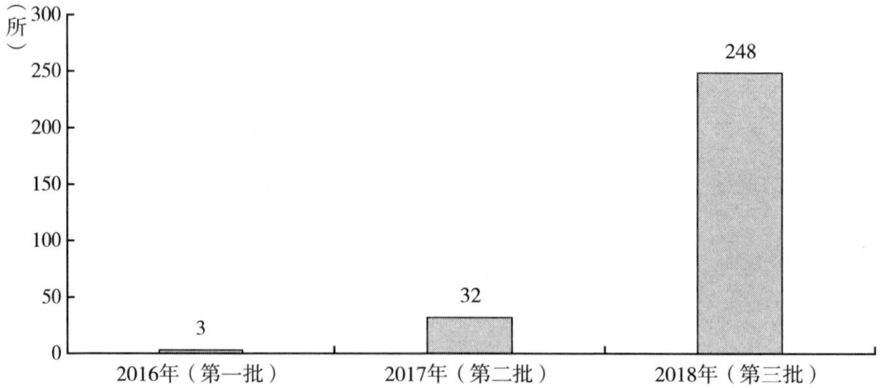

图3　全国开设大数据专业本科教育的高校数量

资料来源：教育部网站。

六　汽车与保险大数据建设的未来展望

近些年中国大数据产业发展很迅速，但是我国的大数据产业仍然处在发展的初级阶段，从政府部门到企业，大数据的实际应用程度较低。

当前正是大数据快速发展的黄金期。近几年大数据发展的政策环境持续优化，从2015年国家提出大数据战略以来，政策层面持续发力，从中央政府到地方政府陆续颁布了一些有利于大数据发展的政策文件，大数据发展进入“快车道”。在网络信息技术领域，我国企业持续发力，在云计算、5G通信、物联网、人工智能等领域我国已处于世界领先水平，不断发展的大数据技术将深刻地运用于大数据分析中，为大数据发展提供了基础。

以政府力量为主，结合社会力量共同推进大数据应用。综观全球各国制定的大数据策略，纷纷提出以政府部门主导大数据建设，在国家政策层面多次提出要加强加大政府信息公开和数据开放力度。以政府力量为主，一方面是因为政府部门掌握了大量的基础数据，企事业单位掌握大量的应用数据，只有以政府为主导，并引领企业将各自掌握的数据开放、共享、融合，才能产生应有的数据价值；另一方面是因为以政府部门为主导推进大数据建设可以利用政策优势。未来大数据将是一个有机的整体，社会各界都是大数据的生产者和使用者，结合社会各界力量就能不断充实、不断完善整个大数据体系，使之能够更具活力。

数据共享，利益相容是大数据发展的基础。在大数据融合应用过程中首先要突破的认识局限就是企业以自我为中心的思维惯性，在大数据时代，各种数据分散在汽车行业的各个环节，涉及整车企业、零部件公司、消费者、维修企业、保险公司等众多主体。大数据收集，大数据挖掘，大数据分析，大数据应用不再是其中一个或两个企业之间的事情，而是涉及全链条企业。这样就必须打破以往的利益模式，共同建设共同受益，形成一个数据闭环、利益闭环，在这个闭环中的每一个主体都能实现价值的共同提升。

汽车产业与保险产业作为国民经济的重要组成部分，积极发展汽车与保险大数据是我国经济发展的客观需要。共建汽车与保险大数据生态圈，对推动大数据和实体经济深度融合，加快建设创新型国家，促进产业融合发展具有重要意义。

以开放共享为导向，促进产业大数据融合。把数据标准化建设作为融合发展的重要切入点，加快跨行业数据标准的体系化建设，把控好数据源头的标准规范，让产业间的对话更加顺畅、高效。通过汽车与保险相关的数据规范体系建设，将汽车企业、保险公司、零部件生产企业以及其他车险相关领域之间流通的整车信息、零部件信息数据串联起来，使各方都能从数据规范化中受益，更流畅便利地进行数据沟通，拉近行业间距离。积极发挥汽车与保险企业在大数据产业创新中的主体作用，发挥大数据技术的渗透作用和贯通作用，加强数据整合共享，打破数据源头分散的限制和信息孤岛，实现大数据融合。推动产业间数据资源、人才资源的紧密结合，加速产业联动和企业跨界，实现大数据推动汽车产业、保险产业和各相关产业间的协同共进。

以技术创新为依托，推进汽车与保险大数据生态圈建设。当前信息技术、网络技术，包括大数据云计算、人工智能、区块链技术蓬勃发展，日新月异，正在快速而深刻地改变人类世界的生产和生活方式。新技术的发展为汽车产业数字化、智能化进展提供了基础，在汽车创新研发、消费者画像、汽车产品智能制造、汽车后市精准运营方面得以实现新突破。保险行业基于大数据新技术获得了更好的控制管理手段和发展机遇，在产品碎片化、场景化、在线化等方面有效控制车险标的风险，精准刻画和识别标的风险特征，在产品设计、定价、风控等环节进一步创新与变革。瞄准大数据技术在汽车与保险行业的核心发展领域，强化技术创新能力，以企业为主体集中攻克各个行业关键技术，加快大数据技术在汽车与保险行业的融合应用，培育汽车与保险行业的创新生态。同时要健全合作体制机制，深化创新技术合作，激发产业主体活力，扩大合作成果影响，推动大数据驱动下汽车与保险各产业的价值有效转化，最终真正构建起富有效率、价值和前景的汽车与保险大数据生态圈。

参考文献

国务院：《促进大数据发展行动纲要》，中央人民政府网站，www. gov. cn，2015。

工业和信息化部：《大数据产业发展规划（2016~2020年）》，工业和信息化部网站，www. miit. gov. cn，2017。

中国信息通信研究院：《大数据白皮书（2018）》，中国信息通信研究院网站，www. caict. ac. cn，2018。

汽车大数据篇

The Automobile Big Data

B.2
基于大数据的中国乘用车市场研究

李冰阳　刘春辉　王　芳*

摘　要： 自2009年以来，中国汽车市场规模连续九年蝉联全球第一，市场增长也逐渐由增量向存量转变，进入低速增长区间。2018年在车购税优惠政策完全退出的背景下，随着鼓励内需的政策持续推进、环保政策趋严以及消费升级，2018年中国乘用车市场走势呈现出新的特征。笔者通过详细解读2018年中国乘用车细分市场显著特征，市场宏观市场消费环境，并利用大数据深入分析保有市场、二手车市场、换购市场发展形势，从而多维度测算其对新车市场的影响，最后对2018、2019年乘用车市场走势进行了预测。

* 李冰阳，中国汽车技术研究中心有限公司数据资源中心市场数据部部长；刘春辉，中国汽车技术研究中心有限公司数据资源中心市场数据部项目经理；王芳，中国汽车技术研究中心有限公司数据资源中心市场数据部技术专员。

关键词： 中国乘用车市场　大数据　分析与预测

一　中国乘用车市场的整体发展分析

（一）中国乘用车市场进入低速增长区间

自加入 WTO 以来，中国乘用车逐渐走向市场化，随着主流外资车企产销扩充以及自主品牌的迅猛发展，中国乘用车市场快速发展。根据中国汽车工业协会数据，中国乘用车销量由 2007 年的 630 万辆上升至 2017 年的 2496 万辆，十年间市场规模翻了近 4 倍，中国成为世界第一汽车大国。分年份看，2008 年受全球金融危机影响，中国乘用车销量增速由 2007 年的 21.7% 下滑至 7.3%，2009 年在经济刺激和购置税优惠等多重利好政策下，中国乘汽车市场整体销量同比增长 52.9%，创历史新高，占全球销量 20.8%，中国汽车市场规模首次超越美国，此后与美国、日本乘用车市场逐渐拉开差距，连续九年保持着全球第一的地位。在经济增速放缓，叠加 2009～2010 年行业政策刺激下需求提前透支，以及部分城市限购等多重外部环境因素影响下，2011 年乘用车市场增速触底，随后 2011～2017 年在经济、政策环境影响下中国乘用车市场增速呈现出“M”形曲线走势，市场增长区间收窄，乘用车市场进入周期性增长阶段。

进入 2018 年，作为增长第一动力的投资受融资环境收紧、PPP 监管加强等多重政策因素的影响，回落较大；金融市场低迷和房产市场调控带来的预期变化，使得居民的财富感觉预期恶化，消费增长受到冲击；外贸方面，短期贸易战风险上升。整体来说，2018 年经济疲弱态势明显，预计 2018 年全年经济呈现大 L 型下边加 W 型波动，对汽车市场生产和消费构成一定的压力。在外围整体大环境低迷及购置税优惠政策退出的背景下，中国乘用车市场维持低速增长态势，截至 2018 年 8 月中国乘用车市场销售 1519 万辆，同比增长 2.6%。整体而言，当前中国乘用车市场已告别高增长时代，市场由增量增长向存量增长转变，进入中低速增长时期。

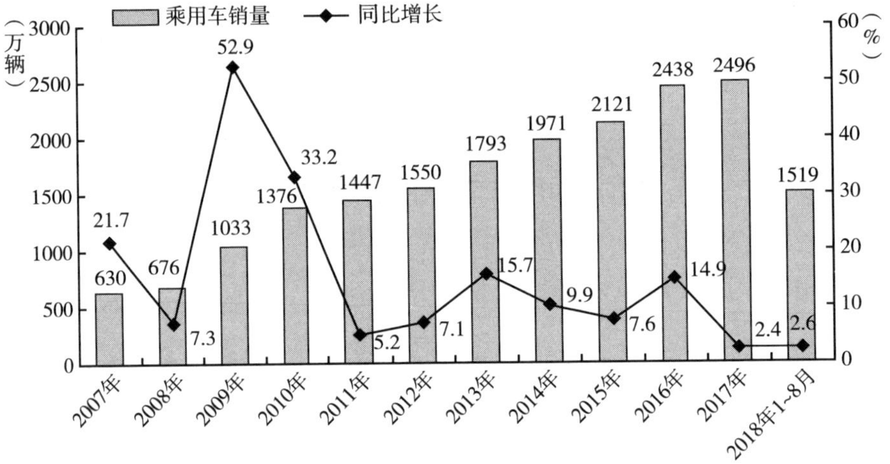

图1　2007 年至 2018 年 8 月中国乘用车市场表现

数据来源：中国汽车工业协会。

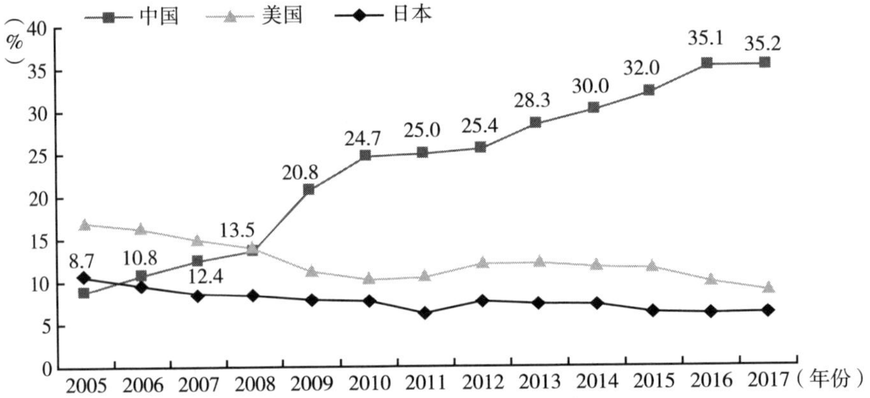

图2　中、美、日乘用车销量占全球的比重

数据来源：OICA。

（二）2018年市场低增长压力下，厂商开始被动减产降库存

从月度走势来看，由于春节效应和低库存，2018 年初中国乘用车销量平稳增长，但 5 月、6 月市场增速逐渐放缓，7 月、8 月份在同期高基数下增速连续两个月负增长，在市场低迷及高库存压力下，厂商被动去库存。

从库存数据看，受春节效应影响，2018 年初的“高增长”企业对市场

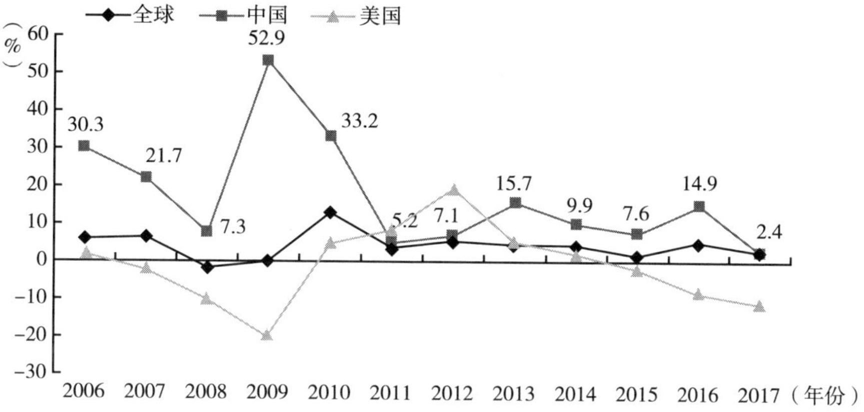

图 3　全球及中美乘用车销量增速表现

数据来源：OICA。

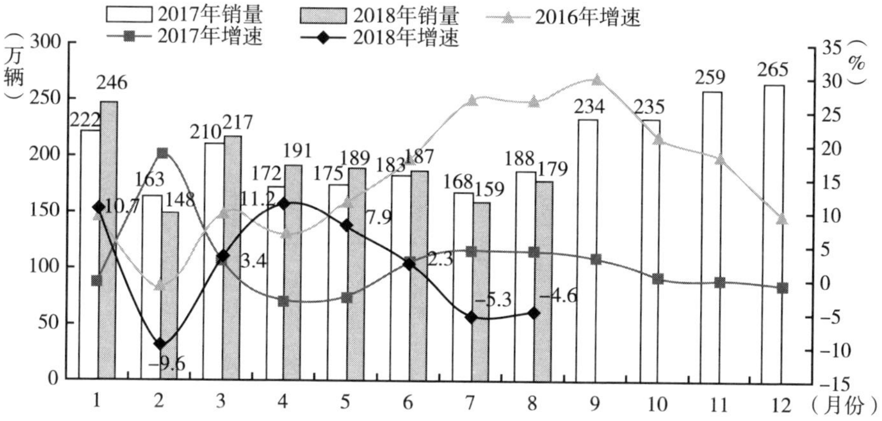

图 4　2018 年中国乘用车市场月度走势

数据来源：中国汽车工业协会。

相对乐观，不断增加批发量，加之到6 月恰逢半年度，厂商半年度冲量明显，批发量不但没有减少，反而在增长，引发库存再次创出新高。截止到6 月末库存量创2015 年以来的新高，存销比达到了 3.3，远超过正常水平 1.5。从这一点来看，下半年去库存是厂商的重中之重，所以适当调整产量和批发将是当务之急，8 月存销比即下降至2.7。分企业看，日系厂商如广汽丰田、一汽丰田、东风本田存销比分别为1.0、1.3、1.8，库存管控处于行业领先水平。

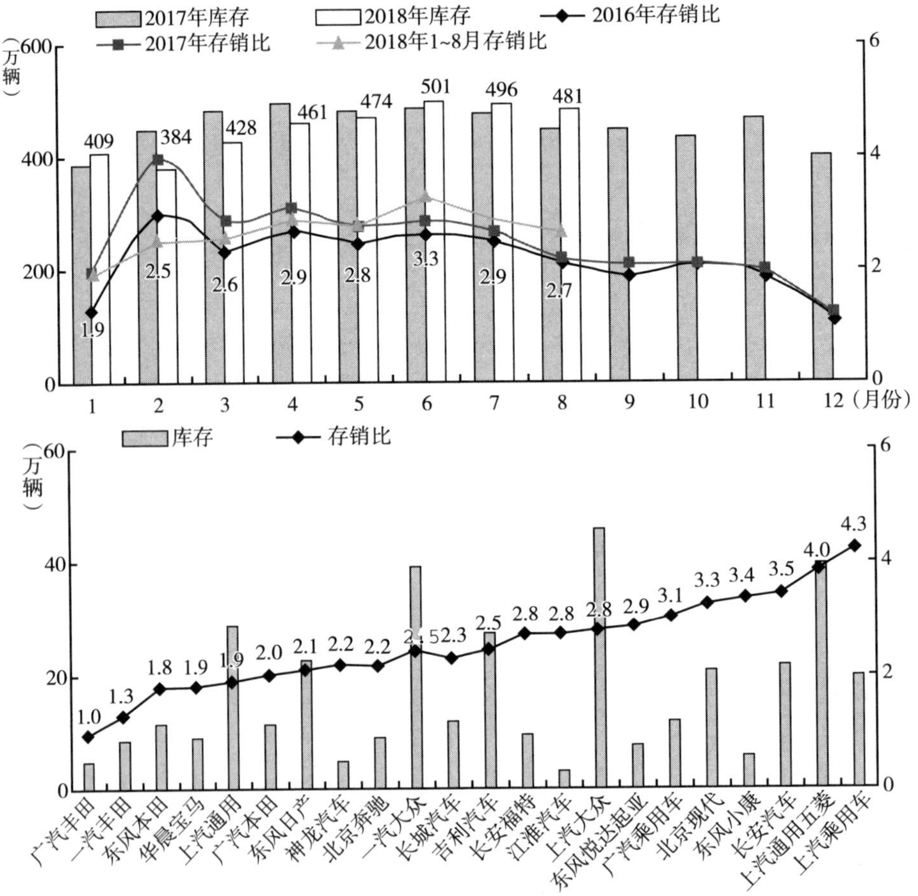

图5　2018 年乘用车库存及主流车企库存变化情况

数据来源：中汽中心数据资源中心库存数据。

（三）2018年汽车行业盈利能力减弱，车企竞争加剧

2018 年 1 ~8 月汽车全行业收入 5. 31 万亿元，同比增长 8. 8%，较上年同期的 11. 8%，增幅收窄；利润总额 0. 4 万亿元，同比下降 2. 1%，较上年同期的 11. 7% 增幅，大幅下滑，销售利润率 7. 62%，较 2015 年、2016 年、2017 年出现明显下降。行业收入、利润、销售利润率均出现不同程度的下滑，表明在市场整体增速放缓，企业竞争加剧，终端促销不同程度加大以及原材料成本上涨压力下，汽车行业盈利能力减弱。

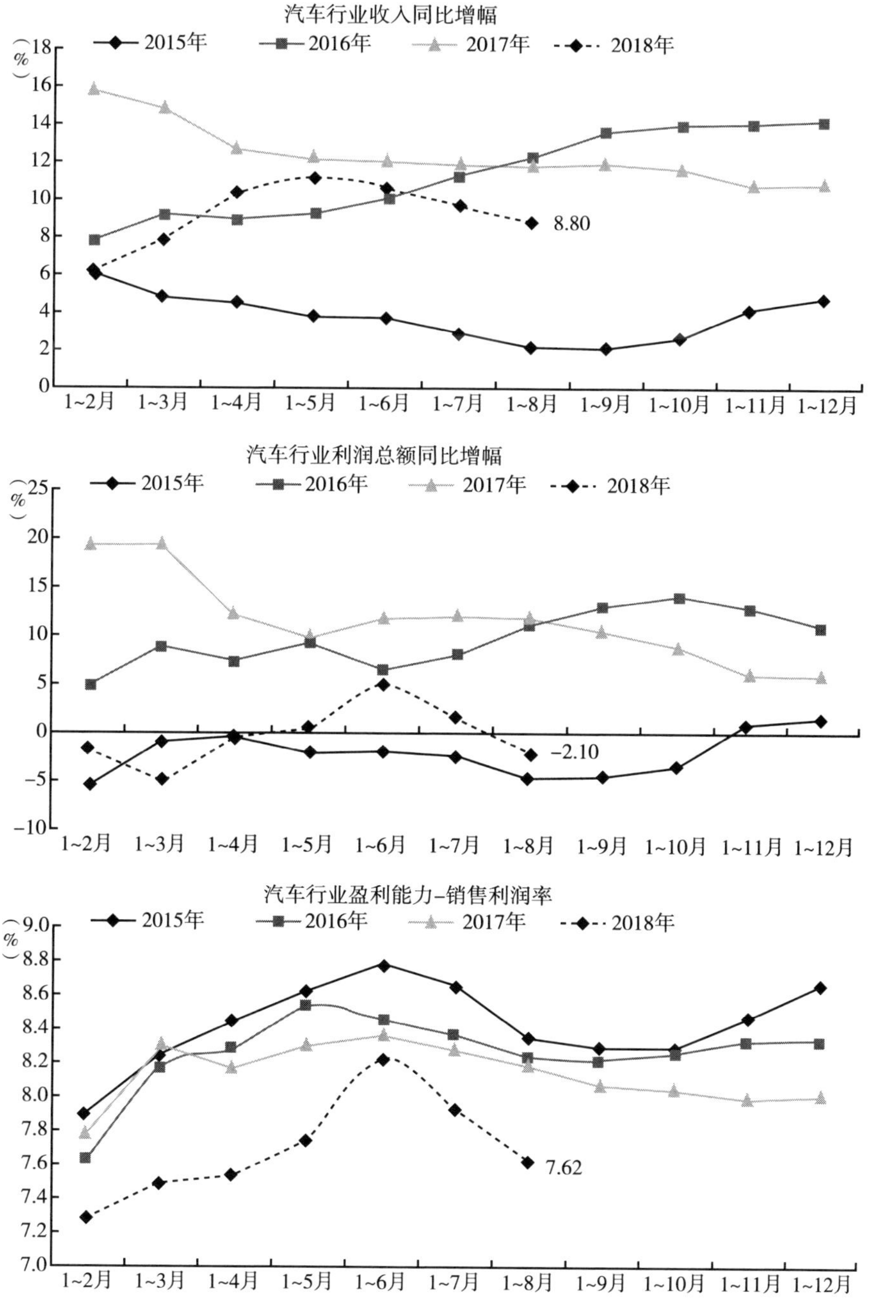

图 6　汽车行业收入、利润与盈利情况

数据来源：国家统计局。

从国内 10 家车企披露的财报看，2018 年上半年 6 家车企净利润实现正增长，4 家车企陷入净利润下滑困境，且下滑幅度超过 50%，比亚迪净利润暴跌 72.2%，福田汽车净利润同比降幅达 986.2%。通过梳理车企财报可以看出，净利润保持增长的企业大多数产品线布局完善，且轿车、SUV 及其他细分市场平稳增长，而净利润下滑的企业则更多依赖于单一产品及新能源补贴政策，随着乘用车市场告别高增长时代，车企之间的竞争成为常态化。

表 1　2016～2017 年及 2018 年上半年主流国内上市车企财报

单位：亿元，%

企业	2018 年上半年				2017 年				2016 年			
	营业收入	同比增长	净利润	同比增长	营业收入	同比增长	净利润	同比增长	营业收入	同比增长	净利润	同比增长
上汽集团	4649	17.3	190	19.0	8706	15.1	344	7.5	7564	12.8	320	7.4
北京汽车	769	15.2	28	186.1	1342	15.4	23	-64.6	1162	38.0	64	91.9
东风集团	584	0.4	81	14.7	1257	2.1	141	5.4	1231	-3.1	134	15.6
比亚迪	542	20.2	5	-72.2	1059	2.4	41	-19.5	1035	29.3	51	78.9
吉利汽车	538	36.2	67	53.6	930	72.8	106	108.0	538	77.7	51	126.2
长城汽车	487	18.0	37	52.7	1012	2.6	50	-52.4	986	29.7	106	30.9
广汽集团	372	7.0	69	11.8	716	44.8	108	71.5	494	68.0	63	48.6
长安汽车	356	6.2	16	-65.2	800	1.9	71	-30.6	785	17.6	103	3.3
江淮汽车	237	-6.3	6	-52.6	492	-6.3	4	-62.8	525	13.2	12	35.5
福田汽车	217	-5.5	-9	-986.2	517	11.1	1	-80.3	229	17.7	1	-30.8

数据来源：企业披露财报。

二　中国乘用车市场细分市场特征分析

（一）A 级 SUV 及 A 级 MPV 贡献乘用车市场主要增量

2018 年 1～8 月中国乘用车市场终端销量基本与上年持平，但从增量来看，A 级 SUV 和 A 级 MPV 贡献度较高，分别受领克 01 和宋 max 为代表的新产品带动影响。从价格区间看，增量较大的市场集中在 15 万～20 万元和 10 万～15 万元价格区间，相当于中国家庭大约 1.5 年的人均可支配收入水平。

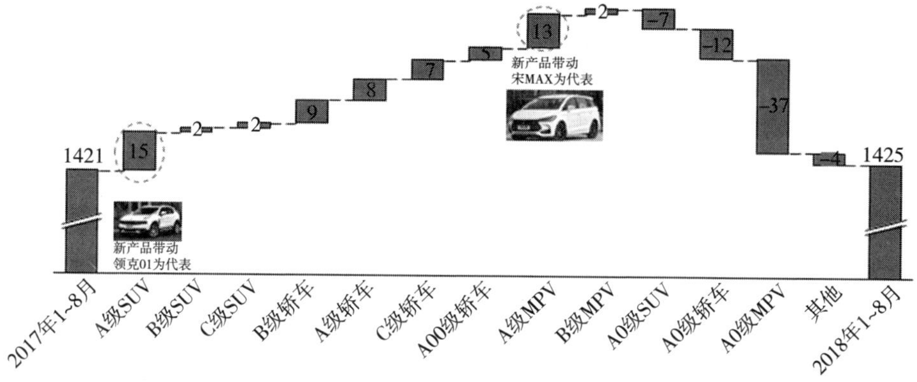

图 7　乘用车市场内部结构特征

数据来源：中汽中心数据资源中心终端零售数据。

（二）需求端低迷叠加新车带动效应不明显，SUV 销量增速放缓

根据中汽中心数据资源中心终端零售数据，2018 年 1 ~ 8 月 SUV 市场累计销售 599 万辆，同比增长 2.0%，SUV 市场在经历数年高增长后，增速逐

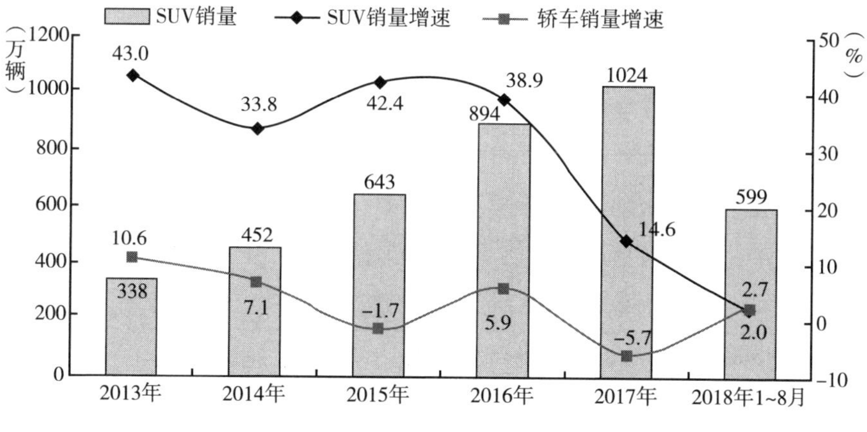

图 8　2013 年至 2018 年 8 月 SUV 市场销量走势

数据来源：中汽中心数据资源中心终端零售数据。

渐放缓。与此相对，2018 年 1 ~8 月轿车市场累计销售 704 万辆，同比增长 2.7%，增速由负转正，自 2013 年以来首次增速高于 SUV 市场。

从需求端看，整体大环境不好是 SUV 市场下滑的主因，受股市低迷及三四线城市楼市分流影响，居民财富预期恶化，消费增长受到冲击。国家统计局数据显示，2018 年 1 ~8 月限额以上汽车类零售额同比增速由 2017 年同期的5.9%下滑至 1.3%，在整体乘用车市场增速走低的情况下，主流 SUV 销量持续下滑，SUV 市场趋向平缓。此外，随着近几年 SUV 市场持续高增长，其在乘用车市场中的占比逐渐扩大，2017 年达到 41.8%，与轿车的差距逐渐缩小，这也是 SUV 市场放慢的重要原因。

表 2　2018 年主流 SUV 销量走势

单位：%

销量 TOP10	上市时间	6 月同比增长	7 月同比增长	8 月同比增长
宝骏 510	2017 年 2 月	-21.2	-30.3	-41.8
哈弗 H6	2017 年 4 月	-30.9	-33.2	-27.3
途观	2017 年 1 月	-33.3	-19.9	-17.8
博越	2016 年 3 月	0.6	4.4	-9.3
传祺 GS4	2015 年 4 月	-19.0	-40.9	-42.4
奇骏	2014 年 3 月	-0.2	8.6	3.6
昂科威	2014 年 10 月	-25.9	-10.4	-13.2
荣威 RX5	2016 年 7 月	-17.3	-8.2	-16.4
本田 XR - V	2014 年 11 月	-22.9	-22.5	-18.2
逍客	2008 年	-1.3	7.5	3.9

数据来源：中汽中心数据资源中心终端零售数据。

从供给端看，2016 年、2017 年上市多款爆款车型，拉高了同期基数，而 2018 年在原有车型老化、新产品拉动效应不明显的背景下，SUV 市场表现不如轿车市场。

表 3　上市新车 SUV 销量 TOP5

单位：辆，%

新车销量 TOP5	2018 年销量	占 SUV 销量比重	增量贡献率
宝骏 530	59323	1.0	49.5
哈弗 H4	17148	0.3	14.3
柯珞克	11303	0.2	9.4
瑞虎 8	10472	0.2	8.7
发现 -5	7057	0.1	5.9

数据来源：中汽中心数据资源中心新车数据。

（三）重点细分市场受政策及消费升级影响增速较高

“分化”是 2017 年中国乘用车市场的关键词，但 2018 年不再延续 2017 年市场特征，更多的是表现为重点细分市场的成长空间。中汽中心数据资源中心终端零售数据显示，2018 年 1 ~8 月轿车在低基数、主流车型降价促销、新能源以及豪华车市场强带动下呈现快速增长，其中 10 万 ~15 万元的 A00 级轿车在新能源补贴政策调整下增幅明显；此外，消费升级持续助力 20 万 ~25 万元中大型 SUV 销量增长。

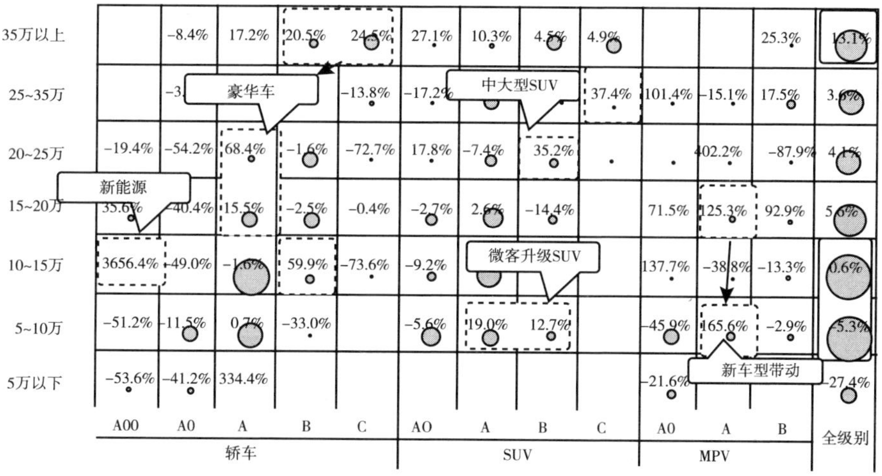

图 9　2018 年 1 ~8 月乘用车各细分市场分价格段增速

注：气泡大小表示 2018 年 1 ~8 月该细分市场的销量。

数据来源：中汽中心数据资源中心终端零售数据。

（四）新能源市场在政策驱动下再创新高，且内部结构发生明显变化

2018 年 1 ~8 月新能源乘用车市场持续强劲逆市增长，共销售 39.5 万辆，同比增长 132.8%，占整体乘用车的比例为 2.8%，可谓 2018 年乘用车市场一大亮点。从月度走势来看，1 月、2 月新能源乘用车开局良好，同比增速分别达到 396.6% 和 381.0%，呈现开门红；3 ~8 月市场持续发力，主要因为 2 月 13 日政府发布补贴新政并于 6 月 12 日正式执行，促使消费者在 6 月份前提前消费，使得新能源乘用车销量出现高增长，同时也体现新能源市场政策补贴向面对市场的转变。

从车型来看，A00 级依然是新能源乘用车市场的主力车型，2018 年 1 ~8 月销售 15.1 万辆，同比增长 94.4%；但同时，在整体车市消费升级趋势叠加新补贴政策以及汽车产业投资管理等政策实施的形势下，新能源乘用车市场也呈现消费升级态势，各车企开始紧随政策调整产品策略，A 级车为主要突破点，成为市场竞争有力的车型，2018 年 1 ~8 月销量为 16.9 万辆，规模仅次于 A00 级车，同比增速达到 1.7 倍。

分技术类型来看，受双积分压力等因素影响，2018 年 1 ~8 月插电混含

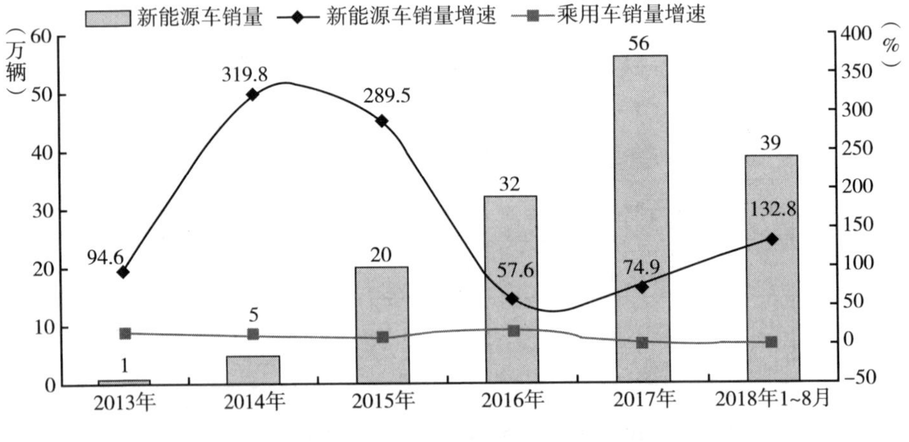

图 10　2018 年 1 ~8 月新能源乘用车市场表现

数据来源：中汽中心数据资源中心终端零售数据。

动力车呈现走强态势，销量达到 12.1 万辆，累计增速为 227.1%，月度同比增速自 2018 年以来一直超越纯电动车市场。

（五）豪华品牌销量持续高增长，内部竞争白热化

根据中汽中心数据资源中心终端零售数据，2018 年 1 ~8 月豪华车市场终端累计销售 184.1 万辆，同比增长 12.1%，与普通品牌的低增速形成鲜明对比，其占市场份额也由 2013 年的 8.5% 提升至 12.9%。

在豪华车整体增速大幅上升的同时，豪华车市场内部竞争白热化。其中，第一阵营中，新品周期决定 ABB 强弱。2017 年奔驰全系列车型改款，整体品质有较大提升，迎来了产品收获期，2018 年以来奔驰更是凭借全新 E 级、C 级轿车（B 级轿车市场上销量仅次于迈腾）及 GLC（B 级 SUV 销量冠军）、GLA 等 SUV 车型的热销，在奥迪、宝马终端优惠大幅度增加的背景下，2018 年 1 ~8 月仍实现 45.7 万辆的销售，超出奥迪 5.7 万辆，同比增长 13.7%，以 24.8% 的市场份额占据豪华车销量榜首。随着三厢 A 级、长轴版 GLC 的国产，奔驰主动迎合中国本土豪华消费者多元化需求，产品布局更加全面。通过新一轮产品的更迭，奔驰逐渐成为豪华车市场领军品牌。而奥迪品牌由于产品老化以及竞争对手奔驰 E 级、宝马 5 系、GLC、凯迪拉克相继发力，主力车型 A6L、Q5 市场表现均不尽如人意，逐渐与奔驰拉大差距。宝马通过 2016 年投放 2 系旅行车及 X1 换代、2017 年 1 系国产及 5 系换代、2018 年 X3 国产正式启动三年的新品周期，但中美贸易对抗反复出现对宝马 X4/X5/X6/X7 影响较大。继 7 月 6 日中美互征 25% 关税之后，美国产的汽车关税由 15% 涨至 40%，受此影响，宝马 X5/X6 日前已经宣布在华加价，势必对部分消费者造成影响。第二阵营中，凯迪拉克、雷克萨斯凭借车型更新换代以及降价销售，销量实现较高速增长，凯迪拉克今年在华销量同比增长 22.3%，成为中国市场增速最快的豪华品牌，稳坐第二阵营首位。路虎凭借揽胜极光、发行神行在 SUV 市场的优势，也实现较高速增长。相比之下，同是第二阵营的保时捷销量微跌，与凯迪拉克、路虎、雷克萨斯的差距正在拉开。英菲尼迪销量更是遭遇下跌，同比下滑 10.9%，离第二

阵营渐行渐远。

从豪华车各细分市场看，2018 年 1 ~ 8 月，豪华轿车保持销量增速、份额双提升，其中 B 级和 C 级轿车市场份额提升明显，较大幅度挤占 A 级和 B 级 SUV 市场份额。随着中高档轿车价格下降，其市场份额有望进一步提升。而 2018 年车购税优惠政策正式退出，以宝马 X1、奥迪 Q3 为代表的 A 级 SUV 销量下滑明显，显示了这部分人群价格敏感性较高，未来随着豪华车企加速投放紧凑型 SUV 以及豪华车消费者年轻化，紧凑型 SUV 市场潜力较大。

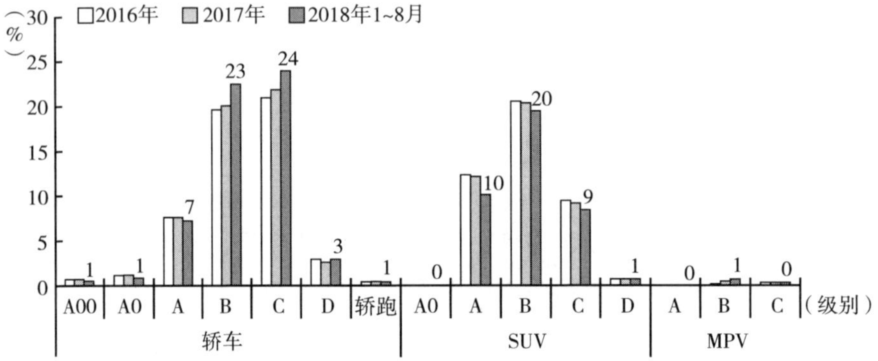

图 11　豪华车细分市场演变

数据来源：中汽中心数据资源中心终端零售数据。

三　中国乘用车市场发展环境分析

（一）宏观环境

2018 年一、二季度中国 GDP 分别同比增长 6.8%、6.7%，上半年整体维持在 6.8% 的较高水平，宏观经济稳中趋缓。但 7 月 31 日，中共中央政治局召开会议，一改前期“稳中求进”的论述，首次使用 6 个稳——稳就业、稳金融、稳外贸、稳投资、稳外资、稳预期来贯穿全局，对当前经济形势做出

“稳中有变”的判断，这主要是2018年以来消费、投资增速下滑明显，宏观经济下行压力凸显。从拉动经济增长的三驾马车看，消费的基础性作用在继续增强，成为稳定经济的重要因素；受基建拖累固定资产投资持续下行，增速不断创历史新低，而受土地购置税增长影响，房地产投资维持高位，对整体投资起到支撑作用；进出口增速当前维持较好走势，但净出口对经济增长贡献率下跌转负，展望未来，中美贸易摩擦会对外贸端造成持续的压力，加之投资和消费增速已经出现回落态势，经济出现下滑的可能性仍存在，综合考虑贸易战以及前期财政金融紧缩的影响，预计下半年GDP增速将比上半年有所回落。

2018年经济疲弱态势明显，扩大内需稳增长成为政府的当务之急。从近期政府表态看，国内政策开始转向。7月23日国务院常务会议提出更加积极的财政政策要，加快今年1.35万亿地方政府专项债券的发行和使用进度，7月31日中共中央政治局会议提出将加大基础设施领域补短板力度，通过加大财政支持力度，推动基础建设投资，表明基建投资是当前积极财政政策的一个重要抓手。广东、浙江、山西、青海等多地计划下半年加快项目投资，投资规模从几千亿元到万亿元不等，其中，基建投资成为重点投资领域。此外，今年以来我国减税降费力度明显加大，各类减税降费措施陆续落地，成为稳经济的另一抓手。货币政策方面，7月23日要求稳健货币政策松紧适度，保持适度融资规模，保持流动性合理充裕；同时疏通货币政策传导机制，引导金融机构利用降准资金支持小微企业等。2018年在“严监管+紧信用+紧财政”的政策组合下，“信用紧缩”问题持续发酵，央行货币政策需要采取“宽货币”政策进行合理对冲，截至目前央行2018年进行三次定向降准，预计年内将有1~2次降准空间，未来货币政策将结构性宽松，整体保持中性、松紧适度，并配合基建和减税发力，应对中美贸易摩擦、金融去杠杆和供给侧结构性改革。

（二）市场环境

1. 汽车保有量仍有很大上升空间，中西部地区需求潜力有待进一步释放

近年来，我国汽车保有量快速增加，截至2017年底，我国汽车保有量

和千人保有量分别达到 2.17 亿辆和 156 辆，但与国际水平相比，我国千人保有量处于较低水平。据 OICA 数据，2015 年全球主要国家千人保有量：美国 821 辆、日本 609 辆、德国 593 辆、英国 587 辆、韩国 417 辆。根据国际经验，汽车保有量增长遵循“S”形路径，而我国处在成长阶段，仍有很大上升空间。此外，随着我国经济社会持续快速发展，消费者购车刚性需求旺盛，加之“二次换购”等消费升级等因素影响，汽车保有量未来将继续呈快速增长态势，未来市场潜力较大。

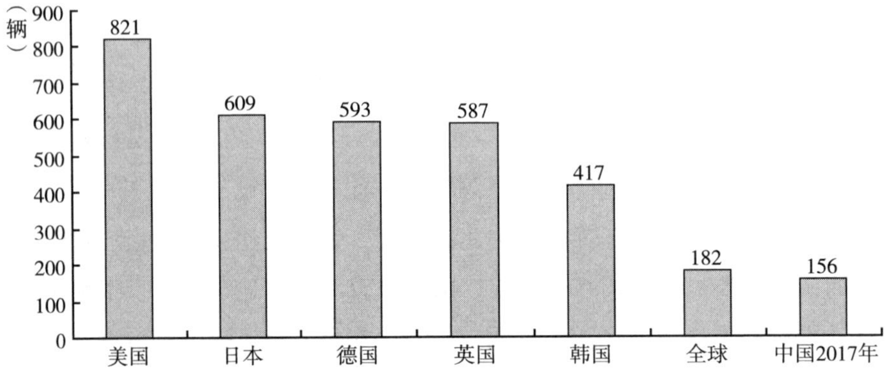

图 12　2015 年全球汽车千人保有量

数据来源：OICA，中汽中心数据资源中心。

从区域发展角度看，各区域千人保有量发展不均衡，东部地区千人保有量明显高于中西部地区；除福建、海南两省外，东部地区各省份千人保有量均高于全国千人保有量平均水平。从区域千人保有量与 GDP 关系来看，大部分中西部地区人均 GDP 和千人保有量均处于较低水平，远低于全国平均水平，当地政府出台限购政策的可能性极低。同时，随着经济不断发展，进入发展期的中西部省份将产生巨大的购车需求。

2016 年以重庆、贵州、江西为代表的中西部省份的 GDP 增速领跑全国各省份，在经济快速增长，加之千人保有量较低，增长潜力巨大的因素影响下，中西部地区汽车销量快速崛起。贵州的年增幅超出了 29%，安徽、江西、湖南、河南、广西、重庆的增速也超过了总体市场的水平。究其原因，中西部地区经济增长带动居民收入水平提升，消费者对汽车需求快速增长。相比之下，东部及东北区域增速明显放缓。

分省份来看，河南、重庆、广东等省份在经济、人口、收入等方面存在不同程度的差异，增长动力各具特色。其中，西部省份代表——重庆市从经济环境来看，2016 年 GDP 增速 10.5%，位居全国第一；从消费能力来看，城镇居民人均可支配收入同比增长 8.7%；从道路交通环境来看，城市实有道路面积快速增长，拥堵情况较少，利于开车出行。根据中汽中心数据资源中心数据，中部省份代表——河南乘用车千人保有量仅为 93 辆，增长潜力巨大，城镇居民人均可支配收入同比增长 6.5%，有较高的消费能力；东部省份代表——广东的城镇化率达到 69.2%，城镇化水平较高，同时城镇居民人均可支配收入位居全国第五，是东部地区汽车销量增长主要拉动力。

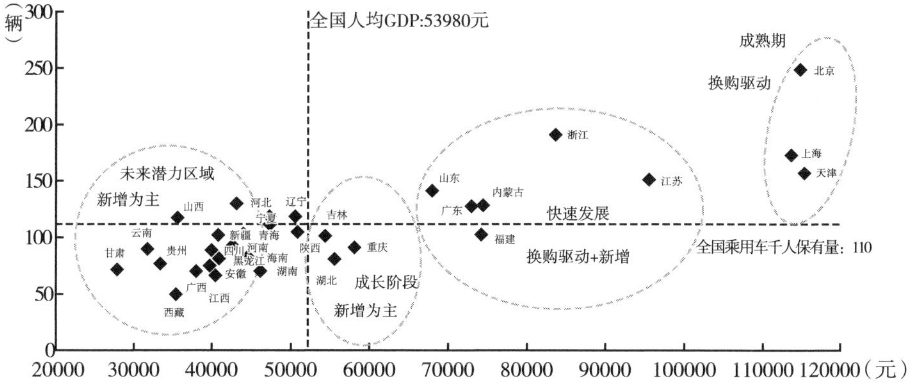

图 13　2016 年各省千人保有量与人均 GDP

数据来源：中汽中心数据资源中心、国家统计局。

2. 二手车市场快速增长，间接拉动新车置换增长

自 2016 年 3 月政府工作报告提出“活跃二手车市场”，随后国务院发布《关于促进二手车交易便利的若干意见》以来，各地纷纷取消二手车限迁政策。伴随限迁政策放开的省市增多，我国二手车市场交易日趋活跃。据数据资源中心数据显示，2017 年全年二手车交易量为 1029 万辆，同比增长

22.3%，增速远高于新车增速。2018 年虽然受各种因素影响市场增速略有下滑，但仍维持高增长势头。此外，二手车交易量与新车的比例呈现上升态势，由 2016 年的 0.34 上升至 2018 年的 0.53；但与国际成熟汽车市场相比，中国二手车市场交易规模尚小。《中国汽车后市场蓝皮书》数据显示，全球主要国家“二手车/新车”：英国 3.53、美国 3.34、德国 2.35、韩国 1.52、中国 0.42。同时，我国二手车市场潜力将巨大，多因素助推其空间持续增大。首先，内源性动力增强是根本动力。中汽中心数据资源中心保有量数据显示，截至 2017 年末，4～6 年车龄的乘用车保有量达到 5066 万辆，为二手车奠定强大的车源基础，并且车龄越小的车辆保有量越高，随着换购周期缩短，置换业务的内源性动力将持续增强。其次，逐步加快的城镇化进程与居民日益增长的收入水平使居民的购买力得到提升，截至 2017 年全年城镇居民人均可支配收入达到 3.6 万元，这将有助于均价 5 万～6 万元的二手车步入寻常百姓家。再次，政策环境持续向好，异地交易比例提升，认证二手车的规模持续扩大，叠加二手车中间流通环节也开始活跃，二手车正处于快速转型阶段。最后，消费者对二手车的接受度不断提升，互联网已成为消费者获取二手车信息的重要渠道，进一步为二手车的快速发展奠定了坚实的基础。

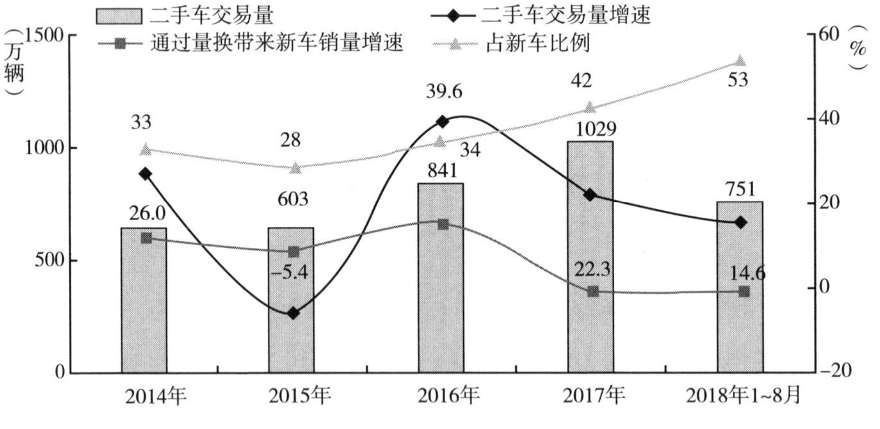

图 14　2014 年至 2018 年 8 月二手车市场发展走势

数据来源：中汽中心数据资源中心二手车数据。

二手车市场的活跃正逐渐成为新车销售的重要驱动力量。通过二手车置换带来的新车销量，已经占到新车销量的30%左右，在限购城市北京、天津等地这一比例已经高达50%以上。二手车市场的活跃带动新车市场的销售迹象比较明显，这是一个趋势，标志着中国汽车市场逐渐走向成熟。参考国际上的成功经验：用二手车置换带动新车销量增长，置换会成为拉动汽车需求增长的另外一个引擎。另外，根据中汽中心保有量数据，截至2017年中国乘用车保有量为1.74亿辆，庞大的保有量也给未来二手车置换带来增长潜力。

3. 消费升级和换购升级趋势明显，高端化产品需求不断增长

近年来，随着新车的升级换代和居民购买力的不断提升，消费升级推动着市场高端化的产品需求不断增长。整体乘用车10万元及以下车型的销量比例从2012年的45.6%降至2017年的32.2%，10万~20万元的比例从2013年的33.3%增长到2017年的45.9%，新车价格不断上移。另外，在不同品类的购买偏好中，经济型MPV（A0级）轿车销量自2013年以来增速明显放缓，微型SUV（A0级）轿车销量自2015年出现109.5%井喷式增长后，2017年其增幅大幅下滑至6.5%。与此形成对比，中大型SUV（B级及以上）和中型MPV（B级）轿车销量的增速均有明显提升，显示出消费者的需求正在发生从微型SUV（A0级）轿车向中大型SUV（B级及以上）轿车、经济型MPV（A0级）轿车向中型MPV（B级）轿车的转换与升级，消费升级现象明显。

与此同时，已购车用户换购也推动消费升级，中大型车成为首选。随着我国乘用车普及，已购车用户换购对市场增长的贡献度在不断提升，同时二手车限迁政策逐步破除也加速换购进程。2017年已购车用户换购规模占乘用车整体销量比例已经达到42%。换购不仅带动销量增长，也加快了市场消费升级进程：第一，换购后车型价格升级趋势明显，其中15万~20万元、25万~35万元、35万~50万元成为升级的重点区间，换购是消费升级的内生动力。第二，换购后中高级别车型市场份额显著提升。2017年换购后B级以上的车型市场份额达36.7%，比换购前提升19.1个百分点。中大

型车更能满足消费者对空间、动力性、可操控性、档次等方面的诉求，这是换购消费升级的根本原因。另外，换购后豪华品牌市场份额显著提升。2017年，换购后的豪华品牌市场份额达23.3%，比换购前提升19.1个百分点。豪华品牌在车辆性能方面优于其他车型，同时豪华品牌在一定程度上也能彰显消费者的身份和地位，换购后豪华品牌市场份额提升是消费升级最直接的体现。

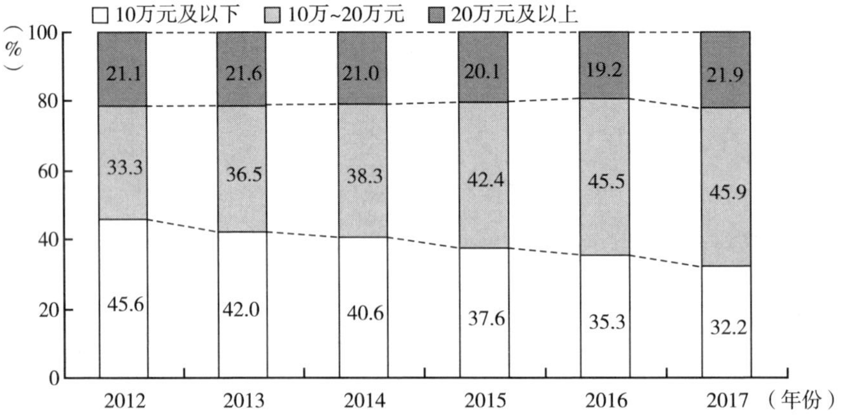

图15　2012～2017年中国乘用车分价格销量占比

数据来源：中汽中心数据资源中心终端零售数据。

（三）消费环境

1. 汽车金融环境向好，支撑市场增长

近几年中国汽车金融渗透率不断提升，汽车金融快速发展支撑汽车市场增长。综观全球汽车市场，2014年汽车金融的平均渗透率已达70%，美国和德国的汽车金融渗透率分别为81%和64%，而同是发展中国家的印度也基本达到了世界平均水平。我国作为全球汽车的产销大国，2014年汽车金融渗透率仅为20%。2016年我国汽车金融整体渗透率约为35%，较2014年有较大提升，但与汽车金融成熟国家仍有较大差距，蕴藏着巨大的发展潜力与成长空间。据德勤预测，2016～2020年，中国汽车金融将迎来高速的增长，到2020年，中国汽车金融的市场规模预计可以突破2万亿元。

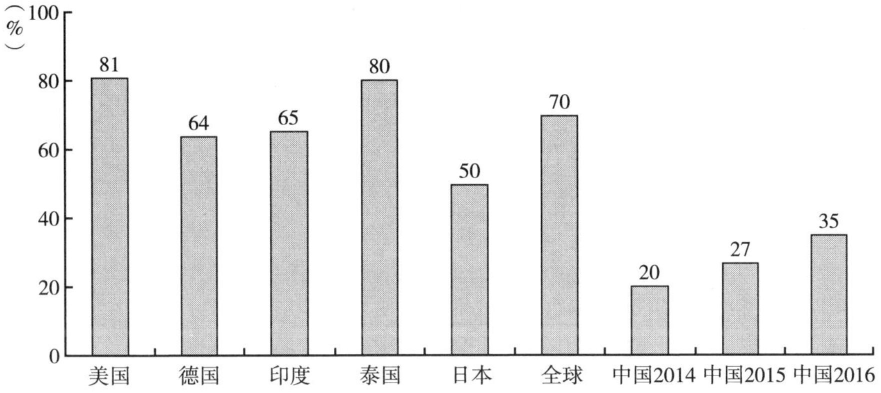

图 16　2014 年全球新车汽车金融渗透率（中国 2014～2016 年）

数据来源：罗兰贝格《2016 年汽车金融报告》，汽车工业年鉴。

80 后、90 后年轻人逐渐进入汽车消费的高峰，其消费观念和生活理念使其更容易接受新生事物，更易接受贷款购车方式，融资购车成为首选，促进汽车市场增长。

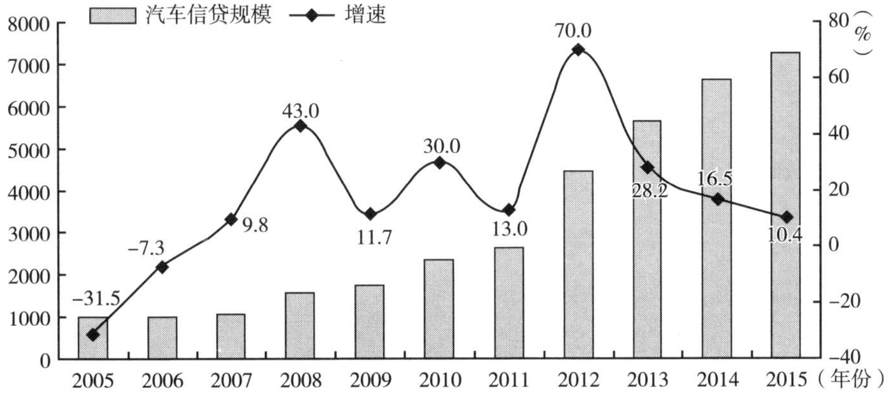

图 17　2005～2015 年中国汽车信贷规模发展情况

数据来源：罗兰贝格《2016 年汽车金融报告》，汽车工业年鉴。

2. 消费持续升级，SUV 仍将引领市场增长，“联网”族90后或为主力军

（1）消费向高端迈进

随着消费升级，中国买家在汽车消费上也持续向高端迈进。受传统消费

观念和中国文化价值观影响，消费者当前的换购行为仍以消费升级为主。一方面消费者换购后车型级别上升明显，尤其换购前是 A00 和 A0 级车的车主绝大多数会升级车型级别，A 级及以上则倾向于品牌升级和类别升级；另一方面，升级换购后车型价格升级趋势明显，其中 15 万 ~20 万元、25 万 ~35 万元、35 万 ~50 万元成为升级的重点区间。

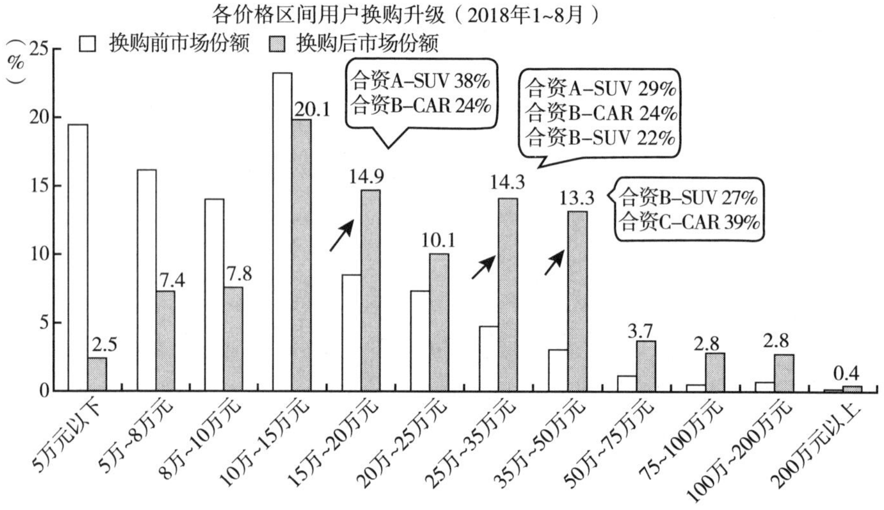

图 18　2017 年换购前后车型价格、市场份额分布

数据来源：中汽中心数据资源中心换购数据。

（2）SUV 仍将是市场主力车型

SUV 持续引领中国市场的增长，且正朝着 SUV 入门级以上车型升级。在过去四年，SUV 贡献了汽车销量总增长的 66%。在入门级 SUV 市场（5 万 ~10 万元），国产品牌是最大的赢家，占据了 89% 的市场份额。未来，各个级别和价位的 SUV 都将会继续受到消费者的青睐，入门级 SUV“仅仅”贡献总量的 44%。这意味着到 2022 年，SUV 销量将占据汽车总销量的半壁江山。

（3）“联网”90 后逐渐成为消费主体

中国下一代汽车买家是“联网”族 90 后，他们逐渐成为汽车消费的主力军，目前90后人口规模已达到1.74亿，占总体人口的13%，三线、四线城市消费群体年轻化趋势明显，预计2017年90后新车车主比例达到20%。

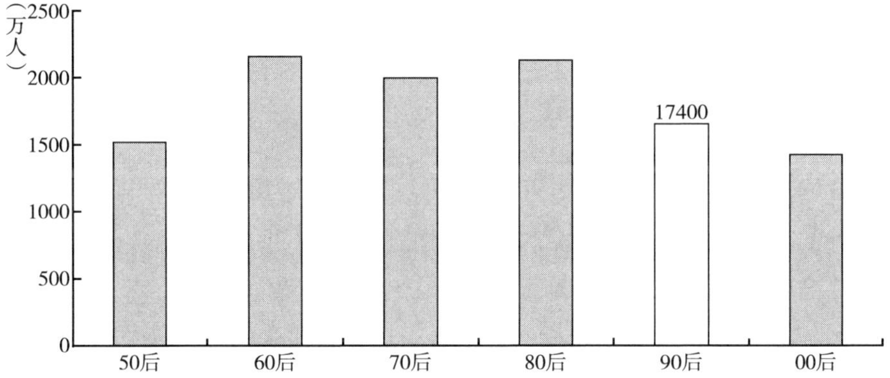

图19　中国不同年龄段人口数量

数据来源：中国汽车工业协会、国家统计局。

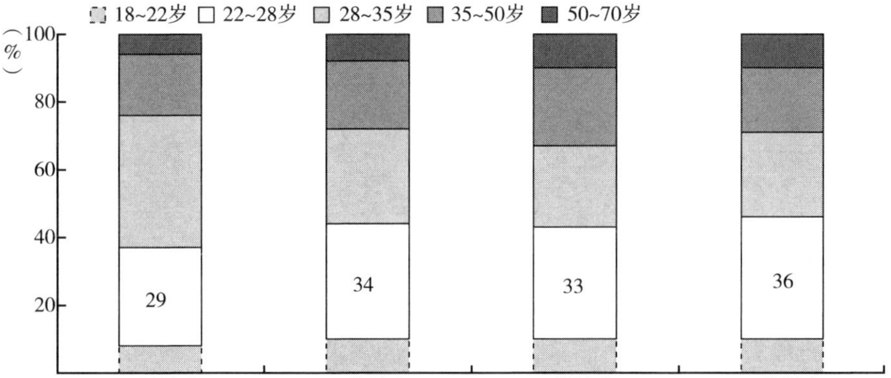

图20　各线城市消费群体比例

数据来源：中国汽车工业协会，国家统计局。

校园有车一族虽然在汽车整体市场上占比不大，但作为目前消费潜力最大的人群，越来越多的大学生已经开始考虑购车问题，并呈逐年上升趋势。

报告调查显示，以90后为代表的大学生正成为社会消费的生力军。有65%的大学生表示有明确的购车计划，没有购车计划的不到四成。而在已有购车计划的这部分大学生中，男生对购车意愿更强，占七成，女生仅占三成。

同时，在信息时代快速成长的90后特立独行、个性张扬。在用车的场景当中，除了常见的出行方便、上下班这类原因，他们把车用于社交也非常突出。对他们来说，车不是提高生活质量的要素，而是和他的圈子产生互联、社交的介质。

在购车的考虑因素方面，90后最关注的就是外观和内饰。90后并不认为国外的品牌一定要比自主品牌更好，在他们心目当中这些是次要的，他们只在乎品牌宣称的理念是否符合自己的个性，是否彰显自己在圈子当中的特性。90后更注重汽车时尚感和个性化，对内饰要求科技感。为迎合90后消费习惯，车企在新一代的车型上要进一步提升外观和内饰的设计，更强调动感、个性与感性。

90后作为伴随互联网出生长大的人群，互联、实时地获得信息对他们来讲非常重要，不管是人和人、人和机器、机器和机器的连接都是非常重要的。他们更加喜爱智能互联科技，认为手机—汽车同步功能"十分有吸引力"。

相较于其他年代的消费群体，90后的消费观念超前，敢于提前透支未来的消费；车贷的广泛普及，也使得90后关注车贷的热度远高于非90后，而对价格敏感度要低于非90后。作为伴随着互联网成长起来的一代，90后的消费观念与其他消费群体差异大，车企需要重新审视品牌定位、更新车型设计和改变营销策略，来满足市场新主力的需求。

四　中国乘用车市场趋势判断

从整体上看，2018年乘用车市场走势更多是当前宏观经济持续下行、房贷挤出效应等多重因素造成对购买力的削弱，而未来趋势判断主要还是从消费者的购买意愿和购买力着手。从购买意愿来看，当前我国汽车千人保有量 156 辆，发展水平仍与发达国家有较大差距，其中五六线城市居民仍有消费潜力。但与此同时，一些大城市汽车拥堵现象严重、国六排放标准升级、使用成本上油价不断上升、收入增长预期放缓等这些因素均影响我国消费者需求。从购买力看，①去杠杆背景下当前中国宏观经济持续走弱，投资、消费等增速持续放缓，企业经济效益弱化；②居民住房贷款余额增加，三四线城市居民房贷压力短期仍会挤压汽车等大件消费品的支出；③中美贸易摩擦，出口形势不确定性加大，汽车市场环境存有不确定性。因此，无论是从购买意愿还是购买力来看，乘用车市场增长仍有赖于宏观大环境的稳定。面临经济放缓，近期政府从需求端持续释放刺激信号，在 9 月、10 月相继发布《关于完善促进消费体制机制，进一步激发居民消费潜力的若干意见》以及《关于印发完善促进消费体制机制实施方案（2018 ~ 2020 年）的通知》，其中提到促进汽车消费优化升级，引导农村居民增加汽车消费，因此不排除国家存在推出相关政策刺激的可能性。综上，我们判断 2018 年乘用车市场增速走低，呈现负增长状态，同比下滑 3.7%，而 2019 年在 2018 年低基数基础上增速有所好转，同比增长 1.2%。

新能源市场方面，从供给端看，在双积分和新能源合资股比放开双重驱动下，车企将既被动又主动的推出更多新能源车型供消费者选择。从需求端看，不限牌限号、免征车购税、减免车船税、政府采购增加等政策将持续利好新能源市场。伴随着新能源市场供需两端的持续发力，未来高增长态势有望延续，2018 年全年产销量将大概率超过 100 万辆。

长期看，由于国内汽车产销规模已达到较高基数，未来行业低增速常态化，市场竞争将更加激烈，行业洗牌或加速到来。具体来说，宝马集团日前表示增持其在华晨宝马股份，成为首个控股合资企业的外资车企，后续其他厂商预计会相继效仿，国际整车厂的车型周期也将更多倾向于中国。因此，随着中国汽车市场对外开放进程加快，合资自主企业竞争将加剧，弱势品牌将逐步退出市场。

B.3
基于大数据分析的新能源乘用车发展趋势研究

田春龙 *

摘　要： 本报告通过对新能源乘用车大数据的分析，结合市场、政策、产品技术、产品价格等方面的因素，阐述新能源乘用车发展的现状及问题。随着新能源技术的发展，乘用车市场新能源车型占比稳步提升，2018 年 1 ~ 8 月累计占比超过 2.83%，新能源车型性价比不断提升，插电式混合动力车型增长强劲。

关键词： 新能源　乘用车　大数据　新能源转化率

乘用车的电动化是大势所趋，体制优势是推动发展的根本，特别是这几年新能源汽车发展迅速，产品的成熟度、政策的全面性系统性、消费者的认可度等快速提升。从国内第一款实现商业运营的新能源乘用车推出到现在已经有十年左右，新能源乘用车市场发生了巨大的变化，预计到 2018 年底，其产销有望双双突破百万辆，新能源转化率逐年提升，产品款式从最初的寥寥数款发展到目前的数百款，产品竞争力进一步加强，续航里程、电池能量密度、能耗等指标提升显著。

本文基于乘用车上险数据（如无特别说明，本文所涉乘用车市场统计数据基于狭义乘用车市场），通过数据挖掘，结合新能源产品以及技术的发展，主要探讨新能源市场的发展前景以及后期市场格局。

---

* 田春龙，比亚迪汽车工业有限公司生产经营计划处总经理。

一　新能源汽车销量持续快速增长，已成为拉动汽车市场发展的一大动能

根据中汽协统计数据，2014 年以来，新能源汽车销量增速均保持在 50% 以上，截至 2018 年 8 月，累计增幅为 88%，增幅扩大的趋势明显。

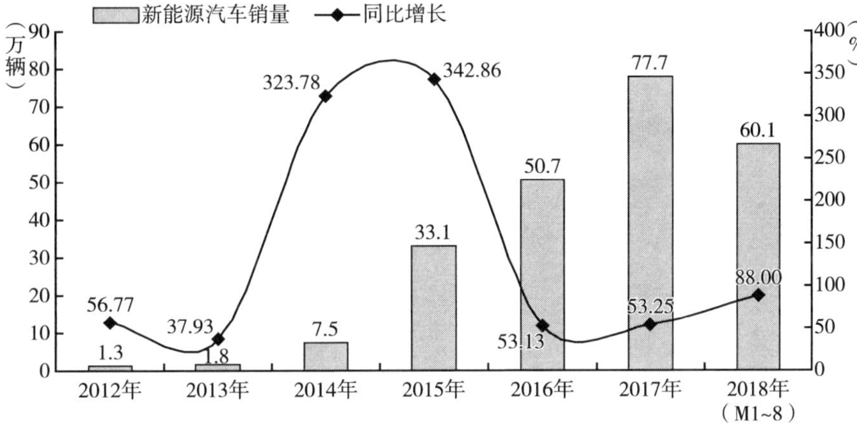

图 1　新能源汽车销量及同比增长率

数据来源：中国汽车工业协会（以下简称“中汽协”）数据。

如表 1 所示，2018 年乘用车整体市场状况低迷，在整体形势严峻的大背景下，新能源汽车销量的增长已经能够在一定程度上遏制传统燃油车型市场销量下滑引起的整体下降趋势，新能源汽车市场的快速发展已经起到拉动整体汽车市场增长的引擎作用。随着新能源市场的不断发展，新能源对乘用车的拉动作用将进一步凸显，新能源车型将成为乘用车市场重回发展快车道的强有力的保障。

政策作用在新能源乘用车快速发展的进程中起到不可忽视的作用，但应该看到，进入 2018 年，限购城市新能源车型销量增速已趋于平稳，与之形成对比的是，非限购地区新能源乘用车销量增幅大大超过限购地区整体增幅，二线、三线城市的需求释放已经成为新能源市场高速增长的主要动力之一，市场因素在新能源市场销量增长中所起的作用更加的明显。

表1　2018年1~8月乘用车市场表现

单位：%

类别	2018年M1	2018年M2	2018年M3	2018年M4	2018年M5	2018年M6	2018年M7	2018年M8
乘用车整体市场同比增长	12.5	41.4	-2.2	-1.5	-1.2	-10.2	-6.2	-11.9
新能源乘用车市场同比增长	600.8	452.1	138.2	169.1	299.5	119.8	63.1	61.9
传统乘用车市场同比增长	11.5	40.3	-3.4	-3.3	-5.4	-12.5	-7.4	-13.4

数据来源：中国汽车技术研究中心有限公司数据资源中心。

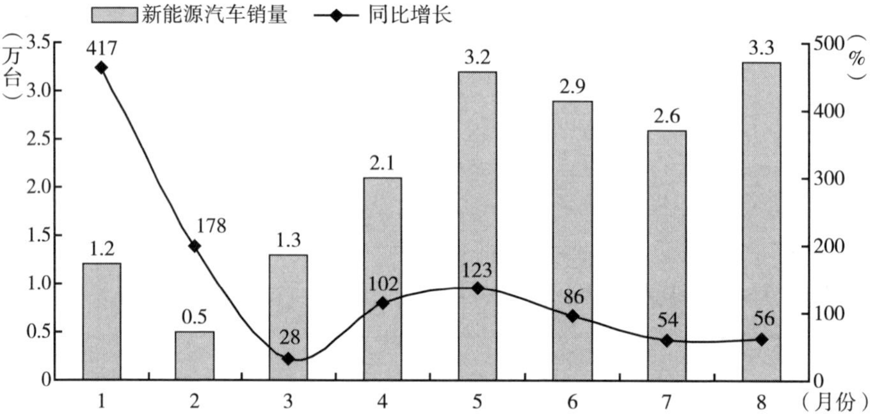

图2　2018年1~8月限购城市新能源车销量走势及同比涨幅

数据来源：中国汽车技术研究中心有限公司数据资源中心。

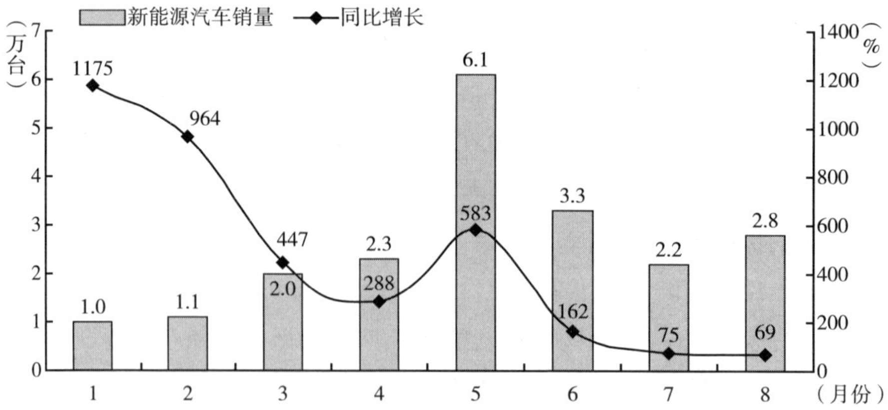

图3　2018年1~8月非限购城市新能源车销量走势及同比涨幅

数据来源：中国汽车技术研究中心有限公司数据资源中心。

二 乘用车市场电动化率稳步提升

新能源乘用车占整体乘用车市场份额已超过1%的临界点，传统车型向新能源车型的转化进入持续加速的阶段，在当前整体乘用车市场低迷的大环境下，新能源车市场已经成为乘用车市场不可忽略的一部分，新能源车销量的迅猛增长在一定程度上延缓了乘用车整体市场销量下降的趋势。整个转化趋势将进一步加快。

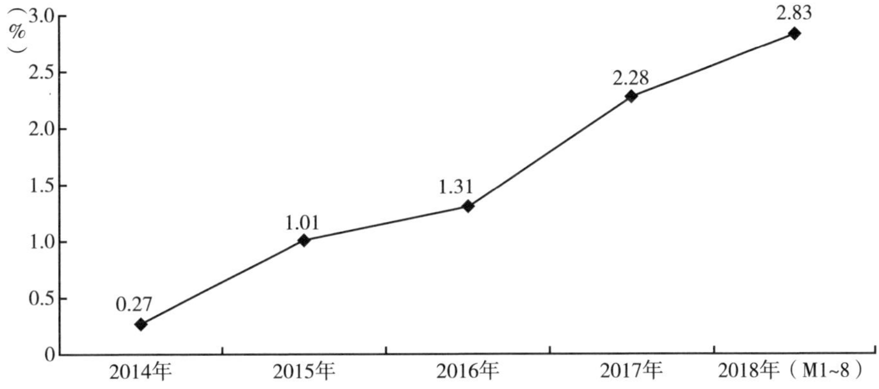

图4　2014年至2018年8月新能源车占整个乘用车市场比重走势

数据来源：中国汽车技术研究中心有限公司数据资源中心。

各细分市场2018年前8个月的累计销量数据如表2所示，整体呈现了两个方面的趋势。

一方面，虽然整体市场销量增长已经趋于停滞，但中高端车型市场仍然表现出较为强劲的增长势头，汽车市场的消费升级进程并未因宏观经济下行出现停滞或反转势头。

另一方面，小微型车领域的电动化趋势更为迅速及彻底，比较典型的是A00级轿车市场，从数据来看，A00级轿车的电动化率已超过90%。一是因为小微型电动车的购车成本在补贴之后几乎和同等配置的燃油车持平，考虑油价水平的持续走高，新能源车型的综合使用成本甚至已经有了比较大的优势；二是因为电动车优异的驾驶体验也吸引了大量的消费者。

应该看到，受政策因素影响更小的非限购城市的销量贡献了 2018 年 A00 级电动车的销量的 80%，虽然整体来看，新能源车型也呈现一定的消费升级态势（A00 级新能源车型整体销量增长已趋缓），但 A00 级电动车在除限购的一线城市外的销量仍然呈现出了强劲的增长势头，在二线、三线城市相对容易充电的条件下，低端电动车能够很好地契合二线、三线城市相对强劲的购车需求。

表 2　狭义乘用车细分市场新能源车型转化率走势

单位：万辆，%

细分市场	项目	2015 年	2016 年	2017 年	2018 年(M1～8)
乘用车市场	市场容量	1939	2305	2314	1340
	趋势(同比增长)	13.5	18.9	0.4	0.7
	新能源转化率	1.0	1.3	2.3	2.8
轿车市场	市场容量	1160	1227	1152	675
	趋势(同比增长)	-1.2	5.8	-6.1	2.5
	新能源转化率	1.5	2.1	3.8	4.0
A00 级轿车市场	市场容量	29	21	36	17
	趋势(同比增长)	-10.5	-25.4	68.4	45.5
	新能源转化率	33.5	47.3	85.0	90.5
A0 级轿车市场	市场容量	164	136	108	52
	趋势(同比增长)	-15.1	-16.9	-21.2	-18.2
	新能源转化率	1.7	3.1	1.2	0.2
A 级轿车市场	市场容量	703	815	743	428
	趋势(同比增长)	2.7	16.0	-8.9	1.9
	新能源转化率	0.6	1.2	1.4	2.5
B 级轿车市场	市场容量	223	207	209	136
	趋势(同比增长)	0.0	-6.9	0.9	6.6
	新能源转化率	0.2	0.4	0.5	0.5
C 级轿车市场	市场容量	41	47	57	42
	趋势(同比增长)	1.4	13.3	20.8	18.2
	新能源转化率	0.2	0.2	0.2	1.4

续表

细分市场	项目	2015 年	2016 年	2017 年	2018 年(M1～8)
SUV 市场	市场容量	572	829	959	559
	趋势(同比增长)	53.4	44.9	15.7	2.4
	新能源转化率	0.3	0.4	0.8	1.8
A0 级 SUV 市场	市场容量	163	213	229	123
	趋势(同比增长)	111.9	31.1	7.5	-3.9
	新能源转化率	0.0	0.3	0.4	2.8
A 级 SUV 市场	市场容量	347	514	562	333
	趋势(同比增长)	32.6	48.1	9.4	3.8
	新能源转化率	0.0	0.0	1.0	1.6
B 级 SUV 市场	市场容量	60	98	155	94
	趋势(同比增长)	84.7	63.5	58.6	4.2
	新能源转化率	2.5	2.7	0.8	1.1
C 级 SUV 市场	市场容量	3	4	12	8
	趋势(同比增长)	21.5	51.8	215.8	35.9
	新能源转化率	0.0	0.0	0.0	1.7
MPV 市场	市场容量	207	249	202	106
	趋势(同比增长)	27.7	20.2	-18.6	-16.4
	新能源转化率	0.3	0.6	0.7	0.9
A0 级 MPV 市场	市场容量	169	204	142	56
	趋势(同比增长)	35.7	20.5	-30.3	-39.5
	新能源转化率	0.0	0.0	0.4	0.4
A 级 MPV 增长	市场容量	11	16	24	25
	趋势(同比增长)	44.9	43.0	47.3	114.8
	新能源转化率	0.0	0.0	0.0	0.2
B 级 MPV 市场	市场容量	26	28	36	25
	趋势(同比增长)	-11.0	8.3	26.9	11.0
	新能源转化率	2.3	4.9	2.4	2.5

数据来源：中国汽车技术研究中心有限公司数据资源中心。

三 插电式混合动力车型增长强劲，未来仍将是私家车市场的主流

自 2018 年以来，插电式混合动力车型销量增长远超纯电动车型，插混

车型占整体新能源市场份额超过30%，单看私家车市场，在开北京之外的一线城市中，插混车型占新能源市场的比例高达75%。插混车型是新能源汽车重要的组成部分，其驾驶性能优异，也能缓解因充电问题带来的里程焦虑，在乘用车消费升级的背景下，插混车型的增长也就不难理解。

在欧洲市场，2017年新能源汽车的销量是25.9万辆，按燃料类型分，纯电动和插电式混合动力车比例接近1∶1。纯电动车量占比51%，插电式混合动力量占比49%。再看美国市场，2017年新能源汽车销量是19.52万辆，纯电动车占比53%，插电式混合动力量占比47%。再看国内市场，在燃油车市场结构中，由于没有受到政策和补贴等因素的影响，市场的发展反映了市场真实的需求状况，燃油A级及以上车型占比接近80%，A00级市场逐年萎缩，已接近消亡。而由于政策对新能源车型销量结构造成了较大的影响，新能源车型的销量结构与此完全不同，2017年A00级新能源轿车占据了接近60%的市场份额。

插电式混合动力车型主要集中在A、B级别，近年来（尤其是今年以来）插电式混合动力车增长势头迅猛，插电式混合动力车型具备强大的性能优势，有较高的性价比，且插电式混合动力车型不依赖于充电桩。早期的销量增长主要出现在像上海、深圳、广州这样的限购城市中，2018年以来，

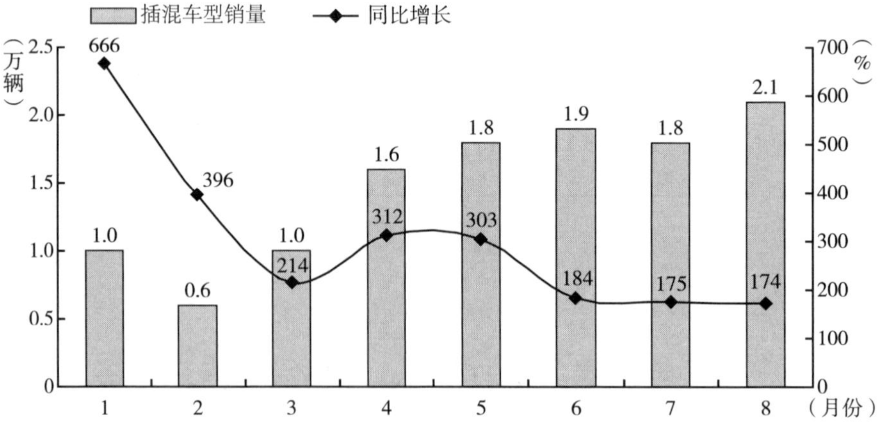

图5　2018年1~8月插混车型销量及同比增长率走势

数据来源：中国汽车技术研究中心有限公司数据资源中心。

插电式混合动力车型在非限购的二线、三线城市取得了相较上年同期增长超3倍，一是车辆本身较高的性价比赢得了客户的认可。二是在日常使用条件下，相对较低的使用成本也对客户造成较强的吸引力。

另外，各大车企在插混动力车领域的产品布局进一步丰富，预计在后续较长的时间内都将作为私家车市场（尤其是中高端市场）的主流。

四 新产品不断涌入，产品丰富的同时竞争日趋激烈

如图6所示，简单统计上险新能源车型品牌及数量，2014年到2018年8月短短4年时间，新能源车型品牌数翻了一倍，车型数量更是翻了近3倍。

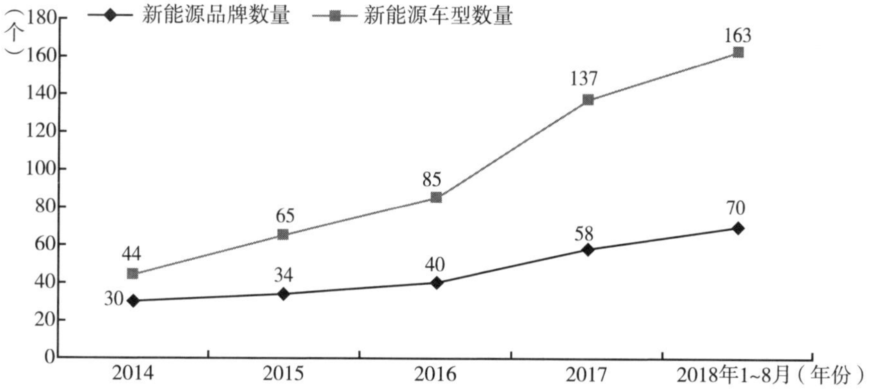

图6 2014年至2018年8月新能源车型品牌及车型数量走势

数据来源：中国汽车技术研究中心有限公司数据资源中心。

也要看到，在2018年在售的163款新能源车型中，销量排名前30的车型贡献了整体销量的85%，排名靠前的车企（如比亚迪、北汽、上汽等）优势明显市场占有率有扩大的趋势。

2015年之前，合资新能源车型在中国汽车市场份额基本为零，随着双积分制度正式实施日期日益临近以及市场增长潜力巨大，越来越多的合资车企、造车新势力加速布局新能源市场，截至2018年9月，合资车型在新能

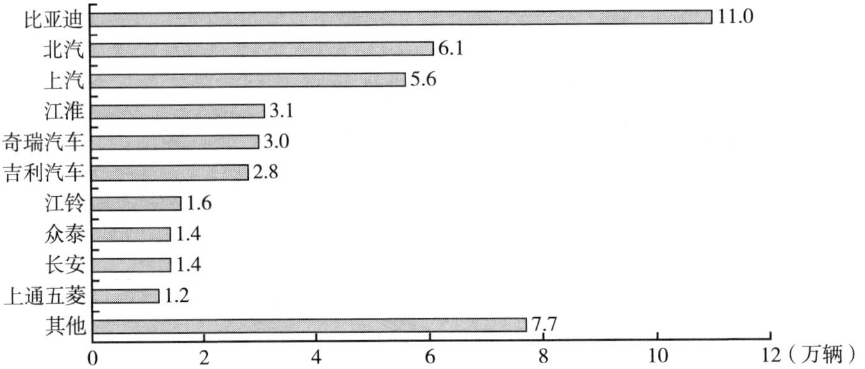

图 7　2018 年车企上险销量排名

数据来源：中国汽车技术研究中心有限公司数据资源中心。

源市场占比 4%，且有多款合资新能源车型将在第四季度上市。预计 2019 年双积分政策实施后，新能源市场将出现多头并进的格局，竞争将更加激烈，造车新势力、合资车企、传统自主车企也将共同加速推进新能源乘用车市场成熟。

五　新能源汽车电池技术和整车轻量化等发展迅速

目前，我国新能源市场快速发展，政策干预为行业发展指明了方向，同时相关企业不断进行技术升级、降低成本，也为新能源汽车的发展提供了支持。2018 年 6 月之后，新能源汽车补贴新规提高了对高续航里程和高能量密度新能源车的补贴。新规中，续航里程在 300KM 以下的车型，补贴金额较之前规定有降低，而大于或等于 300KM 续航里程的车型，补贴则得到了一定的提高，可以预见，随着我国新能源汽车技术水平的加速提升，国家将进一步优化补贴标准，继续按照扶优扶强的政策导向进行补贴。预计 2019 年新能源乘用车补贴标准会在续航里程上有新的门槛，这也与国家对动力电池能量密度技术发展路线相吻合。除了续航里程，在 2018 年新规中进一步完善了补贴政策，对电池能量密度和车辆能耗等因素都有了相关明确的补贴调整系数，以实现更好推动新能源相关产业健康发展。

2018 年新能源车三元锂电池的高能量密度和在续航里程方面的优势得以发挥。从动力电池技术线路看，三元电池在乘用车上的应用首次超过了磷酸铁锂的市场份额，但从成本和盈利模式方面考虑，三元电池中的钴属于贵重金属，对整体电池的成本会有很大的影响。从长远看，很长一段时间内，三元电池和磷酸铁锂电池会在市场中并存。

我国新能源车型在续航里程和电池能量密度上已达到了国际领先水平，但在安全性、一致性、整车轻量化等方面仍有较大的改进空间。其中整车轻量化在补贴方面也会直接影响车辆能耗调整系数。

我国已然成为电动化发展最为快速的国家之一，从趋势来看，智能化必然是电动车的下一个发展趋势，新能源汽车也是智能技术最好的载体。解决今天的城市交通的种种难题，电动化是其中的一个重要起点，车辆智能化则是重要的发展方向。电动车和通信 5G 的普及，将给汽车智能化发展创造突破性的条件。智能汽车除了自动驾驶，应该还能整合用户的各类需求，改变人们的出行方式，给用户最优的出行体验。

本土车企在新能源领域取得的成绩引人注目，以比亚迪汽车为例，作为新能源汽车领导品牌，其属于国内在新能源领域布局最早的车企之一，近年来更是基于先发者深耕细作取得的技术优势，对产业发展做出了更深远的布局。值得提到的：一是比亚迪针对整车轻量化推出了全新的 e 平台。对这一平台的特点，比亚迪用“33111”五个数字进行了概括。驱动 3 合 1，是驱动系统的电机、电控和变速器的高度集成；高压 3 合 1，则是高压系统的，DC-DC、充电器和配电箱的 3 合 1；第一个“1”是 1 块将仪表、空调、音响、智能钥匙等控制模块 10 合 1 的 PCB 板；第二个“1”是指 1 块搭载了“DiLink 系统”的智能自动旋转大屏；最后一个“1”是 1 块长续航、性能稳定的电池。通过高度集成、一体控制等技术，比亚迪实现了整车重量的减轻、整车布局的优化，以及能耗效率的提升和可靠性的提高。二是比亚迪于今年推出了 DiLink 智能网联系统。该系统包含 Di 平台、Di 云、Di 生态和 Di 开放四大能力模块，可以全面连接人 - 机 - 生活 - 社会。和手机智能化的过程一样，从封闭走向开放也是汽车智能化的必经之路。作为智能汽车硬件标准平台提供商，比亚迪开放汽车上341个传感器和66项控制权。权限包括门窗、天窗、空调等配置的控制，还有蓝牙、WiFi、4G、收音机和温度、气压、油耗等，以及绝大多数的故障码。未来，代步只是智能汽车的一小部分功能，更多的是移动的超级手机和拥有无限可能的“超级汽车生态”。比亚迪D++开放生态是基于全球最新汽车智能化体系结构和安全策略，为开发者提供开放的接口、车辆数据和控制权限的平台。D++开放生态将汇聚全球开发者智慧，进而衍生出无限可能的车载应用，并通过比亚迪DiLink智能网联系统为用户带来真正的智能出行体验。可以预见，在这个汽车和互联网相融合的开放平台上，汽车智能化势必会有更好、更快速的发展。其他诸如北汽、上汽等在新能源车方面也有不俗的表现。

六　新能源车型性价比不断提升，与同级别燃油车型价差不断缩小

与燃油车价相比，纯电动车型补贴后售价与燃油车价差不断缩小，特别是纯电动A00级车型、纯电动A0级车型基本与燃油车价格相当或略高；纯电动A00级车型主流产品起价5万元左右，且相比于2017年，续航普遍基本从150公里提升到250公里以上，部分产品续航超过300公里；纯电动A0级主流产品起价8万元左右，续航基本超过300公里，部分产品续航超过400公里；纯电动A级产品与燃油车价格也在不断拉近，续航基本超过400公里。

表3　纯电动主流产品与燃油车价差

单位：元

级别	车型	纯电动车型价格	燃油车自动挡价格	价差
A级以上	秦Pro EV	16.99万元起	9.98万元起	7.01万元
A级	吉利帝豪GS	11.98万元起	10.08万元起	1.90万元
A0级	北汽EX	7.99万元起	6.88万元起	1.11万元

续表

级别	车型	纯电动车型价格	燃油车自动挡价格	价差
A0 级	比亚迪元	7.99 万元起	6.99 万元起	1.00 万元
A00 级	长安奔奔	5.99 万元起	4.99 万元起	1.00 万元
A00 级	奇瑞 QQ	5.98 万元起	5.09 万元起	0.89 万元

数据来源：汽车之家数据。

技术在不断进步，新能源车型成本亦在下探，随着电动车三大核心部件——动力电池、电机、电控成本的不断下降，2018 年主流纯电动产品百公里单价相比 2017 年下降 20% 以上。

表 4　纯电动主流产品百公里单价

单位：万元，%

级别	2017 年	2018 年	同比降幅
A 级	4.3	3.3	23
A0 级	4.3	2.7	37
A00 级	3.2	2.3	28

数据来源：汽车之家数据。

从趋势来看，新能源车补贴逐年下降，纯电动车型终端价格也在不断下降，其续航里程却不断提升，核心三电成本的下降，抵消补贴下降的影响，预计 2019 年纯电动车型价格与 2018 年持平或微降，续航将进一步提升。

再看插混车型市场，从 2017～2018 年主流车型价格可以看出，终端价格相对平稳；从产品技术结构来看，插电式混合动力车型较燃油车增加一套电驱动系统，主机厂家为提升产品体验，不断优化系统、结构（增加 BSG 电机等），产品性价比不断提升。

相比于纯电动车型，由于插电式混合动力车型原有补贴基数小，因而受补贴退坡影响相对较小，但 2018 年插电式混合动力车型增长迅猛，随着各车企在插混领域产品布局进一步完善，竞争将进一步加剧，激烈的市场竞争必然推动产品性价比进一步提升。

表 5　插电式混合动力车型产品单价

单位：元

2017 年产品		2018 年产品	
车型	价格	车型	价格
秦	14.99 万起	秦 Pro DM	16.99 万起
宋 DM2017 款	17.99 万起	宋 DM2018 款	17.69 万起
荣威 ei6	16.58 万起	MG6 PHEV	16.98 万起
荣威 eRX5	19.88 万起	长安 CS75 PHEV	16.58 万起

数据来源：汽车之家数据。

七　结语

当前，汽车产业面临规模空前的变革，近年来新能源汽车飞速发展，产品的成熟度、政策的全面性系统性、消费者认可度不断提升，这些都已证明汽车电动化是大势所趋。在未来智能化交通的图景中，新能源汽车的先天优势也为新能源汽车的发展提供了强劲的内在驱动。

车企基于成本以及产品性能的竞争日趋激烈，乘用车市场已经进入以洗牌和淘汰为主题的阶段，强者恒强，只有抓住市场机会，才能在大浪淘沙之后占据比较有利的地位，新能源市场无疑就是可遇不可求的机遇。随着技术的不断发展，从低端市场开始的电动化进程将不断加速，只有依靠先进的技术水平和强大的竞争力，实力雄厚的车企才能在浪潮之后屹立不倒。

结合乘用车市场消费升级的趋势，插电式混动车型在中高端市场的占有率必然在较长时间内保持高速的发展。低端纯电动、中高端插电式混动的市场格局亦将保持相当长的一段时间。

B.4
基于大数据的中国换购市场研究

李冰阳　叶　青　李　康*

摘　要： 换购已经逐渐成为中国汽车市场的重要组成部分，对于部分高级别城市和高端品牌，换购甚至成为市场主体部分。在中国经济整体进入消费升级阶段的背景下，汽车市场也迎来了换购升级的爆发增长。运用大数据进行换购市场研究不仅有助于汽车企业把握当前汽车市场，进行精准的汽车产品企划、针对性的市场营销，而且有助于增强品牌建设，更能够让我们洞悉未来。

关键词： 换购　消费者　消费升级　品牌建设

一　换购市场整体发展趋势

中国汽车市场增量放缓，存量更新将成为市场发展的主要动力。21 世纪以来，中国汽车市场始终处于高位增长期。2009 年中国汽车销量突破千万，也成功超越美国成为全球汽车销量最多的国家。从 2017 年底的中国汽车市场保有量增长趋势来看，2009 年新购的汽车仍有 934 万辆活跃于市场，而之后每年增长均在 1000 万辆以上，2015 年之后更是超过了 2000 万辆。

同时我们也看到，新增保有量的增量和增速都在逐渐下降，如果没有特殊的市场刺激因素，未来几年整体市场很难再有高速增长。

* 李冰阳，中国汽车技术研究中心数据资源中心市场数据部部长；叶青，中国汽车技术研究中心数据资源中心市场数据部项目经理；李康，中国汽车技术研究中心数据资源中心市场数据部高级技术经理。

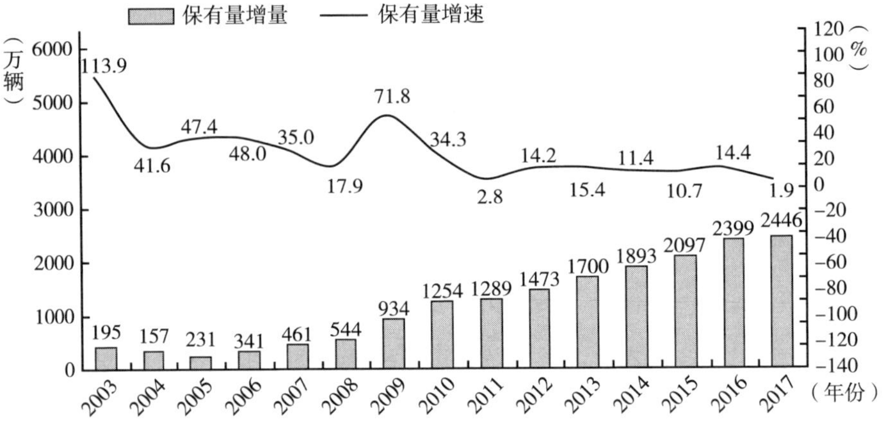

图1　中国汽车市场保有量年增长趋势（2003～2017年）

注：2013年数据包含2013年之前所有年份保有量。

数据来源：中国汽车技术研究中心有限公司数据资源中心。

新车市场停止增长的本质原因在于市场的饱和。欧洲发达国家千人汽车保有量普遍在500～600辆，美国则达到了800辆左右。尽管中国整体的千人保有量与欧美日发达国家有较大的差距，但由于国情不同，中国大型城市的交通压力已经接近城市负载的极限，即使市场层面仍有发展空间，政策层面也会控制市场发展。因此中国城市的千人保有量很可能无法超过300辆。

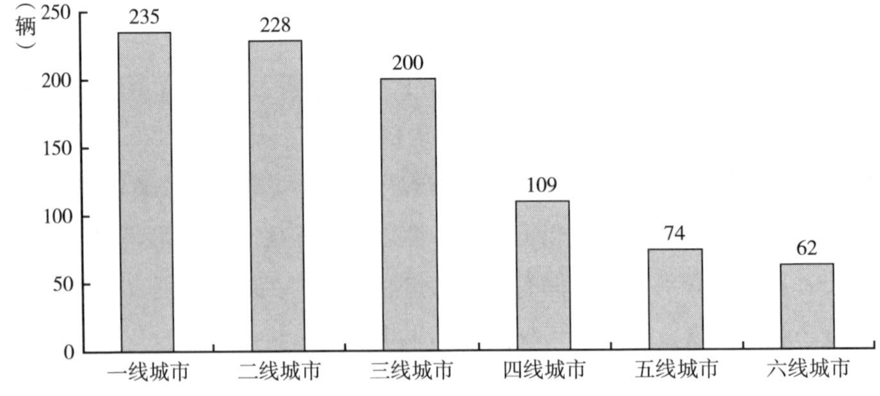

图2　中国汽车市场分城市级别千人保有量（2017年）

数据来源：中国汽车技术研究中心有限公司数据资源中心、国家统计局。

目前一线城市和部分二线城市已经开始限购，每年新增车辆牌照数量基本控制在了5辆/千人以下，即使牌照数量不缩减，未来10年一线城市千人保有量都无法超过300辆。因此，可以预见，新购车群体将主要出现在四线及以下城市，一线城市和部分二线城市将进入换购型市场。

目前中国消费者习惯，5～9年为主要置换周期。根据中汽中心数据资源中心数据计算，2017年中国换购市场需求规模约1029万辆，预计2018年中国换购市场需求规模将突破1200万辆，增幅在16.6%左右。

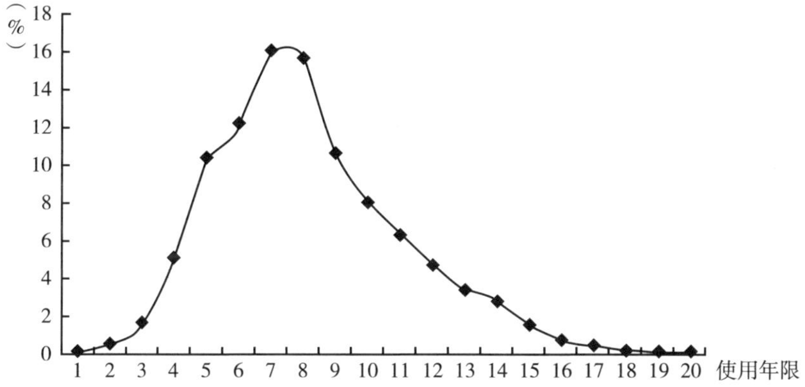

图3　中国汽车市场车辆使用年限分布（2017年）

数据来源：中国汽车技术研究中心有限公司数据资源中心。

二　换购中的品牌流转趋势

（一）主要外资品牌的换购用户比例已经超过新购用户，自主品牌仍以新购用户为主

尽管与2013年相比，所有品牌族群的换购用户比例都有所增加，但自主品牌的新购用户仍占到近80%，外资非豪华品牌换购用户比例已经超过40%，而豪华品牌则超过了70%。

从传统上来讲，中国汽车市场品牌族群自上而下分为外资豪华品牌、外资非豪华品牌和自主品牌。豪华品牌档次最高但数量最少，外资非豪华品牌

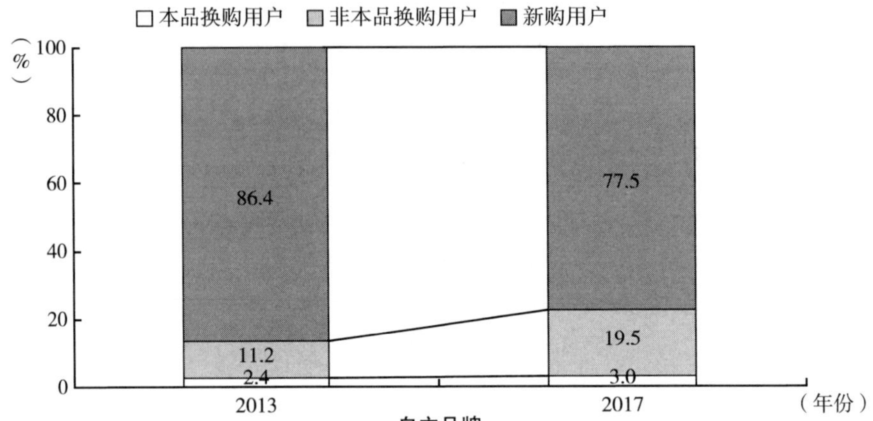

自主品牌

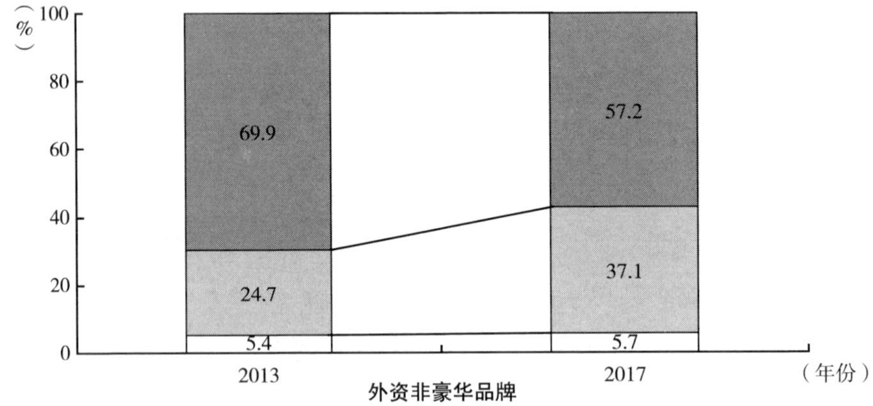

外资非豪华品牌

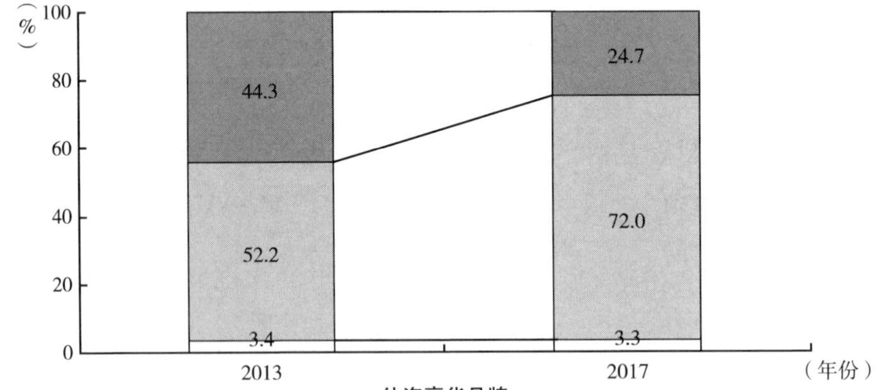

外资豪华品牌

图 4　不同品牌族群换购用户比例（2013 年、2017 年）

数据来源：中国汽车技术研究中心有限公司数据资源中心。

是市场主体，不仅档次高于自主品牌，数量也多于自主品牌，而自主品牌主要依靠中低端市场生存。

然而，随着中国经济整体的发展，传统品牌格局已经被新形势所颠覆：能买得起车的消费者越来越多，自主品牌传统领地在扩大，从量上来说，自主品牌已经成为市场份额最高的族群，且未来还会持续提高；能买得起豪华车的消费者越来越多，豪华品牌增速持续跑赢大盘，份额也一直在提高；自主品牌产品技术水平和品牌建设持续提高，部分有竞争力的自主品牌已经开始侵蚀外资非豪华品牌的传统领地。外资非豪华品牌受到上下双向冲击，市场份额逐步下降，但从绝对量上来说，依旧能够维持少量增长，基本处于动态平衡之中。

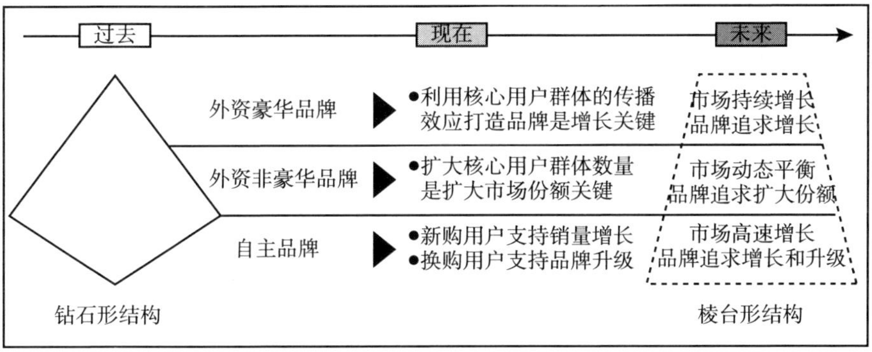

图5　中国品牌族群竞争格局演化趋势

（二）德日系车换购市场强势增长

从换购市场的系别流转矩阵可以看到，50.4%的德系车主换购后仍旧选择德系，日系和美系车主选择本系别的比例分别是31.6%和22.5%，韩系和法系则只有10%左右。在外资品牌市场，德日美三强格局明显。自主品牌由于大量集中在中低端市场，换购后选择本系别的比例也很高，达到了38.0%，仅次于德系。

与2017年同期的流转矩阵对比，我们发现流向德系和日系的比例在明显上升，德系持续维持高位，日系则是全面开花，对其他所有系别车主的吸引力都有所提高。相比而言，美韩法系在2018年出现了一定的衰退，其中韩系在所有系别的换购流向中都出现了1%以上的降幅，对本系流向的降幅更是达到了2.7%。韩系原本在其他系别的流向中占比就很低，都低于10%，现在本系别的流向也降到了10%以下。

表1　2018年1~6月系别流转矩阵

单位：%

换购前\换购后	德系	日系	美系	韩系	法系	自主
德系	50.4	18.2	10.8	3.1	1.6	9.8
日系	36.4	31.6	11.7	2.9	1.7	11.1
美系	34.9	20.6	22.5	3.3	2.0	12.3
韩系	32.2	23.1	14.6	8.7	2.3	15.6
法系	31.3	21.1	14.5	3.4	11.4	14.0
自主	21.1	19.1	11.8	5.5	2.4	38.0

数据来源：中国汽车技术研究中心有限公司数据资源中心。

表2　2018年1~6月系别流转变化趋势（与2017年1~6月比较）

单位：%

换购前\换购后	德系	日系	美系	韩系	法系	自主
德系	3.6	0.9	-0.4	-1.7	-0.4	-2.3
日系	0.0	3.1	-0.9	-1.6	-0.1	-0.1
美系	0.0	0.9	0.2	-1.8	-0.2	1.1
韩系	0.7	1.4	-1.4	-2.7	0.0	2.1
法系	0.1	1.4	-0.9	-1.8	1.4	-0.3
自主	0.6	1.9	-0.3	-2.1	-0.3	0.4

数据来源：中国汽车技术研究中心有限公司数据资源中心。

由于换购市场整体的大方向是消费升级，流入客户的增加体现了高价值客户的增多，而流入客户的减少则相应地可以理解为高价值客户的减少，因此2018年上半年的品牌流转矩阵的变化，说明了高级别细分市场更倾向于向原来就有一定优势的德日系集中，而美韩法系则在这一领域逐渐掉队。尤其是在中国市场基础相对薄弱的韩法系，如果在换购市场持续被德日系拉开差距，会使品牌发展不得不逐渐低端化，陷入中低端品牌的价格战中，会被进一步压缩利润和生存空间。

三　换购市场中的车型流转趋势

换购市场中SUV依旧维持强势，换购后流向SUV的车主仍在增多。

由于换购市场用户以 5 年以上车龄的车主为主，当时 SUV 市场刚刚崛起，市场主体仍是轿车，因此从换购前车辆类型分布来看，轿车仍占据绝大多数，而其他车型总计仅占 26%。

换购前各车辆类型市场份额（2018年1-6月）

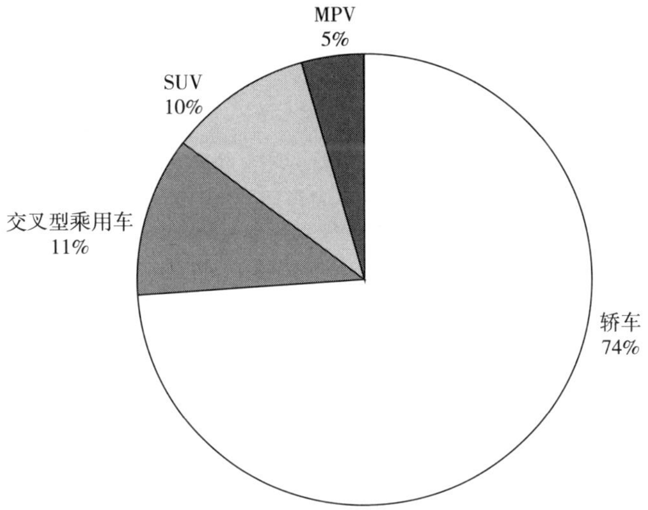

换购后各车辆类型市场份额（2018年1~6月）

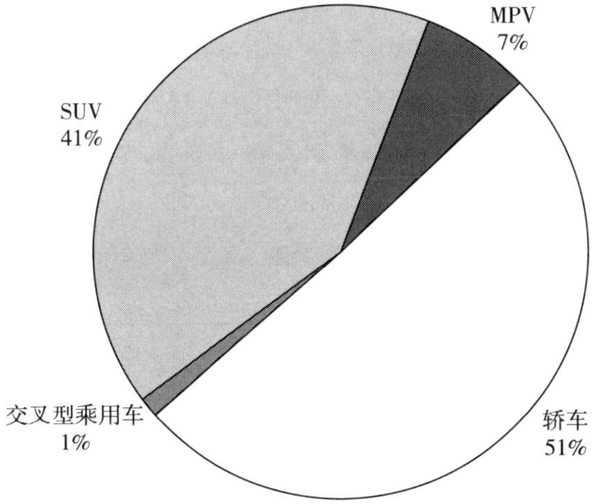

图 6　换购前后各车辆类型市场份额对比

数据来源：中国汽车技术研究中心有限公司数据资源中心。

经过换购行为之后，SUV 车型市场份额大幅度增加，达到了 41%，MPV 车型增至 7%，而轿车则相对大量减少，市场份额从 74% 降到了 51% 左右。因此，我们可以说，经过换购市场对于车辆类型格局的重塑，未来市场将成为轿车和 SUV 二分天下，而 MPV 也将逐渐替代交叉型乘用车。

通过换购矩阵我们则能更清晰地看到，40.8% 的轿车车主选择了 SUV，这是 SUV 崛起的最主要原因。

表 3　2018 年 1～6 月车型类别流转矩阵

单位：%

换购前\换购后	轿车	SUV	MPV	交叉型
轿车	53.5	40.8	5.2	0.6
SUV	38.9	54.8	6.1	0.3
MPV	41.1	37.5	20.1	1.3
交叉型乘用车	45.9	31.0	16.1	7.0

数据来源：中国汽车技术研究中心有限公司数据资源中心。

而与 2017 年同期相比，从轿车换为 SUV 的车主有增无减，尽管来自 SUV 本身和 MPV 的用户有所降低，但由于其基数远低于换购前为轿车的用户，因此换购后选择 SUV 的用户绝对数量还是在持续增加。

表 4　2018 年 1～6 月车型类别流转变化趋势（与 2017 年 1～6 月比较）

单位：%

换购前\换购后	轿车	SUV	MPV	交叉型
轿车	-0.7	1.2	-0.4	-0.1
SUV	0.1	-1.0	1.0	-0.1
MPV	0.3	-0.7	0.2	0.2
交叉型乘用车	0.2	2.5	-2.5	-0.2

数据来源：中国汽车技术研究中心有限公司数据资源中心。

另一个值得注意的现象是，MPV 用户尽管在持续增加，但其实来自 MPV 或交叉型乘用车的用户比例并不算高。而换购前为轿车的用户中 5.2% 在换购后选择了 MPV，这为 MPV 的换购市场贡献了一半多的销量。我们据此可以推断，MPV 作为一种功能性产品，对于很多用户来说其实也只是阶段性需求，并不是在人生或事业的每个阶段都需要 MPV。因此 MPV 车型营销更多的是需要考虑特定消费者群体的特定需求，而不能只是考虑保有基盘。

四　消费升级研究

（一）消费升级是换购市场的基本趋势，车型升级多于品牌升级

党的十八大以来，中国经济不再以高速发展为唯一目标，科学发展、重视民生成为新时代的主旋律。在这种大形势下，“消费升级”成为各行各业最热门的话题，汽车行业当然也不例外。实际上，也正是由于消费升级的内

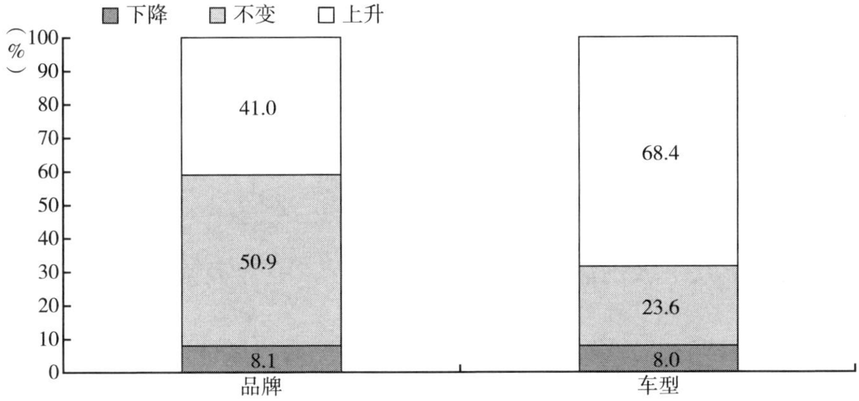

图 7　中国汽车换购市场消费升级趋势（2017 年）

数据来源：中国汽车技术研究中心有限公司数据资源中心。

在动因，中国汽车市场品牌格局才出现了前文所述的变化。

如果我们把汽车换购市场的升级分为 2 个维度：品牌升级和车型升级，那么我们会发现，换购中品牌级别出现上升的约占 40%，而车型级别出现上升的接近 70%，其中一半左右车主在更换更大的车型的同时，品牌级别并没有上升，甚至出现了下降。

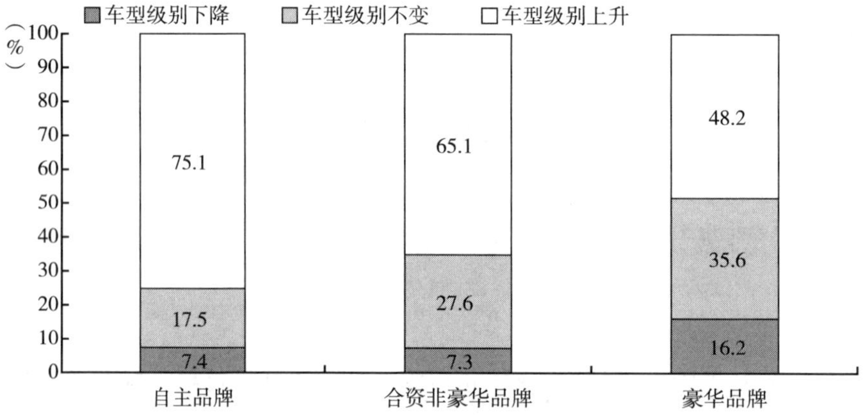

图 8　不同品牌级别用户车型升级趋势（2017 年）

数据来源：中国汽车技术研究中心有限公司数据资源中心。

从图 8 我们可以看出，无论是自主品牌、合资非豪华品牌，还是豪华品牌，都有明显的车型升级倾向，自主品牌和合资非豪华品牌更明显，豪华品牌由于前车基础较好（以中大型车为主），车型升级比例相对较低，但也达到了近 50%。

（二）各城市级别消费升级的趋势接近，但升级幅度不同

从城市级别看，升级是全国普遍现象，而非高线城市特有现象。无论是车型升级还是品牌升级，尽管高线城市的升级比例的确略高于低线城市，但差距并不大。

在换购升级的过程中，必定同时伴随价格升级。尽管高线城市和低线城市的升级趋势差异并不明显，但价格升级幅度差异很大。

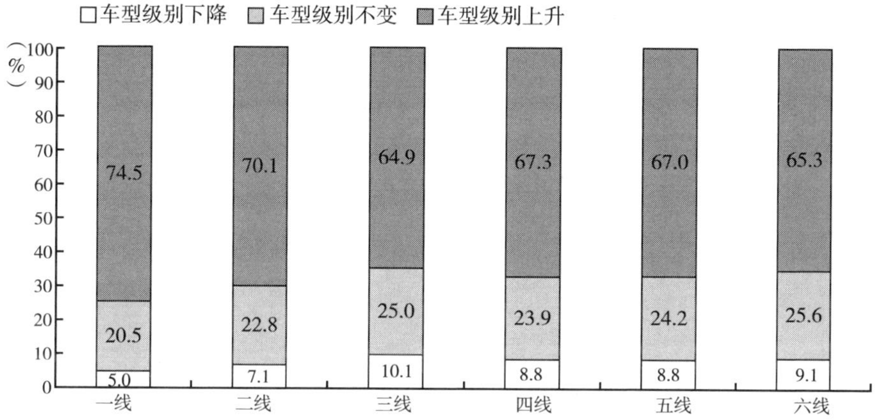

图 9　分城市级别车型升级比例（2017 年）

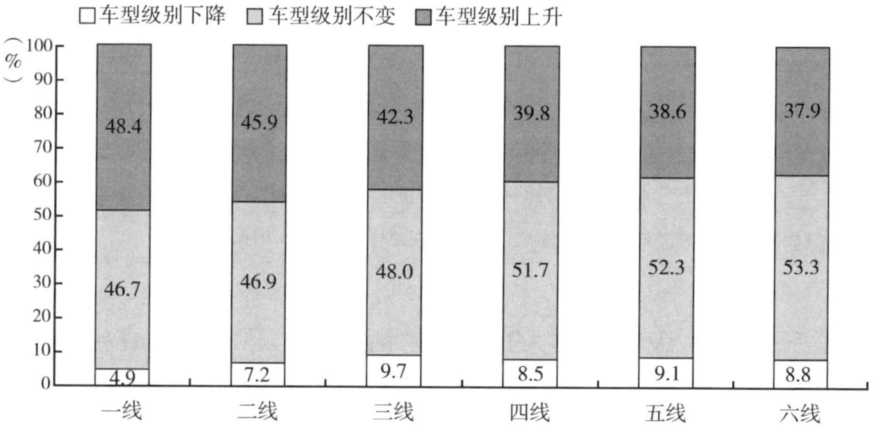

图 10　分城市级别品牌升级比例（2017 年）

数据来源：中国汽车技术研究中心有限公司数据资源中心。

从人均 GDP 来说，从五/六线城市到一线城市基本呈现线性增长，每个城市级别差 1.5 万 ~2 万元。

价格升级大体可以分成 3 个阶梯。

一线城市换购价格升幅远大于其他级别城市，达到了 22 万元，平均换购后价格在 30 万左右；二线、三线城市在 10 万 ~13 万元，平均换购后价格接近20万元；四线及以下城市在6万~8万元，平均换购后价格超过10万；如前文所述，不同城市级别的用户升级趋势差异不大，但价格差距较大，据此我们可以推断：经过换购这个市场过滤器，一线城市豪华化，二线、三线城市合资化，低级别城市大型化。

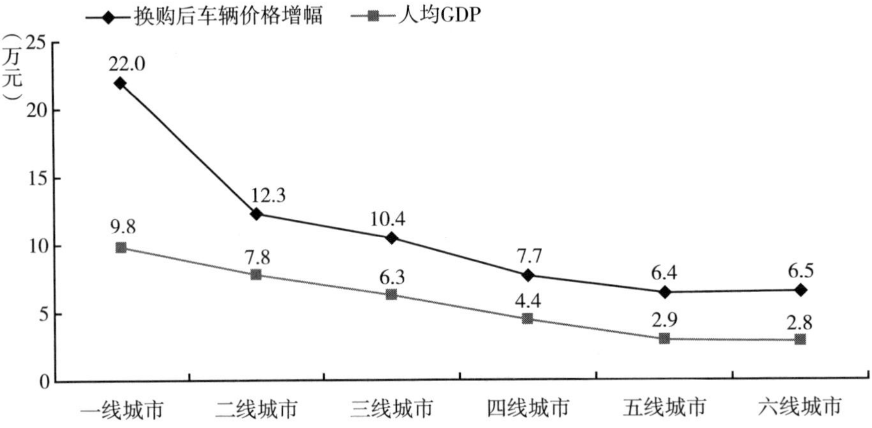

图11　分城市级别价格升级幅度与人均GDP（2017年）

数据来源：中国汽车技术研究中心有限公司数据资源中心；国家统计局。

（三）A/B级车是换购市场平衡点，C/D级形成相对独立市场

换购市场整体呈现消费升级的趋势，其中A00级和A0级车主的升级行为最为明显，他们的绝大多数在换购后选择了A级甚至B级产品。

A/B级车主的换购特点则是留在本级别的用户最多，但升级比例依旧很高。其中A级基本没有选择更低级别的，但B级用户有部分选择A级的，其中主要分为两种情况：从B级轿车换成A级SUV、从中低端品牌换成豪华品牌。

而C/D级产品的价格往往都在40万~50万元甚至更多，属于汽车市场的顶级消费产品，该类车主换购后主要仍旧维持在本级别。

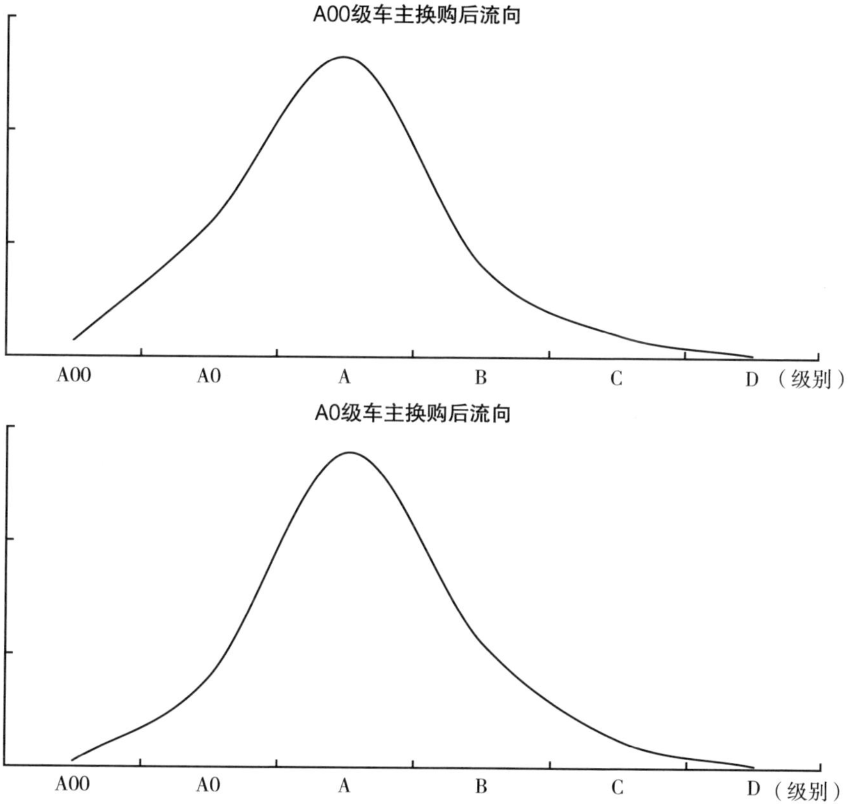

图 12　A00&A0 级车主换购后流向（2018 年）

资料来源：中国汽车技术研究中心有限公司数据资源中心。

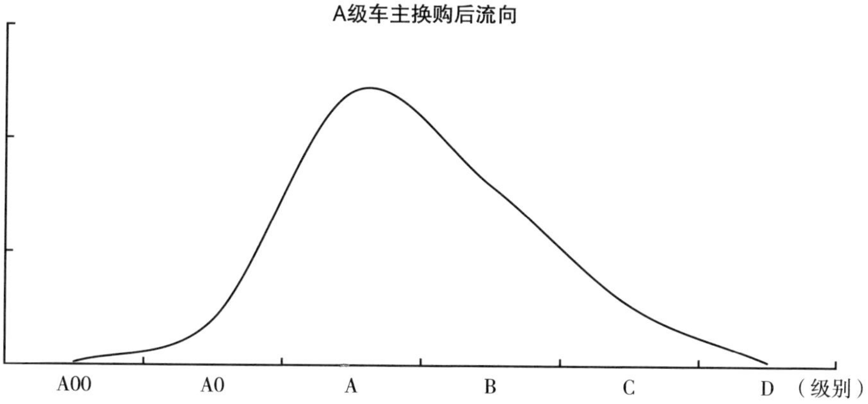

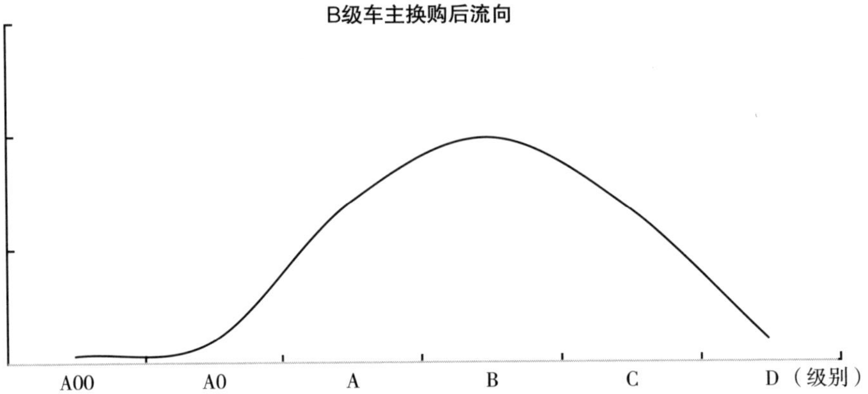

图 13　A&B 级车主换购后流向（2018 年）

数据来源：中国汽车技术研究中心有限公司数据资源中心。

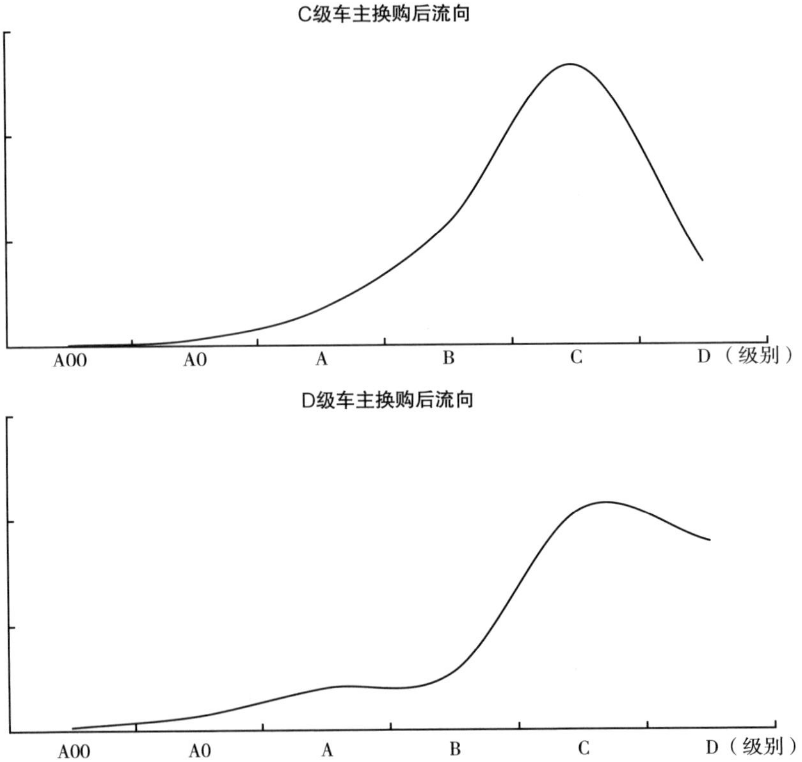

图 14　C&D 级车主换购后流向（2018 年）

数据来源：中国汽车技术研究中心有限公司数据资源中心。

五　换购市场品牌营销的意义和思考

（一）所有换购用户为高价值客户，留住换购用户就是留住了最大的利润

换购过程中，绝大多数用户会有一定程度的价格升级。各系别车主在换购后选择的产品平均价格比换购前要增加 10 万以上，其中最高的为日系车主，达到了 14.7 万，最低的为自主系车主，也达到了 10.8 万。与 2017 年同期相比，换购的价格升级基本保持稳定，均值变化不超过 ±5%。

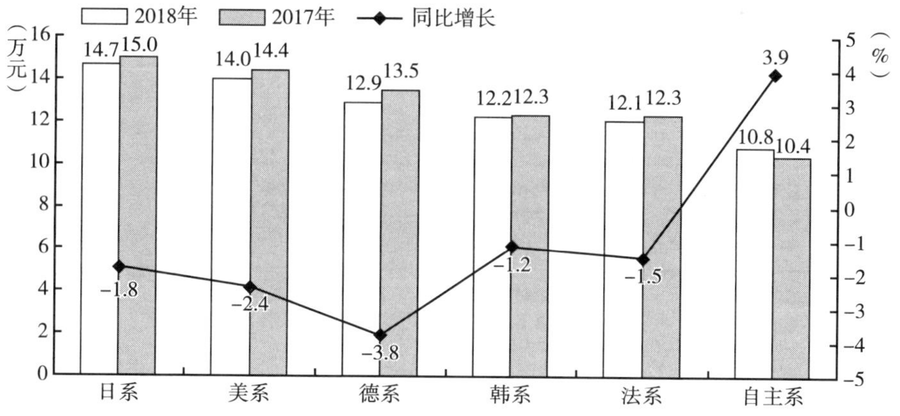

图 15　2018 年 1～6 月换购市场分系别价格升级均值（与 2017 年 1～6 月比较）

数据来源：中国汽车技术研究中心有限公司数据资源中心。

换购中的价格升级在提醒我们，经过一个 5～9 年的使用周期，原来的车主的收入和社会地位往往会逐渐提高，能够承担更高的价格的产品。如果企业或品牌在原地踏步，那么必然会造成大量的换购用户流失。而对于无论是想进入更高级别细分市场的品牌，还是想打造更高端品牌的企业，想找到目标用户群体也很简单，他们就存在于本品牌购车用户之中。只有服务好每个现有用户，当他们在换购时才会继续将本品牌作为第一选择，而企业也能够从用户身上获得更为丰厚的回报。

（二）提高品牌忠诚度是促进销量提高的根本方式，但同时也需要长期持续的品牌建设才能见到成效

在换购市场明显呈现升级趋势的背景下，如何把握住本品牌用户并提高品牌忠诚度成为品牌成长的关键。

首先，目前形成的“豪华－合资－自主”品牌格局是经过多年的市场发展形成的社会认知，短期内较难打破。而目前中国市场的品牌忠诚度表现也非常明显地体现出了这一特点。

奔驰、宝马、奥迪德系豪华品牌三强和路虎的忠诚度在 20% ~30%，日美系主流合资品牌忠诚度在 10% ~20%，自主品牌均在 10% 以下。

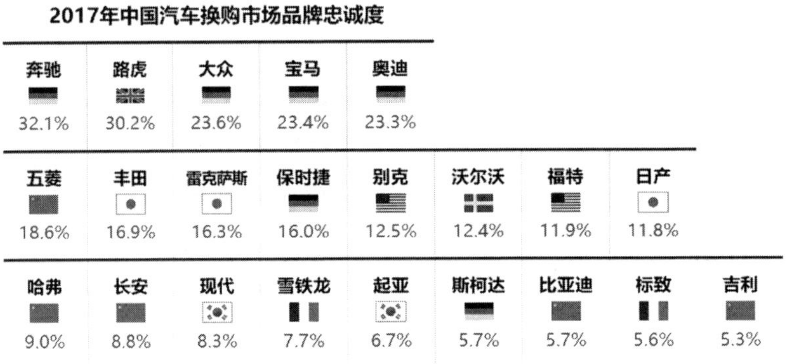

图 16　中国汽车换购市场品牌忠诚度（2017 年）

注：大众品牌包括一汽大众、上汽大众和进口大众；五菱忠诚度为“上汽通用五菱”整体忠诚度，包括五菱品牌和宝骏品牌。

数据来源：中国汽车技术研究中心有限公司数据资源中心。

同时，我们也可以看到，部分品牌并不符合上述规律，结合这些品牌的市场表现，我们可以更深入地理解品牌忠诚度的意义。

大众作为最成功的非豪华合资品牌，五菱作为最成功的自主品牌，忠诚度均较高水平，其对应的市场销量也遥遥领先于同族群品牌，大众品牌 2017 年销量为合资品牌第二名本田的 221%，五菱为自主品牌第二名吉利的 157%。

雷克萨斯、沃尔沃等豪华品牌忠诚度处于主流合资品牌水平，销量与德系三强也有明显差距；韩法系合资品牌忠诚度处于自主品牌水平，销量也低于日美系合资品牌。

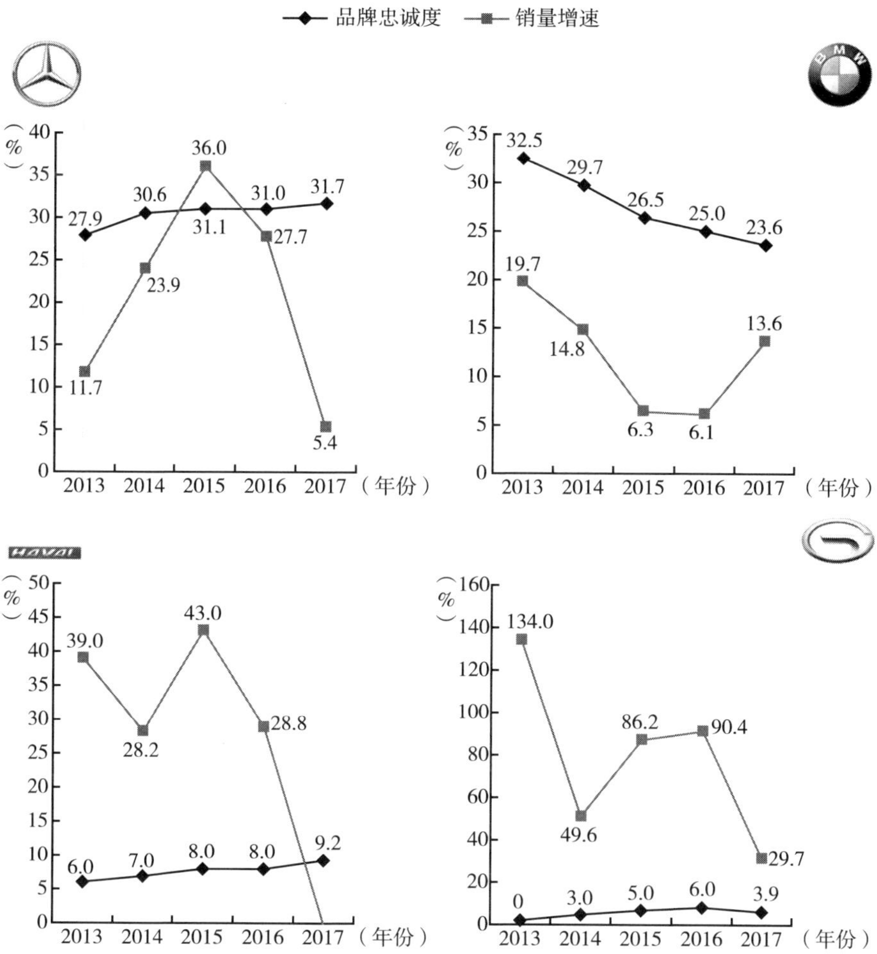

图 17　品牌忠诚度和销量增速的相关性（2013～2017 年）

注：无论是品牌忠诚度还是销量增速，都同时受到多个因素影响，因此其相关性只是大概率时间，而单独看某年的数据并不必然相关。例如，销量增速持续下降，很可能导致该品牌使用激进的促销行为提升销量，这对于品牌忠诚度帮助有限，但的确可以在短期内吸引到更多新用户从而提振销量，但长期来看，这种行为有可能伤害到品牌形象，从而使忠诚度进一步下降。

数据来源：中国汽车技术研究中心有限公司数据资源中心。

品牌忠诚度是最为重要的品牌指标之一，与销量增速有较为明显的正相关关系。我们可以看到无论是豪华品牌还是自主品牌，忠诚度的升高意味着销量增速持续高位，忠诚度的降低则往往伴随销量增速的持续低位。

经过对大量忠诚和流失消费者的访谈，研究者发现品牌忠诚度大致受到以下三方面因素的影响。

第一，品牌满意度和品牌口碑，是品牌忠诚度的基础，已有用户经过长期使用和长期正向传播品牌特征，忠诚度可以自然提高。

第二，品牌创新和产品线丰富，是防止品牌流失的有效手段。由于汽车是耐用消费品，更换周期很长，同时整体市场正处于消费升级的背景下，很多换购用户不再满足于原产品的特点或级别，如果不能在各个级别上提供更新的产品，即使品牌满意度很高也会造成较多的客源流失。

第三，品牌背书，是品牌忠诚度提高的加速器。中低端品牌短期内提高品牌档次的最有效手段就是加强与高端品牌的联系，让消费者感觉中低端品牌的产品其实与高端品牌趋同，这对于摇摆型客户是非常有效的营销点。

品牌忠诚度体现的是大量消费者对于品牌的综合认知，因此无论增减，都是相当缓慢的过程。笔者对近三年换购前用户数量前 20 名的品牌进行计算，其忠诚度年度变化绝大多数在 3% 以下。

这个现象对于那些暂时处于困境的品牌无疑是个福音，曾经的辉煌可以为品牌积累足够多的忠诚用户，他们不会很快消失，仍然能够为品牌提供支持以渡过难关，但同时也为正在崛起的品牌竖起了一道很高的“时间门槛”。只有通过较长时间的努力，后来者才有可能厚积薄发，使忠诚度有质的提高。

表 5　2016 ~ 2017 年换购用户数量 Top20 品牌忠诚度年度变化

单位：%

品牌 1 ~ 7	忠诚度年度变化		品牌 8 ~ 14	忠诚度年度变化		品牌 15 ~ 20	忠诚度年度变化	
	2016 年	2017 年		2016 年	2017 年		2016 年	2017 年
大众	-4.2	-2.4	丰田	1.0	-0.5	起亚	-2.2	-1.4
五菱	-1.5	-2.3	日产	0.6	0.3	雪铁龙	0.4	-1.9
长安	-1.4	0.5	铃木	-1.8	-1.1	福特	-0.4	0.6

续表

品牌 1～7	忠诚度年度变化		品牌 8～14	忠诚度年度变化		品牌 15～20	忠诚度年度变化	
	2016 年	2017 年		2016 年	2017 年		2016 年	2017 年
现代	-2.6	-1.2	雪佛兰	-1.2	-1.1	一汽	-2.7	-0.8
本田	0.1	-0.4	比亚迪	0.7	-1.5	哈飞	-0.4	0.0
别克	1.2	-0.7	吉利	0.8	-0.2	奥迪	-2.7	-2.0
奇瑞	-1.9	-2.1	夏利	-0.6	0.2			

注：表中 1～7、表 8～14、15～20 表示换购数量 Top 20 排名。
数据来源：中国汽车技术研究中心有限公司数据资源中心。

（三）在竞争环境下把握消费者升级趋势

消费者是营销的基础，但把握了消费者不代表能营销成功，只代表你走在了正确的道路上，并没有到达终点，更关键的是在现有竞争环境下对消费者进行研究。例如，从 1960 年代到 2010 年代的高端汽车购买人群可能都关注科技、奢华、舒适等要素。如果把 2018 年新款 B 级甚至 A + 级轿车放回 1960 年代，毫无疑问其会成为一辆横扫高端市场的神车——无论是外观、空间还是舒适度，其均遥遥领先于当时的所有 C 级产品，更不用提科技配置了。但放到今天，A + 级产品完全无法和高端车产生联系，B 级产品勉强能归入中高端产品。这不是用户需求产生了变化，而是竞争环境出现了变化，竞争环境导致消费者对于这些要素的理解出现了升级。因此，进行消费者研究必定要结合具体的竞争环境，一方面总结消费者各类需求、对应的消费者群体数量和影响力；另一方面，需要考察本品资源和能力，如在相关需求满足方面是否具有竞争力，如果没有明显竞争优势，即使投入巨大的研发和营销成本可能也只会事倍功半。

（四）品牌形象建设的日常化、场景化和精细化

其实企业/产品的品牌建设和个人的品牌建设很相似，往往只需要一个场景就可以被牢牢贴上一个标签。比如某个新员工上班第一天就迟到了，那么他多半就会被大家觉得不是那么有时间观念，甚至可能由此得出这个人办

事不靠谱的结论。

当然，不同事件的影响力肯定有所区别。比如上班迟到，尽管是上班第一天迟到，大多数情况下影响不会很大，只要其长期持续的勤勤恳恳且每天早出晚归，一段时间之后，应该是可以扭转印象。而比较低级的错误和比较严重的后果往往不容易扭转。

而企业/产品的品牌也一样。在销售服务中出现一点小纰漏，或者产品有一点小瑕疵，可能影响是很小的，要么只有极少数人会特别在意这个问题，要么大多数人可以容忍这种问题。如果你的服务或产品出现重大问题，比如不尊重顾客、欺骗顾客、汽车质量有明显问题、经常性抛锚、频繁出现小故障，那么你的品牌形象基本就没救了。而在这两者之间，同样存在大量不大不小的场景，去影响你的品牌形象，这种普通场景下的品牌建设往往事无巨细，但这才是品牌建设的中坚力量。

例如，假设某品牌的绝大多数用户在几年的使用过程中，几乎没出过什么大故障，虽然偶尔会有小毛病，但首先问题很小，第二频率很低，因此大多数客户会认为这个品牌是个靠谱、耐用的品牌，就算碰到了小毛病，也是可以容忍的。如果我们仔细分析上述例证，可以发现时间和使用次数在塑造品牌方面的重要意义，发现容忍偶发的小毛病并不是一个独立事件，而是在“耐用性”这个问题上的一个连续事件的片段。假设一个用户每天开这个车，每年用 200 次以上，基本没出过产品质量问题，用到第 199 次的时候车子突然出了个小毛病，第 387 次的时候又出了一次小毛病，显然绝大多数人车子会觉得这个品牌很靠谱。但是，也可能出现一个不幸运的车主，他在第 1 次使用这款车的时候就出了小毛病，如果他之前对这个品牌没有任何了解，估计很可能他会选择直接退货，如果他之前对这个品牌的耐用性还比较认可，那么他多半也会出现信心上的动摇。很不幸，他用第 5 次的时候又出了一次毛病，即使原来很有信心，多半也会完全扭转对品牌的印象，他很可能会迅速把这个车处理掉。还有一种可能是，假设处理退货索赔很麻烦，直接卖掉损失很大，该车主只有被迫继续用下去，以后 500 次都没出问题，那自然而然地他就会觉得头 5 次里出 2 次毛病只是偶然现象，这个品牌还是靠谱的。

如果上述现象是普遍存在的，那么我们就可以明显地看出来，对于每个品牌形象，是否能建设到位，跟每个形象出现的正负反馈之比是有很大关系的，耐用性是一个需要长期博弈建立的品牌形象，而其他很多形象则更多的是通过一次性博弈建立，比如美观、工艺、运动、高科技等，只要在一两个场景下让消费者认可你这种形象，短期内基本就不会再出现明显变化。

每种正面的品牌形象都能带来一定数量的用户，不同形象能带来不同数量的用户，而建设不同的品牌形象的投入和竞争环境也不同。比如你要建设一个奢华的品牌形象，首先竞争对手较强，其次投入较大，如果建设成功，可能收获也颇丰，但品牌建设的性价比不一定高。而如果建设一个较冷门的品牌形象，比如温馨，这不是大多数消费者购车的诉求，竞争对手就较弱，投入也会较少，相应的收获也较低，但单个用户产值很可能比热门的品牌形象要高。

品牌形象、购车关注要素和购买原因本质上都是消费者对于品牌 - 产品属性的认知，只不过是研究者从不同的角度做的不同定义。

关注要素是指消费者在购车过程中在意的事情，与市场竞争无关，与消费者本身的心态直接相关，比如动力、外观、科技配置、舒适型配置、驾驶乐趣等，理论上，消费者最终购买的产品，一定在消费者关注的维度是比较强的，如果相反，至少说明该关注要素并不是最重要的、不可妥协的关注要素。

购买原因大体还是这些因素。而实际上购买原因可以分成两个层级，一是基础需求，二是产品特色（胜负手），这两点都很重要。基础需求也就是不考虑竞争环境的产品优势，比如奔驰和宝马都具有奢华、动力好、舒适等特点，购买奔驰和宝马的消费者可能都会觉得自己的产品具备这样的特点。胜负手则是最终购买的产品比战败产品强的因素。战败产品因为某个因素在竞争中战败了，说明这个产品在这个方面被用户认为不够好，改进这点之后至少可以减少这部分用户的数量。而战胜品牌的战胜原因，则不能简单归结于胜负手，胜负手是负责进攻的能力，但只有进攻没有防守显然无法取得胜利，而只有防守没有进攻也不可能取得大胜。

而品牌形象则是品牌无提示提及的评价，是与关注要素或购买原因类似的内容，而区别于后者的最关键之处在于，消费者在没有任何提示的情况下，就能想到这些评价。有些品牌可能没有任何形象的问题，只是某品牌，而不是某个什么样的品牌。消费者最终购买的产品的品牌形象基本是他关注的要素之一（尽管不一定是最关注的），所以可以认为品牌形象是一个敲门砖，由于正面品牌形象的作用，所以该品牌成为无提示提及品牌，进入品牌备选，最终通过销售漏斗成为战胜品牌。

B.5
基于大数据的中国二手乘用车市场研究

郝斌　孟健*

摘　要：　二手车市场作为汽车市场的重要组成部分，对于国计民生具有重要的意义，我国二手车市场正处于快速发展阶段，受到了社会各界的广泛重视。伴随着近几年的快速发展，国内二手车市场呈现出许多新的市场特征，衍生了若干行业问题，为了更好地把握行业发展规律，本文尝试通过解读2018年上半年的市场交易数据对国内二手车市场进行阶段性的总结与展望。2018年上半年二手车市场呈现以下几大特征：电商渠道交易量占比达12.0%；华东地区交易量最高，占全国本地交易量的32.4%；轿车仍是二手车交易主流，SUV发展潜力较大。二手车交易市场稳步向好发展，预计2018年全年交易量有望突破1200万辆。

关键词：　二手车　市场分析　行业展望

引　言

近年来，国民生活水平的不断提高带动汽车需求逐渐增大，市场经历了一个爆发式增长期。随着保有量的不断累积，前些年新车市场的快速增长开

* 郝斌，中国汽车技术研究中心有限公司数据资源中心二手车研究员；孟健，中国汽车技术研究中心有限公司数据资源中心产品数据部部长。

始向二手车市场传导，适龄二手车数量越来越多，二手车市场进入蓬勃发展阶段。巨大的市场潜力吸引众多汽车厂商布局品牌二手车业务，资本持续涌入催生了多种业务发展模式，互联网巨头开始涉足二手车线下零售，行业格局正在进行深刻变革。为更好地帮助行业参与者把握市场发展机遇，中国汽车技术研究中心有限公司数据资源中心（以下简称数据中心）利用交易数据详细解读2018年上半年中国二手乘用车市场发展特征，并结合国内外市场对比展望行业未来发展趋势。

一 内外部协同发展，交易量稳步增长

据数据中心数据统计，2018年上半年二手乘用车交易量为572万辆，同比增长15%，虽然增长率较去年有所下降，但仍然保持了较高的增长速度。这主要是因为近几年二手车发展的内生动力逐渐增强，外部环境不断趋利，带动整体交易量快速增加，市场进入稳增长阶段。

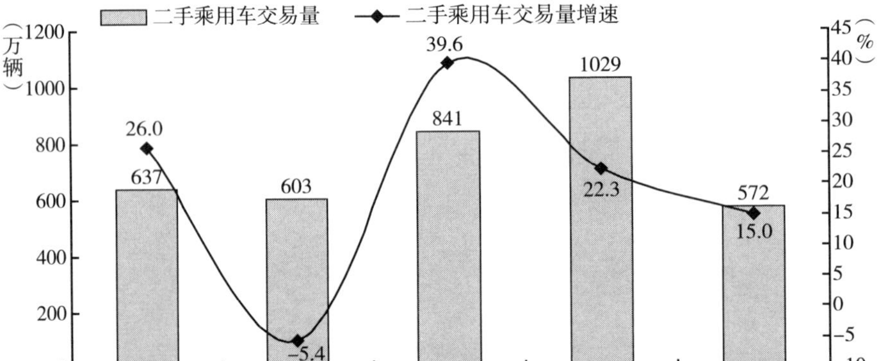

图1 2014~2018年6月二手车市场发展走势

（一）供需两端协同发展，内生动力持续增强

供需关系是市场的本质，充足的车源和积极的购买意愿是驱动二手车市

场蓬勃发展的核心要素。一方面，我国巨大的乘用车保有量，尤其是逐年增加的适龄交易车辆为市场提供了充足的车源，是推动二手车市场发展的根本保证。据数据中心数据统计，2018 年我国处于交易高峰期（5 ~ 9 年车龄）的保有车辆为7609 万辆，相比于2017 年增长14.4%，展现出巨大的市场潜力。另一方面，二手车电商爆炸式的信息推广对市场起到了良好的教育和引领作用，消费者的购车观念逐渐转变，二手车认知度和接受度不断提高；且当前国内仍有1 亿多持证无车的消费者，该群体还在不断壮大，他们对于车辆的需求远远没有得到满足，为存量车进入流通环节提供了足够的市场空间。

（二）政策与配套逐渐完善，外部环境趋利

国务院及各部委先后出台了多项利好政策，增强了二手车从业者的信心，激发了二手车市场的活力，为二手车市场的蓬勃发展提供了强有力的保障。①2018 年1 月1 日央行及银保监会正式将二手车贷款最高发放比例从50%提高到70%，刺激了二手车金融产业，促进二手车市场流通率提高。②2018 年3 月李克强总理在政府工作报告中提出全面解除限迁政策，7 月5 日印发的《关于开展2018 年国务院大督查的通知》将解除限迁政策执行情况纳入督查重点，助力二手车跨区域流通。③2018年6 月29 日，公安部办公厅印发《公安交管部门进一步深化“放管服”改革提升交管服务便利化的措施》，试点推行非运营小微型载客汽车档案电子化网上转递，大大简化了二手车交易流程，提高了交易效率。

巨大的盈利空间吸引了越来越多的资本涌入二手车市场，加速了商业模式变革与配套环境优化，为二手车市场的发展提供了强大助力。优信纳斯达克上市，阿里巴巴入局二手车零售，腾讯与流通协会共建智慧门店，瓜子、大搜车战火升级，主流电商企业加速融资等行业事件无不搅动着2018 年上半年的二手车市场格局，行业竞争愈演愈烈，催生出更丰富的交易渠道和更完善的保障体系，促进了中国二手车市场交易机制的加速完善。

二 车辆年轻化趋势明显，优质车源增多

从数据来看，2018 年上半年，4 年以下车龄的市场份额为 23.3%，高于 2017 年的 20%，二手车车龄更加年轻化。一方面，随着收入水平的提高和生活观念的进步，汽车逐渐由高档生活用品转变为日常代步工具，为了满足相应的生活需求和追求更舒适的驾乘体验，用户换购周期越来越短，更多年轻的优质车源进入二手车市场。另一方面，市场的蓬勃发展让国人对二手车的接受程度逐步提高，车龄较短的二手车逐渐成为主流汽车消费群体的新选择。

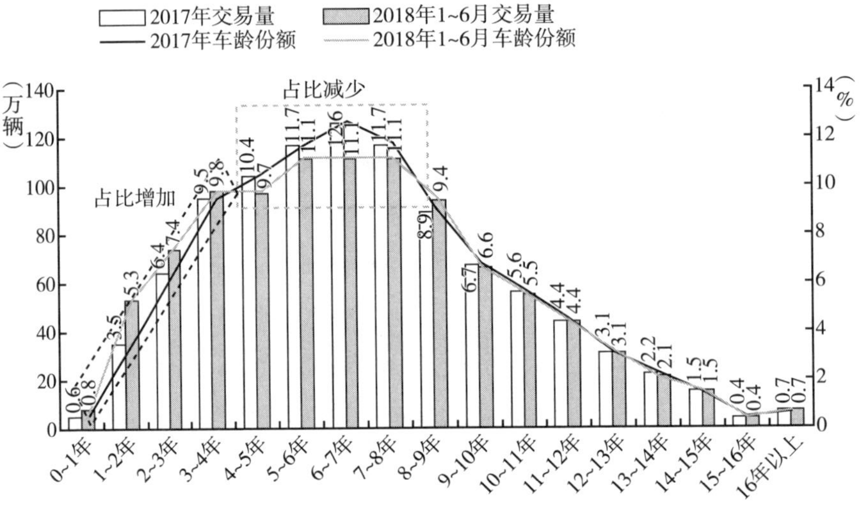

图 2 2017 年与 2018 年 1 ~6 月二手车车龄分布情况

三 传统交易渠道为主，电商占比提升明显

传统销售渠道仍然是国内二手车交易的主要途径，其中通过二手车车行

和朋友/熟人交易的占比分别为36.7%和27.2%，两者之和占据了整个市场的60%以上。

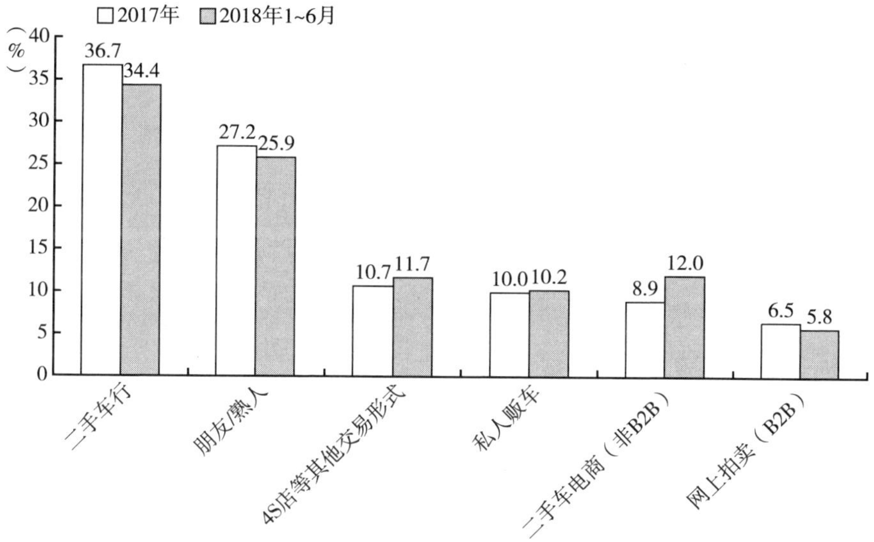

图3 2017年与2018年1~6月消费者购车渠道分布情况

国内二手车市场尚未建立起公平、诚信的交易环境，对质量问题的担忧促使消费者更倾向于线下的、传统的购买渠道，具体原因涉及市场监管、买卖双方等多个方面：①主管部门对交易环节的监管不到位，二手车的售后环节缺乏相应的立法保障。②相关配套设施不健全，没有像美国Carfax一样的咨询机构，可以为消费者提供真实详尽的车辆维修记录、交易记录以供查询。③目前的二手车经营者还不够成熟，加之法规与配套的不完善，交易商擅自调表、隐瞒重大事故等欺诈手段是客观存在的。④我国的汽车市场发展较晚，汽车文化还很薄弱，民众的汽车知识积累较差，不具备基本的二手车鉴别能力。

二手车电商渠道的交易占比在2018年上半年达到12.0%，相比于2017年有很大的提升。一方面，海量的广告宣传让电商获得了巨大的流量，其中一部分转化为交易促成率；另一方面，O2O模式更加便捷，免费上门检测、包卖服务等良好的用户体验提升了消费者的满意度。随着电商模式在激烈市场竞争中不断进化，对应的渠道交易量占比将会继续提升。

四 价格仍是消费者购车的首要考虑因素

通过观察2018年上半年二手乘用车交易价格的分布情况可以发现，追求低价仍然是大部分消费者购买二手车的首要因素，成交价在5万～10万元区间的交易量占比最高，达到了45%；其次为5万元以下和10万～15万元两个区间，交易量占比分别为22%和19%；而15万元以上的占比仅为14%，远远低于其他成熟的二手车市场。从汽车市场全局分析，我国仍然处于增量市场时期，虽然二手车析出率逐年升高，但仍有大量的首购需求未得到满足，与发达国家追求品牌、个性等丰富多样的购车动机相比，我国大部分的二手车消费者仍然以追求日常代步这一汽车的基本功能为首要购车动机，价格是否低廉毫无疑问地成为消费者最关心的问题。

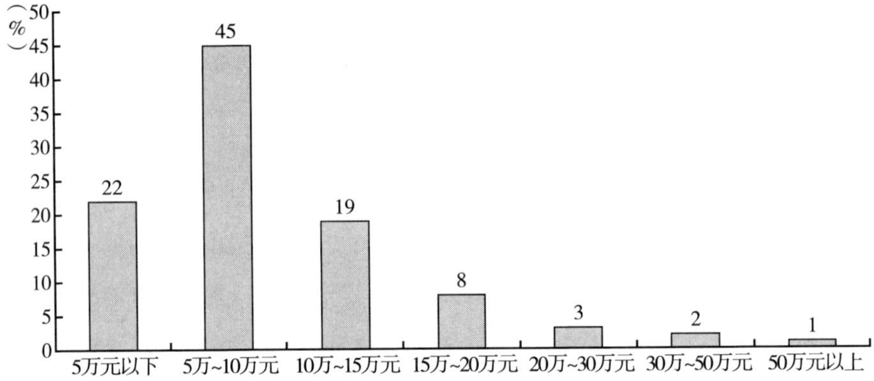

图4 2018年上半年二手车交易价格分布

五 区域市场格局相对稳定，流通活力增强

（一）东部为主、西部快速发展的传统格局相对稳定

从区域交易情况来看，华东地区仍然是交易最集中的区域，其在2018

年上半年的本地交易量占全国本地交易量的32.4%，华北和华南作为另外两个沿海地区分别以15.7%和12.5%的本地成交量位居二、三位。迁出量方面，华东地区占到了全国总迁出量的30.4%，位居第一，华北地区以27.3%的市场占比紧随其后。

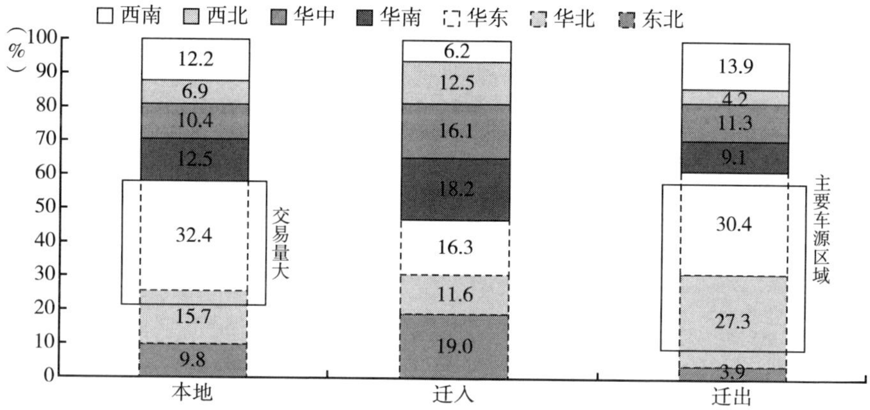

图5　2018年1~6月各区域二手车交易情况

从单省份来看，广东、山东、江苏二手车交易量大幅领先其他省份，短期内的绝对量优势难以被赶超，但部分中西部省份的同比增长率高于东部省份，市场规模正在快速扩张，在同比增长率超过20%的五个省份中，四个处于中西部地区。

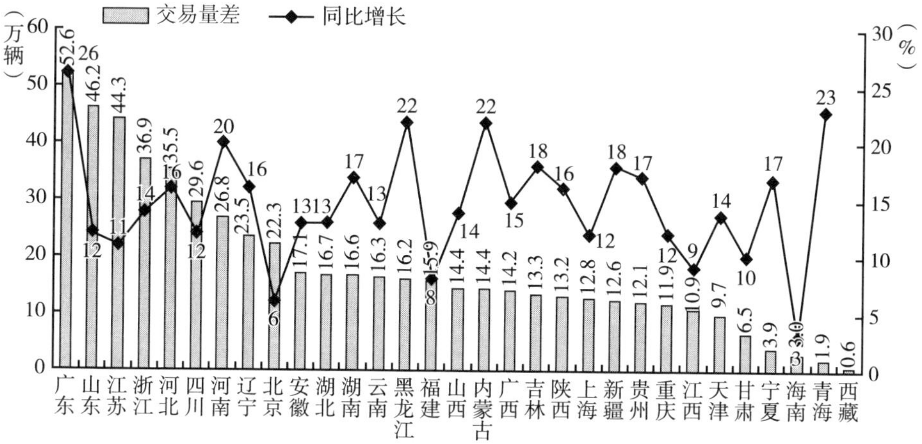

图6　2018年1~6月各省份二手车交易量及增速

（二）解除限迁政策极大地激发了区域流通活力

2016 年 3 月国务院办公厅出台“国八条”，要求解除二手车限迁，截止到 2018 年 4 月已有 211 个地级市完成政策落地，这有效增强了二手车跨区域流转的活力，城际二手车交易量占总交易量的比例逐年增加，2018 年上半年达到了 24.9% 的历史高峰。

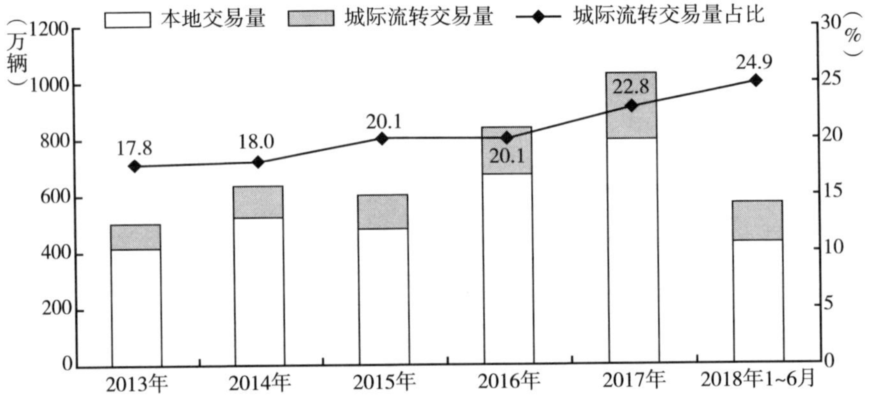

图 7　2013 年至 2018 年 6 月本地交易量城际流转交易量及占比的变化趋势

同时，国三及以下排放标准的车型在城际流转交易中的占比也从 2016 年的 9.8% 提升到了 2018 年上半年的 18.5%。

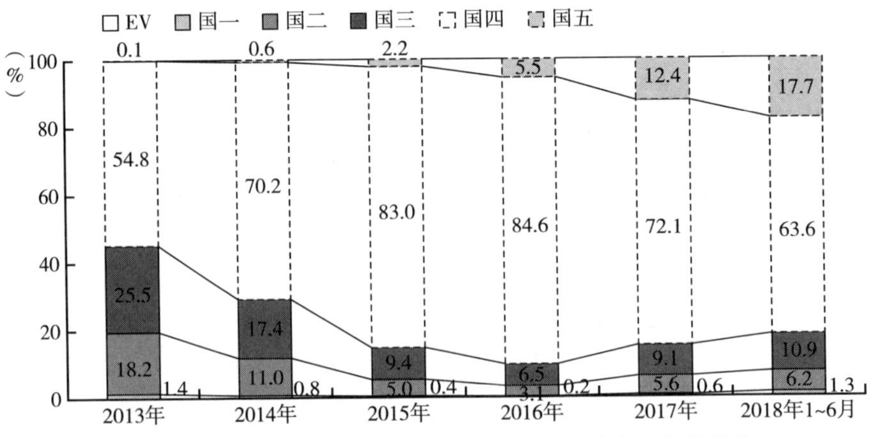

图 8　2013 年至 2018 年 6 月城际流转车型排放水平变化趋势

（三）车源从东部向西部迁移的特征依旧显著

从跨省流通数据来看，东部地区除山东省之外，其余省份均为车源净流出区域，东北三省和中西部地区则成为主要的车源流入区域，车源西迁的特征十分明显。造成上述现象的主要原因有以下两方面：①东部经济发达地区汽车保有量高，且用户置换新车的消费升级需求强烈，每年供给大量的优质车源，为车商追逐车辆跨区差价提供了良好的基础；②随着生活水平的提高，中西部城市对于汽车的需求越来越旺盛，而相对较低的购买力使更加经济实惠的二手车成为众多用户的首选。

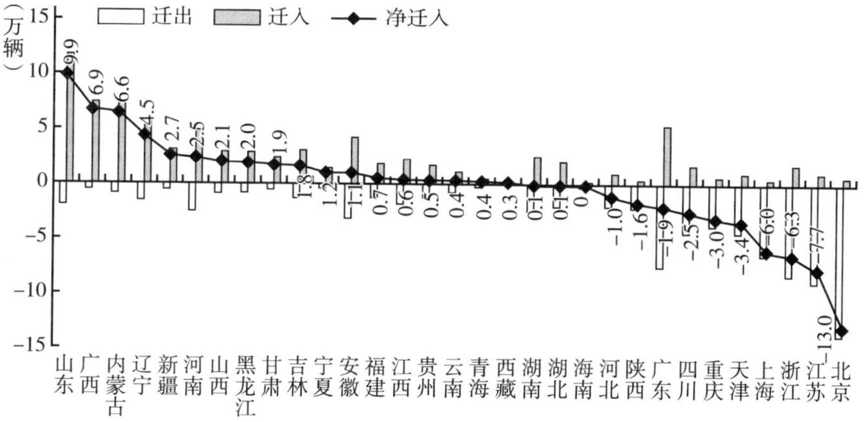

图 9　2018 年 1～6 月全国各省份二手车净迁入量

城市的二手车交易统计也反映出明显的车源西迁现象。一线、二线城市是主要的车源迁出地，其中迁出量最大的六个城市均是位于东部的限购城市，对应 TOP10 城市总迁出量的集中度达到了 76.7%，充分说明发达城市限购对二手车跨区域流动的重要影响。反观迁入量较大的城市，除了位于迁入大省山东省的枣庄市和潍坊市以外，绝大多数城市位于中西部经济欠发达地区。

（四）本地交易仍是主流，级别传导现象明显

从城市级别的角度来看，二手车的城际流动具有两个明显特征。第一个

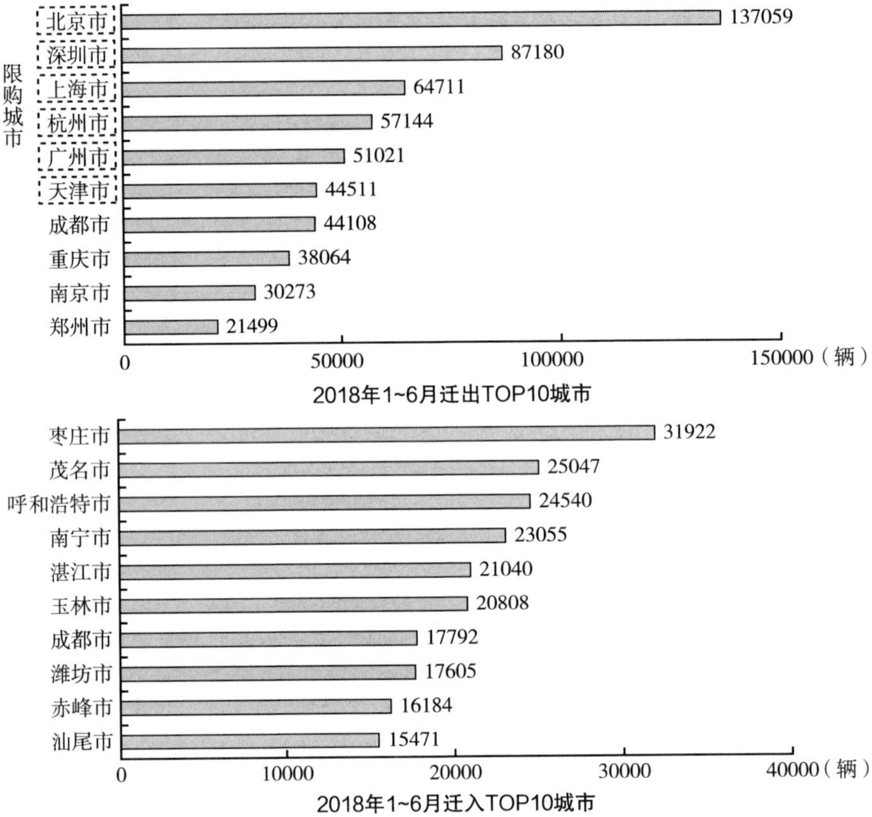

图 10　2018 年 1 ~ 6 月二手车迁出、迁入量 TOP10

特征是，交易主要发生在同级别城市内部，其中一线城市的比重最低，为44.4%，其余各线城市的比重均超过了75%。因为大部分二手车净值较低，中间商从中获取的利益难以覆盖跨区域流通成本，导致当前的二手车交易仍以本地交易为主，级别内部交易量占比较高。但一线城市购买力强，高净值二手车车源比例大，加上限购政策削弱了二手车本地消化的能力，车源以流向低级别城市为主，级别内部交易量占比相应下滑。

城际流转的第二个特征是具有明显的向下传导效应，各级别城市流出车型份额随着流入城市级别的降低而增加。该特征说明各级别城市的汽车市场发展尚不均衡，低级别城市仍有大量的购车需求未得到满足，性价比更高的优质二手车可以进一步释放低级别城市消费者的购买力。

表 1　2018 年 1 ~ 6 月二手车各级别城市流转情况

单位：%

城市级别		交易后城市级别					
		1	2	3	4	5	6
交易前城市级别	1	44. 41	2. 76	6. 73	11. 53	13. 80	20. 77
	2	0. 74	75. 38	5. 57	5. 05	6. 34	6. 91
	3	0. 82	1. 73	85. 00	2. 99	4. 52	4. 95
	4	1. 07	2. 13	3. 52	84. 83	3. 13	5. 32
	5	0. 57	2. 27	3. 77	2. 64	86. 20	4. 55
	6	0. 75	2. 32	2. 88	3. 48	3. 74	86. 83

六　轿车占比近7成，中低端车仍是交易主力

（一）轿车仍是主流，SUV 潜力较大

从车型结构来看，2018 年上半年轿车二手车交易量占比 68%，仍然是市场交易主力，但已呈逐年下滑趋势；与之对应的是 SUV 市场份额持续上升，达到 14. 6%，但值得注意的是前几年 SUV 新车的爆发式增长尚未传导至二手车市场，预计未来几年二手 SUV 交易量将大幅增长。

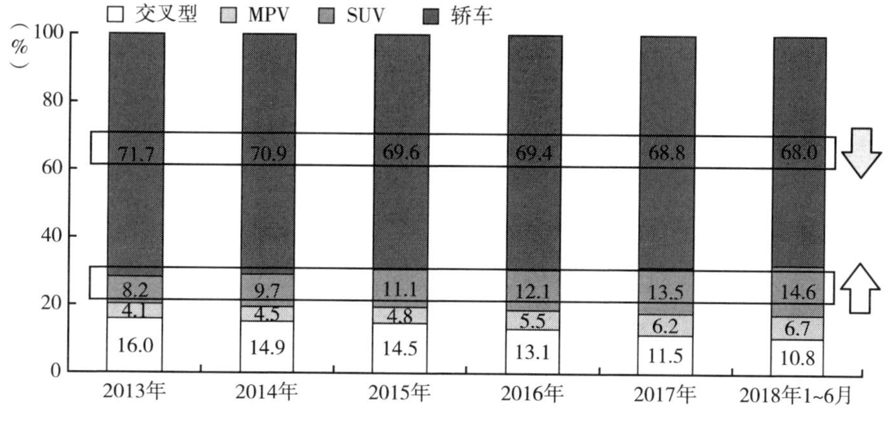

图 11　2013 年至 2018 年 6 月二手车车型结构变化趋势

（二）合资品牌表现强劲，交易仍以中低端车为主

从车系占比来看，2018 年上半年的总体市场格局与 2017 年基本一致，其中自主品牌以 37.6% 的市场份额成为市场主力，欧系和日系分别以 23.6% 和 19.9% 的市场占比位列第二、三位，总体规律与新车市场相似。但应该注意的是，自主品牌市场份额自 2015 年以来逐步下滑，而欧系和日系的二手车市场份额逐年增加。韩系车虽然近年来在新车市场表现不佳，但二手车市场份额仍然比较稳定，并未受到太大影响。

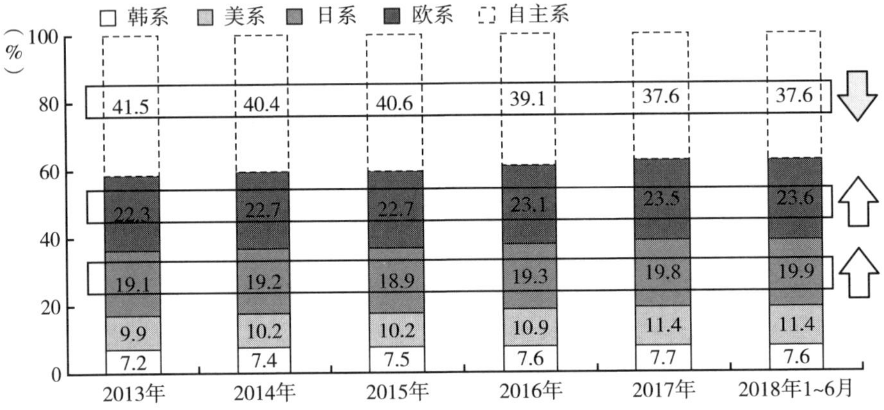

图 12　2013 年至 2018 年 6 月二手车各系别份额变化趋势

从品牌层面来看，2018 年上半年大众以 70 万辆交易量的绝对优势领跑二手车市场，这主要归功于其庞大的市场保有量和良好的产品口碑。日系品牌同样表现强劲，丰田、日产和本田成为交易量 TOP10 中同比增长率最高的三个品牌。五菱、长安和奇瑞则是 TOP10 中仅有的三个自主品牌，但同比增长率均低于 10%，增长速度相对落后。

聚焦单车型表现，中国二手车市场仍以低端交叉型车和 A 级及以下轿车为主，在 2018 年上半年交易量 TOP10 中仅有雅阁一款 B 级车，且其交易量排名从 2017 年的第四位下滑至第五位，与之相对的则是 Polo 和科鲁兹凭借 21% 和 28% 的同比增长率，一跃进入二手车车型交易量 TOP10。五菱之

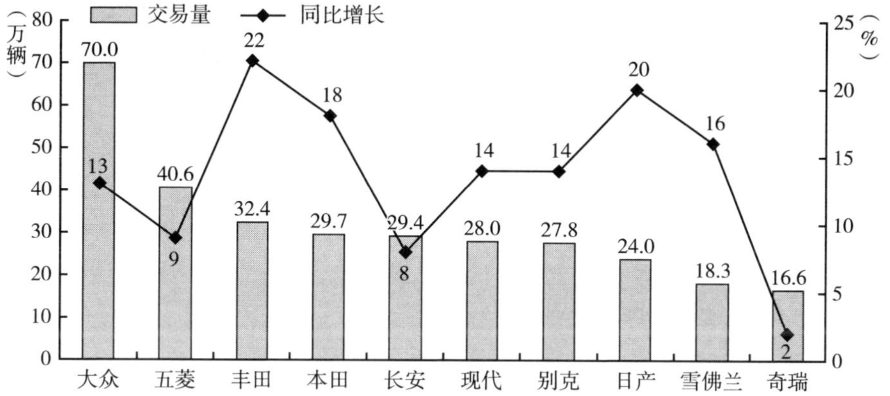

图 13　2018 年 1～6 月二手车交易量品牌 TOP10

光以 19.7 万辆位居 2018 年上半年二手车交易量车型 TOP10 的榜首，并且大幅领先于第二名的捷达，但同比交易量下降 1%。

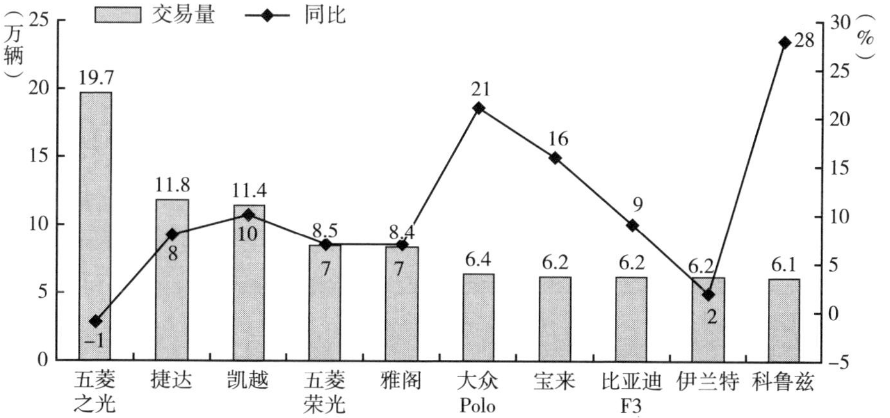

图 14　2018 年 1～6 月二手车交易量车型 TOP10

（三）豪华二手车成交量快速增长

豪华二手车在近几年的交易量同比增速大大高于整个二手车市场的平均水平，2018 年上半年的同比增长率保持在 22.2%，发展潜力巨大。造成上述现象的原因主要有以下两方面：①豪华品牌在二手车市场更受中间商欢迎，相比较非豪华品牌，豪华品牌利润率更高，市场认可度高，由此吸引大量的中间商在买卖环节更多地考虑豪华品牌二手车。②豪华品牌厂商重视二手车业务发展，并在全球市场积累了比较成熟的二手车业务经验，在业务规划和管理执行方面处于行业领先位置，认证二手车业务快速发展。

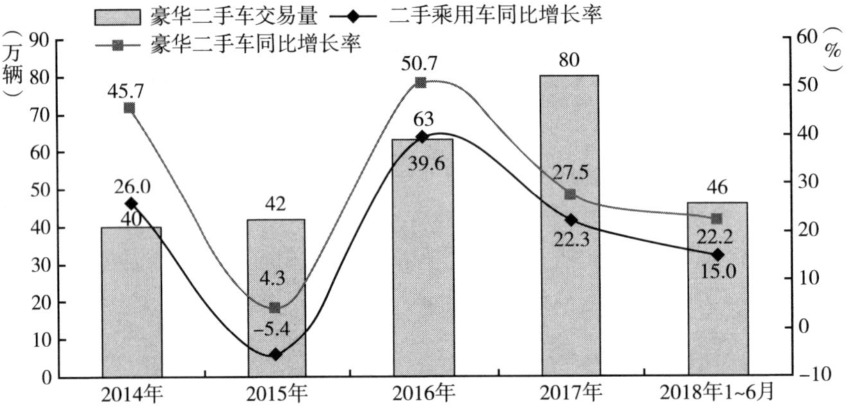

图 15　2014 年至 2018 年 6 月豪华二手车交易量走势

从城市交易活跃度来看，豪华二手车的交易区域主要集中在东部的一、二线城市，其中北京市以 2.6 万的交易量遥遥领先于第二名的上海市。

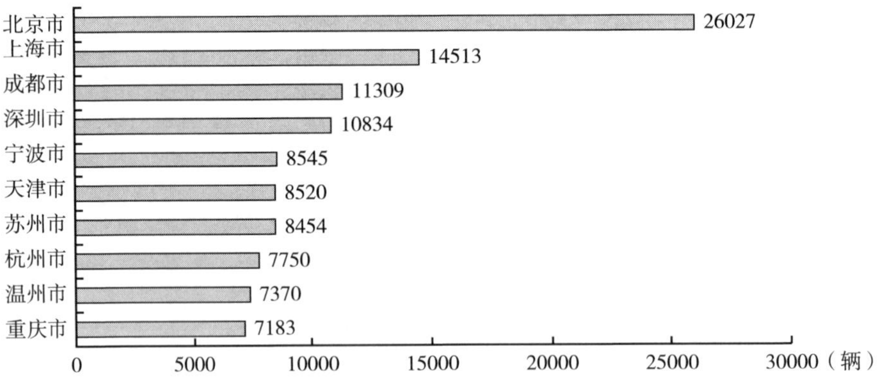

图 16　2018 年 1～6 月豪华二手车交易量 TOP10 城市

七　新能源二手车发展迅猛，残值评估规范受重视

经过多年推广，新能源汽车已经成为中国汽车市场发展的战略方向，市场保有量近200万辆，而新能源二手车市场仍处于发展初期，绝对量较小，增长速度快。从数据来看，2018年上半年新能源二手车累计交易量仅为6927辆，同比增长47.8%。随着双积分政策的落地，新能源汽车市场将会在接下来若干年继续保持快速增长势头，新能源二手车市场也会随着保有量的增长特别是适龄换购车辆的增加而快速崛起，对二手车市场格局造成较大的冲击。

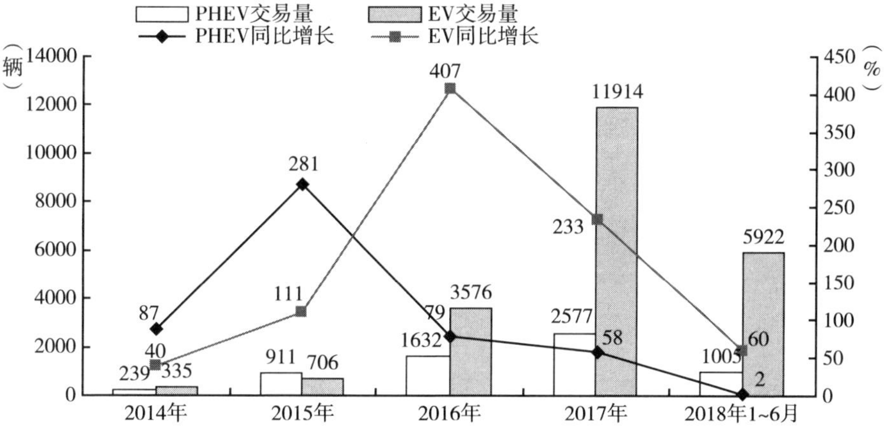

图17　2014年至2018年6月新能源二手车交易量走势

随着新能源二手车交易量的扩大，有关市场难点也受到行业内的广泛关注，其中残值评估体系缺失成为阻碍新能源二手车流通的最重要因素。补贴变动频繁、技术迭代迅速、电池检测不规范等诸多因素导致新能源二手车的残值变化快、单一车辆交易价格差异大，市场十分混乱。这既降低了已购用户的使用体验与满意度，也加深了潜在用户的购买顾虑，不仅影响新能源二手车的流通，更抑制了新能源新车市场的发展，建设行业性的残值评估规范，打造健康的新能源二手车流通环境，成为各新能源二手车交易参与方的共同诉求。

八　短期市场稳步向好发展，全年交易量有望突破1200万辆

（一）存量潜力逐渐释放，市场稳步向好发展

2018 年初中国汽车保有量达到 2.17 亿辆，其中乘用车达 1.74 亿辆，同比增长 11.61%，巨大且快速增长的市场存量直接推动了中国二手车市场的强势崛起，但快速并不意味着强大。从反映二手车市场成熟度的数据指标来看，2018 年上半年中国乘用车析出率仅为 5.1%，二手车与新车比例仅为 0.57，相对美国的 16.2% 和 3.34 仍存在巨大差距。存量市场红利的释放是一个稳健且缓慢的过程，未来相当长时间内稳步向前仍是市场发展的主要特征。

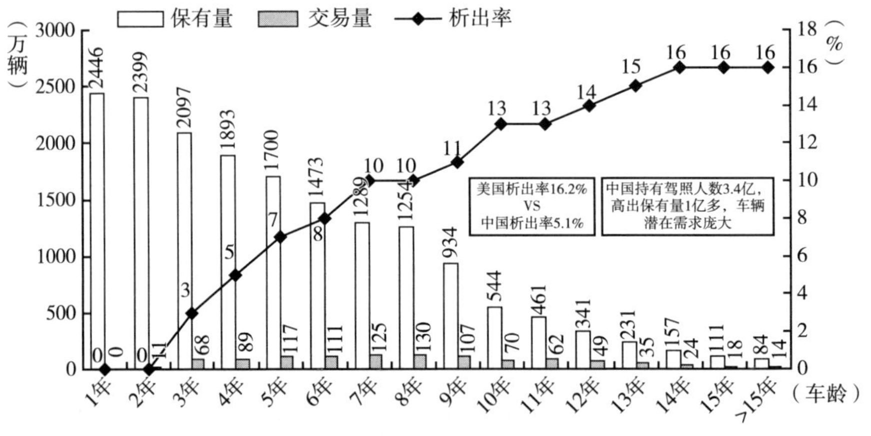

图 18　乘用车分车龄保有量、交易量及析出率

（二）利好政策不具备市场突变性

在政策层面，仍未解除限迁政策的城市仅占 26%，而受限迁影响的车

型又仅占这些城市交易量的2%左右，解除限迁的全面落地对整个市场的影响比较温和；贷款比例提高相对于二手车市场仅8%的金融渗透率而言短期内收效甚微；车辆异地转籍程序简化在9月开始试点，对交易活跃度的影响有待观察；预计第四季度推出的增值税改革和二手车流通管理办法改革仍需传导时间，很难对2018年全年二手车交易量造成重大影响。总体来看，相关利好政策体现了政府对二手车市场发展的重视，提振了行业信心，但有关政策在短期内并不会造成市场的突变。

（三）配套环境持续优化，量变到质变尚需时间

在巨大商业潜力的吸引下，大量社会资源不断涌入二手车市场，多种商业运营模式纷纷涌现，交易渠道更加多样化；激烈竞争使得广告宣传空前猛烈，行业整体服务水平大幅提高；与二手车交易相关的咨询机构、估值检测机构大量兴起，金融渗透率逐步提升，这些都为二手车市场的进一步发展提供了良好的配套环境。但必须认识到，传统交易渠道在未来一段时间内将继续占主导地位，新兴从业机构还有待相关法律法规的规范。因此，配套环境的持续优化会成为二手车市场健康稳定发展的重要保障，却无法在短期内促成市场的爆发式增长。

综上所述，在各种利好因素作用下，二手车市场在2018年下半年仍将保持稳定发展，不会出现爆发式增长或下行，数据中心预测2018年全年中国二手乘用车交易量将达到1200万辆，同比增长16.7%。

九　长期市场潜力巨大，制度体系将逐步完善

二手车是汽车保有量发展到一定程度后的必然产物，它满足了部分消费者的购车需求，是车辆全生命周期中不可或缺的一环。通过与发达国家的成熟二手车市场对比可以发现，国内的二手车市场尚处于发展阶段，不论是市场规模还是制度体系建设与发达国家都有很大差距。下文将在充分对比中外二手车市场的基础上预测国内二手车市场的未来发展走向。

（一）二手车市场格局将发生深刻变革

国外二手车市场经过多年的发展已经形成十分稳定、清晰的市场格局。德国和美国在终端零售方面的市场格局非常类似：在德国，汽车制造商授权的品牌二手车经销商占据了42%的市场份额，独立的二手车经销商占据了19%的市场份额，剩下约39%的交易量则来自个人间的直接交易；在美国，汽车制造商授权的品牌经销商占据了大约60%的市场份额，二手车连锁店的市场份额为25%，其余少量市场份额由二手车拍卖行和私人交易占据。

相比之下，国内的市场格局尚未稳定，不断有新的跨界力量加入，以多种业务模式激烈争夺市场，主要有以下几个特点：①交易模式相对落后，尤其是熟人的当面交易占了很大比重。②二手车电商近年来发展迅猛，却依然无法找到稳定的盈利模式，激烈的市场竞争让电商不断拓展业务边界，其最终存在形式尚未定型问题。③“二手车新零售”概念兴起，阿里、腾讯等互联网巨头与传统线下二手车商合作，巨大的流量入口配合优质的线下资源将会对市场格局产生强烈冲击。④品牌经销商的二手车业务经营资格已经开放十多年，但发展状况不佳，市场占比远低于欧美国家。

国内二手车市场在未来若干年都将保持快速的增长，市场格局也会在消费者需求和体制政策的引导下逐渐稳定。

首先，未来更加透明的交易环境和更加专业的销售服务会让通过熟人间交易的市场份额流向其他零售渠道，不论是中间商还是第三方服务机构都可以一次性为消费者提供更多的购车选择，并在交易环节中为消费者提供过户手续办理、金融贷款、售后维修等服务，这是熟人间交易所不具备的优势。

其次，二手车电商将会在激烈的市场竞争中优胜劣汰，业务细化并逐渐分流到各领域，按照线下业务比重可以大致分为几个方向：纯粹的信息平台形成流量垄断，从B端收取推广费用获利；服务于中间商的B2C模式最终将会与中间商融合；C2C模式将会长期存在，并以区域内个人间交易服务为主；同时掌握车源与客源的电商最终会走向线下，通过资本注入演变为大型二手车商。

再次，目前分散的地方性中间商将会依靠自身积累的资源进行业务升级、服务提升，通过兼并形成规模较大的地方性二手车经销集团。

最后，品牌二手车业务将会快速发展，并成为消费者购买二手车的重要途径，这主要是因为汽车厂商在二手车业务方面具有强烈的需求和先天的优势。一方面，二手车市场对新车市场有着重要的影响，保值率是决定新车售价的关键因素，也是衡量产品质量和品牌口碑的准绳，稳定的品牌二手车市场是汽车厂商经营战略中必不可少的部分；另一方面，庞大的新车销售网络在收车、售车以及售后等环节为汽车厂商开展二手车业务提供了强有力的支持，换购政策可以带来大量的二手车车源，品牌厂商提供的售后服务更受到消费者的青睐。随着各汽车厂商对二手车市场的投入力度不断增大，品牌二手车业务必然会占据很大一部分市场空间。

（二）二手车的交易环境得到极大改善

良好的交易环境包括相应的政策支持、法律监管和完善的配套服务机构等，其贯穿于二手车的车况记录查询、残值判定、车辆评估、买卖交易、售后保障等多个环节，是市场健康发展的重要保证。

本文以美国为例对成熟二手车市场的交易环境进行分析。在车况信息方面，得益于更加健全和透明的车辆信息管理系统，Carfax等独立的第三方机构可以根据VIN码建立起详细的车辆档案以供消费者进行有偿查询，从而帮助消费者获得更加主动的交易局面。车况估值环节，KBB等估值平台积累了丰富的数据处理分析手段，并通过与绝大多数二手车经销商的合作获得了海量的交易价格信息，实时对估值结果进行修正，十分具有权威性，这在一定程度上起到了规范市场价格、维护市场秩序的作用。在车辆评估方面，多年的发展让美国二手车市场具备更专业的检测技术手段和更完善的检测标准，行业内达成统一，并得到社会的广泛认可。交易环节，

《美国汽车经销商协会二手车价格指南》要求二手车经销商在销售车辆时必须明确标识车辆的历史信息、售后保障规则等重要信息，并保证信息的准确性和承诺的有效性。售后方面，“柠檬法则”规定消费者可以对符合法律规定的问题二手车进行退货，车商拒绝退车将会受到严厉的惩罚，从而有力保障了消费者的权益。总体来看，美国成熟的二手车市场形成了一套完备的体系制度用以规范交易的各个环节，避免了行业内的恶性竞争，提升了消费者的购买信心。

中国的二手车市场近些年才迎来快速发展，相关法规和配套建设相对于市场发展程度有所滞后，具体表现在以下几个方面：买卖双方信息严重不对等；第三方残值评估机构的市场响应速度慢、精准度差；车况评估以人观察为主，行业内评估标准差异大；交易和售后环节缺乏明确、有力的法律约束，消费者权益得不到很好的保障。

但在国家有关部门的重视以及行业发展的内在需求下，二手车市场环境将会进一步得到改善。近期，交通部着手开展汽车维修电子健康档案系统建设，商务部组织开发了全国汽车流通信息管理系统的二手车交易信息采集功能，这让我们有理由期待更加透明、准确的车辆信息综合查询系统。在残值计算方面，随着行业内不同领域企业间的合作加深，估值技术与实时交易信息深度结合，领跑的二手车估值机构将会打造出更加科学、准确，并得到业界广泛认可的计算模型。在车辆评估方面，《二手车鉴定评估规范》已经将基本的二手车检测项纳入车况评估体系，但还远远不能满足市场诉求，激烈的市场竞争将会促使相关评估机构不断规范和完善二手车评估体系，引领行业标准的制定。市场监管方面，相关部门在近期重新启动了《二手车流通管理办法》修订工作，致力于保证市场法规更加符合当前的行业发展形势，且随着产业规模的不断扩大，行业领域的逐步细化，更多的法律法规将会陆续出台，并针对具体的交易环节和交易行为进行明确的监管。

综上所述，在稳定供需关系的支撑下，随着消费者、经营者和管理者的共同成长，二手车市场将在未来若干年继续保持快速增长的势头，并逐渐成

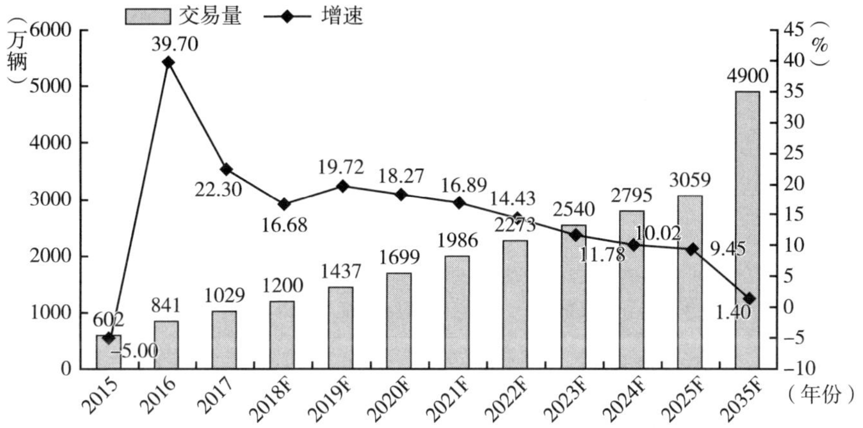

图 19　中国二手乘用车市场交易量长期预测

为汽车市场的主要组成部分。考虑到实际国情，预计国内二手车市场将会在 2035 年达到一个稳定的状态，届时二手乘用车的年交易量将达到 4900 万台，与新车数量达到 1.3∶1 的比例关系。

B.6
中国汽车工程大数据发展现状及趋势

温泉　董天哥*

摘　要： 汽车产业是一个庞大的系统工程，高质量的产品不仅依赖于理论分析，还依赖于长期积累的生产经验和专业知识。

国外汽车产业拥有上百年的历史，打造了众多的产品平台，在设计和实验的过程中，通过数据库、模型和产品平台等形式积累了大量的数据。相比之下，国内的汽车产业则还有很长的路要走。随着互联网的发展，在汽车开发过程中，尤其是在国内行业没有系统、全面的数据积累的情况下，建立互联网模式下的汽车工程数据库及相关数据体系是最快捷、效率最高、成本最低的发展途径，因此在国内汽车行业拥有巨大的发展潜力。

本文主要通过对比国内外汽车工程数据的发展历程、技术内容，对国内汽车工程数据的发展进行系统的阐述，提出“汽车工程大数据”这一数据体系概念，结合互联网大数据的具体应用对国内汽车产业进行分析，为汽车与通信、电子、人体、信息、交通等多个领域的协同发展提供技术支持。

关键词： 汽车产业　互联网模式　汽车工程大数据

* 温泉，中国汽车技术研究中心有限公司数据资源中心工程数据部部长；董天哥，中国汽车技术研究中心有限公司数据资源中心工程师。

导 言

汽车产业是我国国民经济的重要支柱，也是建设制造业强国的重要支撑。经过几十年的发展，我国汽车产业有了一定积累，研发能力和制造水平大幅提升，有了较完善的新车开发设计体系，打造了一批有竞争力的自主企业。

但与此同时，我国汽车产业仍面临大而不强的诸多问题，主要表现为基础研发能力不足、制造技术水平不高、核心零部件制造能力薄弱，自主创新能力及创新体系不完善等[1]。随着新一代信息通信技术、新能源新材料等技术的蓬勃发展，并实现与汽车产业深度融合，新的产品形态、工程开发以及行业形势正在迅速重塑全球汽车产业。汽车产业的新形势对于中国汽车行业来说，是巨大的机遇也是巨大的挑战。

一 汽车工程大数据的定义与概念

工程数据，作为指导新车工程设计与开发的基础数据，自汽车研发制造初期就受到了行业的广泛关注。一般来说，工程数据主要包含整车结构数据、整车性能数据、系统数据、零部件信息以及材料数据几大方面，在过去的几十年中，这些数据的广泛应用为国内汽车的设计研发提供了大量的信息指导。然而，在新产业、新技术、新能源蓬勃发展和高度信息化的今天，只依靠上述基础数据的汽车工程设计已经不能满足新车在技术升级方面的需求，因此，汽车工程大数据体系应运而生。

汽车工程大数据这一数据体系是以车为核心，同时包含与车相关的人、路、环境等数据，并将这些数据与汽车研发阶段的基础数据相互支撑。汽车工程大数据主要包含整车装配及配套、零部件的结构与材料、工艺、材料的物化等车辆相关数据，人体工效学数据、驾驶行为习惯数据等驾乘人员数据，路网、路谱及载荷谱、高清地图等与道路相关的数据，气候、地质状况、驾驶场景数据等与环境相关的数据。汽车工程大数据的具体内容如图 1 所示。

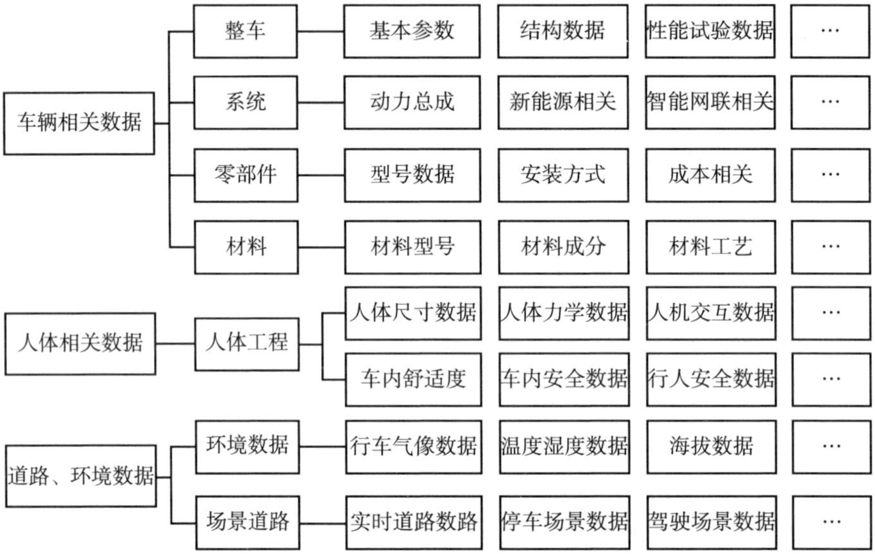

图 1　汽车工程大数据

二　国外汽车工程大数据发展现状和趋势

（一）发展历程

20 世纪 80 年代初，福特汽车制造公司在研发新车型时，就开始应用汽车工程数据体系，通过分析优越汽车的性能数据，借鉴其优点以指导自身汽车设计，最终设计并开发出了经典的“金牛座”轿车[2]。自此之后，通用、福特、宝马等众多跨国汽车制造商纷纷开始应用汽车工程数据体系指导汽车设计，由此节约了大量的产品研发时间与设计费用，同时积累了大量的数据资源。

同样是在 20 世纪，北美地区的汽车制造厂商为推动汽车发展，进行技术、数据之间的互换，建立了美国汽车工程师学会（Society of Automotive Engineers，SAE）。该学会通过其成员在汽车结构、设计和各个零部件方面的数据积累，以行业的高度进行技术交流、数据发布[3]。

20 世纪 90 年代，数据服务机构在北美、欧洲等汽车工业发达地区相继诞生，机构的介入为汽车工程大数据的发展提供了新的契机，它们为各大主机厂搜集并提供汽车工程数据[4]，而且为这些主机厂提供数据咨询服务和技术优化方案。21 世纪之后，全球汽车产业的竞争愈发激烈，数据的内容也不再局限于基础拆解数据，而是慢慢侧重于总布置、人机工程、整车性能指标、车身构架、成本控制等方面的分析数据。

整体来看，这些数据服务机构在共享化模式上为汽车工程数据转变成汽车工程大数据提出了新思路，也是汽车工程大数据这一体系的最早雏形。

（二）技术内容

1. 美国

美国的工程数据在 20 世纪 90 年代进入高速发展期，其缘由是日本小型汽车进入北美汽车市场，为了应对日本小型汽车对北美汽车市场的冲击，北美的大型车企对日本小型汽车进行了深入的技术研究和市场剖析，在此过程中汽车工程数据的技术水平有了明显的进步和提升。目前，美国的车企及数据服务机构已经拥有比较先进的数据采集、处理及分析技术，并拥有完善的数据分析体系，其主要技术数据内容如表 1 所示。

2. 欧洲

汽车工程技术及数据在欧洲的应用主体是德国、法国等汽车强国，其整体构架是以海量大数据体系为核心[5]，并融入 VR、虚拟数据库等新技术。不同于北美的大多数工程数据直接介入实车阶段，对汽车的安全、成本、设计优化起指导作用，欧洲的汽车工程大数据则在初级研发阶段提供样品参考，为技术难题提供解决方案。欧洲的汽车工程大数据主要数据内容包含虚拟、实体及功能性数据三个层面，具体技术内容如表 2 所示。

表 1　美国主要数据内容

北美汽车工程大数据分析内容	• NVH 测试 • 可操作性、稳定性、驾驶性 • 车辆动力学 • 经济性（NEDC 工况） • 刹车性能 • 空气动力学测试 • 白车身、扭矩 • K&C 测试 • 辅助驾驶 • 空调系统 • 涉水性能 • 拆解数据 • 电池、电机性能 • 虚拟整车碰撞、虚拟零部件碰撞
大数据评估	• 市场竞争力评价 • 机械性能评估 • 电气性能评估 • 工业与制造 • 后市场评估

表 2　欧洲地区主要数据内容

分类	虚拟	实体	功能性
具体内容	整车 3D 扫描 零部件 3D 扫描 VR 技术	整车拆解 深度白车身扫描 底盘分析 发动机分析 座椅分析 人机界面分析 轻量化分析 2D 内外饰分析 电路结构分析 电子系统分析 纯电动/混动分析	NVH 测试 声音测试

（三）相关数据库

在数据层面，欧美等汽车制造强国拥有大量的数据积累及数据存储、管理经验，并且逐步形成不再局限于本地区和国家而是作用于全球市场的汽车工程数据链，在数据作用的广度上国内的汽车工程数据产业无法望其项背；其数据的深度、数据库的构建以及对数据从技术采集到处理入库再到最后应用于新一代汽车工程研发都有着高效、规范化的体系，部分国外著名的汽车工程数据及数据库如表3所示。欧美国家的汽车工程数据领域，除了A2mac1等跨国数据服务机构，更有SAE等著名的汽车工程学会、企业联盟等，国外汽车行业这些工程数据及大型数据库的建立，一定程度上指导了国内汽车工程数据的开发与建立，同时也推动中国汽车工程数据模式逐步向汽车工程大数据的体系过渡。

表3　部分国外工程数据机构及数据库

全球	Total materia——全球汽车材料数据库 Mark Lines——全球汽车供应链数据库 全球汽车服务机构（A2MAC1、Mavel）——benchmark 数据库
美国	美国汽车工程师学会——SAE 工程数据库 美国专利商标局——汽车专利数据库 NVFEL——汽车 EPA 排放数据库 ITS America——智能交通数据 NHTSA—安全级别数据库 CUTdata——零部件数据库 CEDA——汽车生命周期数据库 汽车制造商（通用、福特）——企业内部数据库
欧洲	欧洲专利局（Espacenet）——世界专利资料数据库 ECWVTA——整车工程认证数据 Gabi——gabi 生命周期数据库 Infos[6]——零部件数据库 德国汽车制造商联盟——RAMSIS 三微软人体汽车模型数据库 联邦交通运输部——实时路况数据

三　中国汽车工程大数据发展历程和现状

（一）发展历程

我国汽车工程大数据的发展历程，主要由雏形期、自主研发期及产业升级期三个阶段构成，各阶段主要内容如表4所示。

表4　国内汽车工程数据的发展历程

早期——雏形期 （基础数据体系）	中期——自主研发期 （工程数据体系）	后期——产业升级期 （工程大数据体系）
•由自发组织和民营企业建立； •数据内容为基础尺寸、结构参数； •数据缺乏深度，不足以对汽车工程研发起正向作用。	•由车企建立； •数据内容基于整车试验，包括部分整车结构、性能、零部件拆解数据； •用于企业内部研究和自主开发。	•基于互联网大数据建立； •包含车及与车相关的“人、路、环境”等诸多领域的数据； •用于整个汽车产业及与汽车相关的其他产业，指导产业未来发展。

国内早期的汽车工程数据基本上属于基础数据，主要由民间组织或民营企业建立，通过联合会、工会等形式交流各厂家的生产研发动态，但其数据库缺乏汽车拆解结构和一些专业性能测试结果，分析结果存在深度不够和系统性不足的缺点[7]。

2000年之后，国内汽车产业进入自主研发期[8]，在这一时期，国内大多数整车制造厂商已意识到工程数据在正向设计研发中的必要性，工程数据体系也正是在这一阶段诞生，并且迅速成为过去10年国内汽车工程数据研发的主要模式。但在当时的产业环境下，小型厂商没有足够的技术积累，部分合资厂商则受外资方影响，在技术开发积极性上受限制，因此工程数据体系只在上汽、东风、吉利等国内自主厂商中得到了大力发展。另外，由于数据只在企业内部研究中得到广泛应用，因此存在着明显的基于企业单方面需求进行试验的问题，内容只包括部分整车结构、性能、零部件拆解数据，数据在整个行业内的应用存在严重壁垒。

从2013年开始，新能源汽车的繁荣发展和大数据模式催生了一系列的汽车产业技术变革，也为国内汽车工程大数据的诞生提供了土壤。2018年，中国汽车技术研究中心正式提出“汽车工程大数据”的概念，认为汽车工程数据不应该只局限于车辆的性能或拆解层面，还应该智能地贯穿研发、试验、制造、运行等诸多环节，行业通过对汽车数据的分析，即能够实现汽车生产与信息安全、节能与新能源、材料研究、智能网联、成本预估、报废及有害物质的紧密结合，这标志着数据的应用不再局限于开发一两款车型，而是扩大到为产业的转型升级提供帮助。

（二）发展政策

2015年以来，为推动大数据与汽车工业相结合，国家及相关行业组织从发展战略、技术战略、技术研发等方面出台了一系列文件，为汽车工程大数据的发展带来了新的活力，具体发布文件如表5所示。

表5　国内汽车工程大数据相关政策文件

2015年	•5月19日，国务院正式印发《中国制造2025》，提出了加快制造业转型升级、提升增效的重大战略任务和重大政策举措； •8月31日国务院印发《促进大数据发展的行动纲要》，成为中国发展大数据产业的战略性指导文件；
2016年	•3月17日，“十三五”规划纲要对国家大数据战略的阐释，成为各级政府制订大数据发展规划和配套措施时的重要指导； •国家环保部与工信部规定，从4月1日起，包括北上广在内的11省市将全面实行汽车国五排放标准；
2017年	•1月17日，工信部正式发布《大数据产业发展规划（2016～2020年）》，明确了“十三五”时期大数据产业发展的指导思想，为实现制造强国和网络强国提供强大的产业支撑； •4月6日，工业和信息化部、国家发展改革委、科技部印发《汽车产业中长期发展规划》； •11月27日，国务院发布关于深化“互联网＋先进制造业”发展工业互联网的指导意见。

2017 年 4 月 6 日，工业和信息化部、国家发展改革委、科技部印发的《汽车产业中长期发展规划》明确提出完善创新体系、强化基础能力、突破重点领域的战略发展目标，推进建立汽车开发数据库、工程数据体系和专利数据库，为企业提供创新知识和工程数据的开放共享服务，从而形成从汽车数据到整车研发制造的汽车工程大数据共享体系和创新体系。11 月 27 日，国务院发布关于深化“互联网 + 先进制造业”发展工业互联网的指导意见，指出“加快建设和发展工业互联网，推动互联网、大数据、人工智能和实体经济深度融合，发展先进制造业，支持传统产业优化升级，具有重要意义”。其战略重点与主题如表 6 所示。

表 6　国内汽车工程大数据发展的战略重点及战略主题

要点	简述
战略重点	• 建立汽车工程数据体系； • 汽车产业升级； • 深化“互联网 + 先进制造业”发展。
战略主题	• 建立汽车行业内的工程数据体系、开发数据库和专利数据库，为企业提供创新知识和工程数据的开放共享服务，指导企业自主能力的提升； • 通过互联网与汽车制造业的融合，推动互联网、大数据、人工智能和实体经济深度融合，发展先进汽车制造业，支持汽车产业优化升级； • 通过汽车行业的技术升级，推动汽车及其他相关产业的科技革命和产业变革，发展先进技术，建设真正意义上的汽车强国。

（三）发展现状

在过去的十年内，国内自主品牌通过对国外汽车工程数据库的建立模式进行学习，以国外优秀车型为标杆建立了工程数据体系。在这些数据体系中，大多数包含工程设计研发中的基础数据，这些工程数据对企业的正向设计和性能开发提供了帮助，为我国自主研发技术的提升提供了不小的支持。其中主要应用的工程数据如图 2 所示。

在这种传统的工程数据模式下，国内的数据供应商也主要进行了整车拆解、性能试验以及部分相关专题试验，主要技术内容如表 7 所示。这些试验

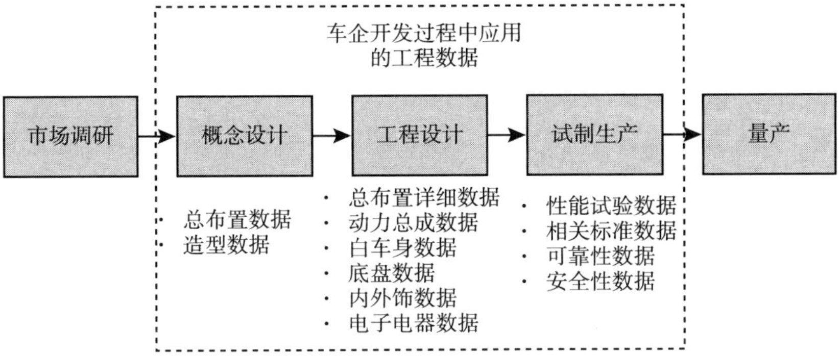

图 2　企业开发工程中应用的数据

提供尺寸、参数、总布置等基础研发数据。国内数据供应商在技术水平及数据运用等方面与 A2mac1 等全球先进数据供应商还存在着较大差距，例如 A2mac1 可通过其数据库直接预估工时以及通过输入参数直接预估成本等，而国内的数据供应商则只能通过参数核算计算工时以及通过供应链信息推算成本。

表 7　国内传统数据供应商的主要数据内容

内容
• 拆解数据/高压线束数据 • 2D/3D/点云数模
• 整车性能/关键零部件测试数据 • 车身/底盘/内饰/电器材料、结构数据 • 总布置/人机/尺寸质量数据 • 操稳/NVH/安全/整车耐久测试数据
• 成本/轻量化分析 • 热管理/能量管理/充放电性能分析 • 控制策略破解

随着互联网大数据产业的发展和欧美、日本等汽车强国的技术影响，基础数据已不能满足对行业的提升要求。因此，国内亟须建立完善的汽车工程大数据体系，以数据为基础，贯穿汽车工程的每一个环节，从而实现国内汽车从产品设计到产品升级改良、更新换代的每一步都具有完备的数据基础[9]，升级自主研发能力。汽车工程大数据模式下的数据体系如图 3 所示。

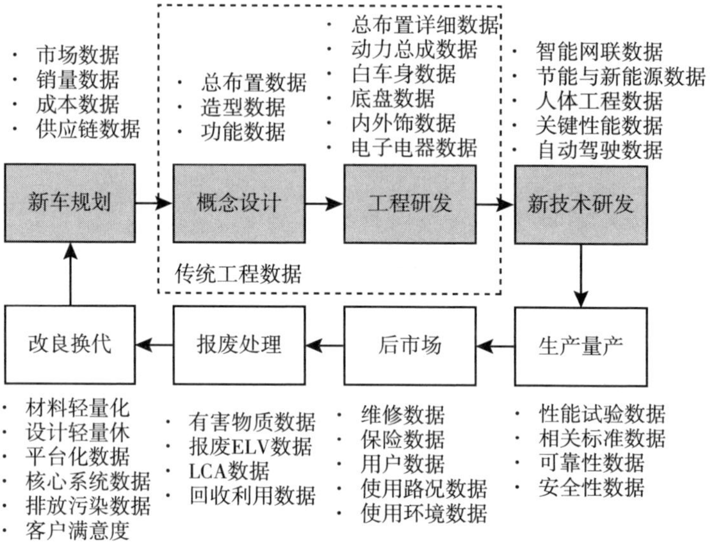

图 3　汽车工程大数据体系下的汽车工程生态链

目前，国内的汽车行业大多意识到了汽车工程大数据对产业升级、新车开发的重要性，由政府科研机构、数据情报机构和国内主机厂家等行业相关单位进行了大量的数据试验、搜集，并基于数据的体量建立了一些相关数据库[10]，这些数据及数据库的出现，为国内汽车工程体系向汽车工程大数据体系的转型提供了不小的帮助。然而，受到试验技术水平、数据库的构建经验等因素的限制，汽车大数据产业整体仍然处于比较分散的状态，除了能直接指导工程研发的工程设计、性能实验等数据外，其他相关领域的数据主要是由其各自行业内的政府机构、学会及部分企业与高校进行研究[11]，并没有与汽车产业达到有机的结合，国内工程大数据的格局现状如表 8 所示。在这些主要的数据体系及内容提供者中，政府部门及认证机构关注数据的标准界定和行业发展的管理，科研单位关注数据内容的前沿性，车企及数据服务机构则关注数据的深度及可应用性[12]，行业内的需求不一、各领域之间统筹规划的缺乏，是导致大数据产业结合度不高的主要原因。

表 8　国内汽车工程大数据相关机构及数据类型/内容

类别	相关机构	数据类型/内容
汽车工程数据	政府/认证机构	• 标准数据； • 对新车开发起约束作用的最低标准数据
	科研单位/高校	• 科研数据； • 包含部分专利，科研成果及试验数据等前沿性数据
	数据服务机构	• Benchmark 数据； • 包含工程设计、性能试验数据及部分相关专题研究
	汽车企业	• 企业内部数据； • 根据企业自身需求，包含部分工程基础数据、性能实验数据及有侧重的相关专题研究数据
人体工程数据	科研机构/数据服务机构	• 人体工程学数据； • 人体基本参数、力学数据、疲劳数据等
道路、环境数据	政府管理部门	• 实时监测数据； • 对气候、环境、路况等因素进行实时监控的数据
	互联网企业	导航地图数据

国内正处于由工程数据向工程大数据的转型期，已经构建部分延伸领域的数据及数据库，涉及汽车工程设计、互联网、人体工程、道路交通等诸多领域，由中国汽车技术研究中心、中国标准化研究院、国内数据服务机构及汽车制造商等相关单位作为构建数据库的主要力量，以工程设计、整车试验、零部件、材料、绿色环保、新能源、智能网联、人体工程、道路及环境数据为基础，搭建了一系列相关数据库。其中部分已搭建的数据库如表 9 所示。

表 9　国内部分数据机构及数据库

类别	国内相关数据机构及数据库
工程设计	• 国家知识产权局——汽车专利数据库 • 中国汽车工程学会——C-SAE 数据库 • 中国汽车技术研究中心——汽车竞品、拆解数据库 • 数据服务机构——benchmark 数据库 • 自主研发车企——企业内部数据库

续表

类别	国内相关数据机构及数据库
整车试验	• 国家认证机构——试验认证数据 • 中国汽车技术研究中心——性能、碰撞试验数据库 • 数据服务机构——性能试验数据库 • 自主研发车企——性能试验数据库
零部件	• 国家汽车零部件产品质量监督检验中心——零部件标准数据 • 中国汽车技术研究中心——零部件数据库、零部件 3C 认证数据 • 数据服务机构——零部件 benchmark 数据库 • 国内汽车企业——零部件内部情报数据库 • 零部件企业——企业内部数据库
材料	• 中国汽车技术研究中心——中国汽车材料数据、车用材料基础数据库 AMASS • 数据服务机构——材料数据库 • 汽车企业、零部件制造商——企业内部数据库 • 国内高校联盟——材料周期清单数据库(sino-center)[13]
绿色环保	• 国家环境保护局 • 生态环境部——排放标准数据 • 中国科学院——LCA 生命周期数据库 • 中国汽车技术研究中心——车内气味化合物限值数据、汽车燃料消耗量数据管理系统
新能源	• 中国汽车工程师协会——新能源汽车大数据平台 • 中国汽车技术研究中心——新能源竞品车数据、新能源汽车实时监测数据 • 数据服务机构——新能源 benchmark 数据库 • 国内高校联盟——中国节能与新能源汽车产业数据库[14]
人体工程	• 中国标准化研究院、中国汽车技术研究中心——人体工程学数据库、驾驶员疲劳特征数据
道路场景	• 国家测绘局——卫星地图数据 • 交通运输部——实时路况数据 • 中国汽车技术研究中心——停车场场景数据、高速公路场景数据 • 互联网服务公司——导航地图数据
行车环境	• 中国气象局——中国气象数据,温度、湿度、气候、海拔数据

（四）现存问题

1. 交叉领域法规和标准体系不完善

当前，我国对汽车工程大数据所涉及的其他产业中关于设计开发环节的相关法律规范不完善，如中国人体工程学等的相关技术标准有待完善，部分对环境高精度数据的需求也与国家信息安全方面的政策有冲突[15]，因此，在大数据体系下，人、车、路、环境之间出现交集时，其交叉领域所必需的相关数据与标准尚待统一。

2. 相关行业缺乏协调

目前国家正在积极研究、制定汽车工程大数据及相关产业的发展战略和政策，如国务院发布的《中国制造 2025》《促进大数据发展的行动纲要》，工信部、发改委和科技部联合发布的《汽车产业中长期发展规划》中，均含有与汽车工程大数据相关的内容。国内的互联网公司、汽车企业也纷纷开始布局汽车工程大数据体系。但是汽车工程大数据涉及汽车工业、互联网、汽车电子、交通物联网等众多行业及基础学科，相关的战略、政策缺乏相互协调和统筹规划，亟须国家做好跨行业、跨领域的顶层设计和规划，站在社会角度促进汽车工业和其他行业体系的有机结合。

3. 核心技术不足

相比汽车制造发达国家稳固提升的技术战略，我国汽车行业在核心技术方面虽然拥有一定的实力，但与发达国家仍然存在着一定的差距。现阶段，国内的汽车工程大数据无论是在具体试验层面还是在虚拟仿真层面都与国外先进水平差距较大。这一方面说明了我国在汽车工程大数据领域的基础技术还十分薄弱，另一方面也说明了国内的汽车工程大数据正处于发展起步阶段。

四　发展思路及建议

（一）发展必要性

自党的十九大以来，发展先进汽车制造业、促进汽车产业向上突围已经成为国内行业的一大共识。2018 年，随着进口关税降低及汽车外资股比限制的逐年放开，国内车企将以更快的速度参与国际竞争，这些都对国内自主品牌提出了更高的要求。

汽车工程大数据是一个跨产业、跨技术领域的新型体系，涵盖汽车工业、汽车技术、互联网、大数据、汽车电子、交通物联网等众多产业，涉及跨领域重大技术创新、汽车与人体结构、道路交通、室外环境领域的协同应用升级，是我国发展先进制造业的重要方向，在当前的形势下，发展汽车工程大数据，必将指导我国汽车行业的技术更迭，提升企业自主研发能力与核心竞争力，对推动我国汽车产业转型升级具有重大的战略意义。

（二）发展潜力

2017 年，我国汽车保有量达 2.17 亿辆，与 2016 年相比，全年增加 2304 万辆，增长 11.85%。汽车销量 2887.89 万辆，同比增长 3.04%，连续九年蝉联世界第一。国内汽车巨大的保有量及消费市场为中国汽车产业、中国汽车工程大数据产业的发展提供了广阔的市场空间。

近年来，国内汽车愈发重视技术革新和产业升级，汽车行业也在智能网联、自动驾驶等先进技术领域取得了不小的成就，2017 年，中国汽车专利公开量为 37.5 万件，以江淮为首的国内自主品牌也超越了现代、丰田等国外车企跃居专利公开量的首位，这些大环境都为汽车工程大数据的产业发展提供了土壤。

中国的汽车工程大数据发展至今尚处于起步阶段，尽管面临与国外行业的差距及国内相关行业标准缺失、法规滞后于体系发展等诸多问题，但是相关机构、企业的关注程度与日俱增，相信在未来行业的转型升级、技术更迭的过程中，在巨大需求的推动以及政府、行业、企业各方的共同努力下，汽车工程大数据将在国内拥有非常可观的发展前景。

（三）发展建议

总体来看，我国汽车工程大数据的发展尚处于起步阶段，数据体系尚需完善，关键技术有待突破，发展战略尚需与其他相关产业统筹协调，汽车工业、互联网等领域的跨界合作势在必行。通过将我国与欧美、日本等国家及地区汽车自主研发体系进行比对，笔者认为对整个行业来说，具体的发展路线主要可归纳为如下两条。

1. 政府部门制定战略，相关领域统筹协调

国内的汽车工程大数据体系建设才刚刚起步，还未将汽车工程产业与互联网、大数据、人体设计、环境采集和交通路况等领域进行深度融合，政府机构、相关产业也缺乏相关的配套法规标准。因此，建立符合中国国情的智能交通总体发展战略和政策，统筹推进包括工程大数据、互联网、道路环境在内的相关产业共同发展势在必行。另外，发展战略和政策的制定应充分考虑国内工程大数据各环节的技术发展实际、发展环境、道路交通环境、信息安全、产业安全、关键技术突破和使用环境等。同时，各相关领域应在政府各部门的领导下建立协调机制，使汽车工程大数据与汽车、人体、道路、环境等数据不单以指导汽车开发为目标更以出台各交叉领域的国内标准、法规为最终目标，这样才能将汽车工程大数据与其他产业进行真正的有机结合，为中国汽车工程大数据的发展提供持续推力。

2. 深入贯彻技术路线，有效提升数据功能

我国汽车工程大数据的技术水平仍需以欧美、日本为标杆不断提升，在拓展数据规模的同时，不断优化数据功能，通过大数据、云计算的形式，将输出数据、分析结果的模式发展为输出结果。加强科技专项资金引导，突破关键核心技术，加大对核心试验数据研究的支持力度。加快数据共享平台的建设，支持科研和企事业单位以汽车工程大数据体系为基础开展研发，促进汽车的平台化、智能化、网联化，开发新一代汽车产品，助力汽车产业技术升级，为汽车与通信、电子、人体、信息、交通等多个领域的协同发展提供技术支持。

参考文献

［1］王金玉：《工程大数据汽车强国的支点——解密中汽中心大数据体系建设》，《中国汽车报》2017 年第 10 期。

[2] 孙高强：《面向整车产品自主研发的竞品分析系统的研究与实现》，华中科技大学硕士学位论文，2015。

[3] "People – SAE100：Leading Our World in Motion". www. sae. org. Achieved from the original on 4 July 2017. Retrieved 5 August 2017.

[4] "History of IHS Markit," IHS Markit，2018. Available：https：//ihsmarkit. com/about/history. html. [Accessed 9 8 2018].

[5] 刘佳仪、董坤：《欧盟汽车技术法规最新发展动态》，《汽车实用技术》2018 年第 9 期。

[6] 黄传真、庄新强、邹斌、刘子夜：《汽车覆盖件模具钢高速切削数据库的研究》，《山东大学学报（工学版）》2011 年第 41（05）期。

[7] 张宝华：《某汽车竞品分析数据平台规划研究》，北京理工大学，2016。

[8]《中国汽车发展史》，《驾驶园》2016 年第 9 期。

[9] 解治宇：《关于汽车竞品定义的方法与原则》，《北京汽车》2013 年第 2 期。

[10] 张邢磊、唐先智：《汽车安全性检测信息管理系统数据库的开发》，《交通标准化》2008 年第 4 期。

[11] 孙书平、王杰英：《汽车工程信息数据库建设的实践及后期质量控制》，《图书馆学研究》2009 年第 5 期。

[12] 初秀民、严新平、吴超仲、毛喆：《汽车驾驶操作信息数据库与采集系统设计》，《中国安全科学学报》2005 年第 1 期。

[13] 孙锌、张鹏、范亚丽：《中国汽车生命周期数据库建设的理论研究》，《中国人口·资源与环境》2014 年第 24（S3）期。

[14] 王贺武、石红、陈萍、欧阳明高：《基于数据库的中国节能与新能源汽车产业化进程的分析》，《汽车安全与节能学报》2014 年第 5（03）期。

[15] 刘宇、李震彪、黎宇科：《国内外智能网联汽车现状及趋势》，《中国新能源汽车产业发展报告》，2016。

保险大数据篇

The Insurance Big Data

B.7 2017年全国交通事故责任保险保障程度分析报告

栗建坤*

摘　要： 机动车辆保险，尤其是机动车商业第三者责任保险，在保障机动车道路交通事故受害人依法得到赔偿、促进道路交通安全中发挥了重要作用。利用中国保信的保险大数据对全国交通事故责任保险保障程度进行跟踪监测和分析，有助于客观评价我国交通事故责任保险保障程度及现状，全面掌握各地交通事故责任保险发展趋势，及时发现各地存在的问题，并为保险公司的经营行为和消费者的投保行为提出参考建议。

关键词： 交通事故责任保险　保障程度　保险

* 栗建坤，中国保险信息技术管理有限责任公司车险业务部数据服务处。

一 交通事故责任保障基本情况

（一）机动车交强险投保情况

根据全国车险平台交强险承保数据、公安部交管局数据，截至 2017 年底，我国汽车保有量为 2.17 亿辆，车险平台登记交强险保单 2.07 亿件，考虑到交强险不允许重复投保并忽略短期单等关联因素，机动车交强险投保率为 95.3%，同比约提高 1.5 个百分点。

（二）机动车三责险投保情况

2017 年，全国 36 省市三责险平均投保率为 80.9%，同比提高 2.6 个百分点。同时地区差异显著（见图 1）。

经济发达地区的风险管理意识相对较强，保险保障程度与需求和三责险投保率相对较高。东南沿海地区的投保率明显高于内陆地区，如上海、厦门、宁波、浙江都在 95% 以上，而黑龙江、山西、青海、西藏等地不足 55%；计划单列市的投保率均高于其所在省份的其他地区。从变化情况来看，只有深圳、宁波两个地三责险投保率区比上年略微下降，分别下降 0.45 个和 0.03 个百分点；其余 34 个地区三责险投保率均比上年提高，其中河南三责险投保率涨幅最大，同比提高 6.6 个百分点。

2017 年，家用车在机动车中占 79.8%，其三责险投保率为 82.4%，比上年提高 2.6 个百分点，且高于整体机动车三责险投保率 1.5 个百分点。地区间家用车三责险投保率差异与整体机动车情况相似，进一步反映出各地车主保障意识和需求差异较大。

二 各地区三责险平均保额对风险的覆盖度

2017 年，全国三责险平均保额和单人死亡赔付费用平均水平分别是

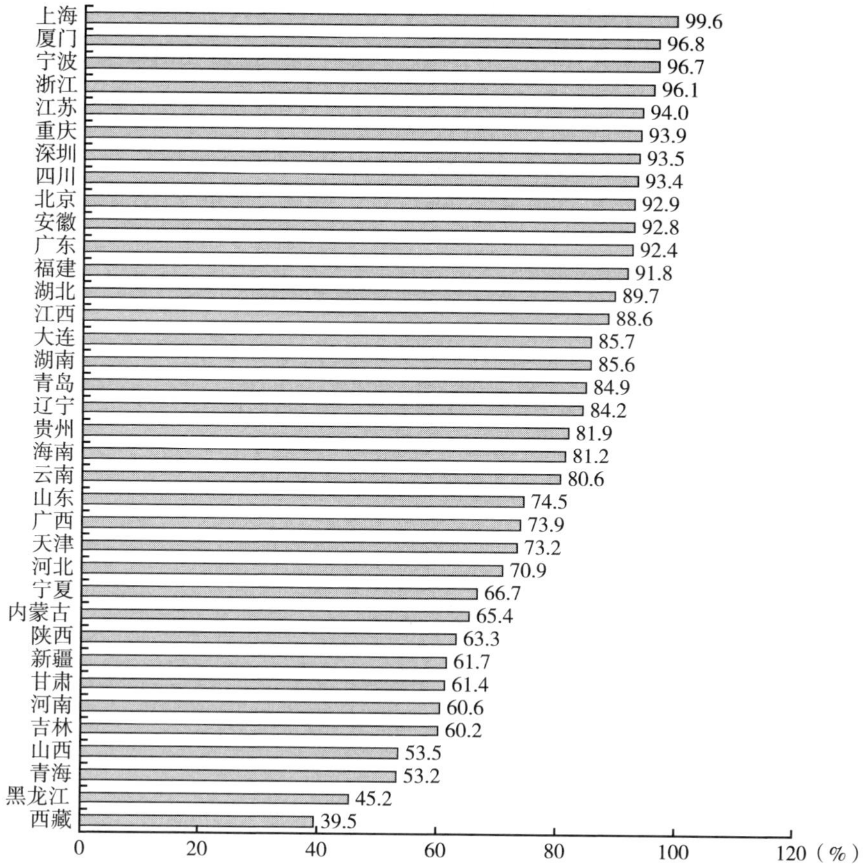

图1　全国各地区三责险投保率

66.3 万元和 92.0 万元①，比 2016 年的 57.0 万元和 85.3 万元分别提高了 16.4%和 7.8%。从死亡赔偿费用中扣除交强险死亡赔偿限额（11 万元）

① 商业三责险的保险责任对应的是交通事故责任赔偿中交强险赔偿以外的部分，其赔偿限额（保额）统一包含了因交通事故造成的人员伤亡及物损。其中，导致人员死亡是严重事故中最为突出的风险责任。根据最高人民法院颁布的《关于审理人身损害赔偿案件适用法律若干问题的解释》，造成受害人死亡的赔偿义务人除应当根据抢救治疗情况赔偿相关费用外，还应当赔偿死亡补偿费、丧葬费、被扶养人生活费，以及受害人亲属办理丧葬事宜支出的交通费、住宿费和误工损失等其他合理费用。本文以交通事故中一名 60 岁以下，且有扶养责任的城镇成年居民死亡为例，根据国家统计局官网所发布的各地城镇居民人均可支配收入和城镇居民人均消费支出额数据，对全国 36 个省市的商业三责险保额充足度进行计算分析。

后，三责险保额整体平均保额充足度①为81.9%，比上年增长9.8个百分点。交通事故责任保险保障程度有所增强，但仍存在较大缺口。

全国各地区间三责险保额充足度不平衡的状况依然存在（见图2）。三责险保额充足度最高的四个地区实现了责任风险的完全覆盖，分别是重庆（113.3%）、四川（104.9%）、江西（101.2%）、贵州（100.4%）；充足

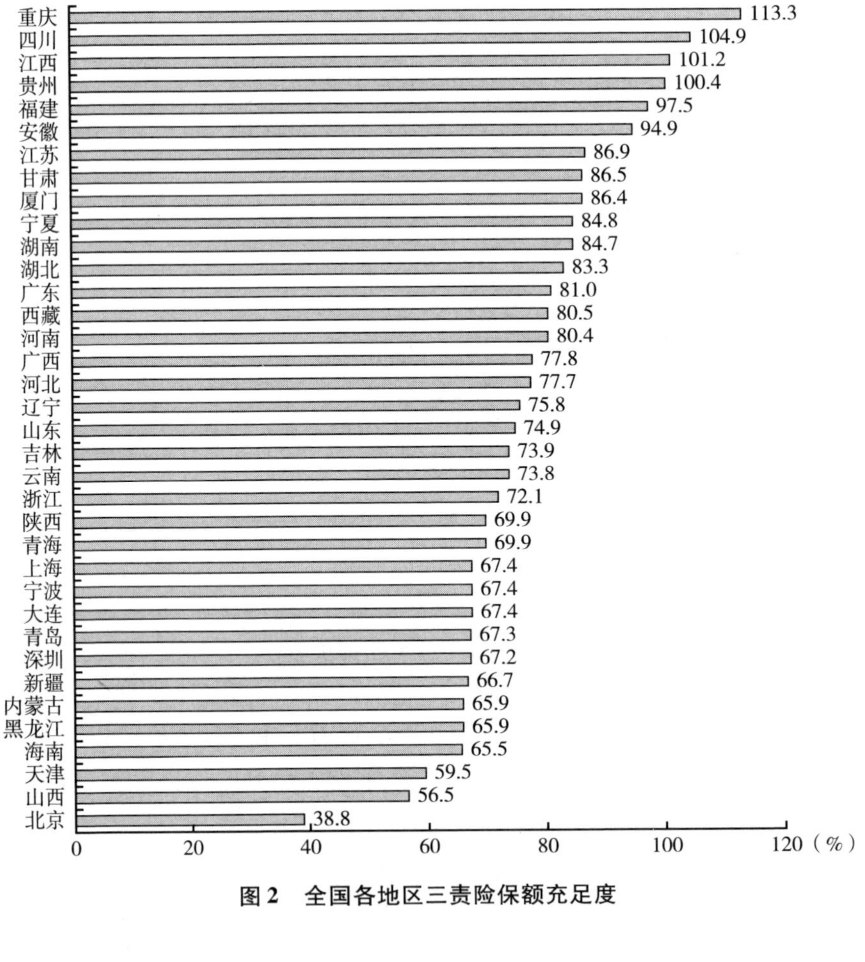

图2　全国各地区三责险保额充足度

① 三责险平均保额充足度=三责险保额平均值/（当地死亡事故责任赔偿费用－交强险死亡赔偿限额）。其中，当地死亡事故责任赔偿费用=死亡赔偿金+丧葬费+被扶养人生活费=（当地上年城镇居民人均可支配收入×20年）+（当地上年城镇居民人均可支配收入×0.5年）+当地上一年度城镇居民人均消费性支出额×10年。

度最低的三个地区分别是北京（38.8%）、山西（56.5%）、天津（59.5%）。计划单列市投保率相对较高，但风险覆盖程度均低于其所在省份的其他地区。

2017年，全国家用车三责险平均保额充足度为82.2%，同比提高5.7个百分点，略高于机动车整体水平（81.9%）。从增速来看，深圳家用车三责险保额充足度比上年下降了0.2个百分点，其余35个地区充足度均有所提高，其中江西家用车三责险保额充足度增幅最大，比上年提高10.2个百分点。家用车三责险保额充足度的地区差异与全车种基本一致。

三　各地区三责险足额投保比例

2017年，全国绝大部分车辆的三责险保单不能全面覆盖交通死亡事故责任风险，约有29.7%的三责险保单实现了风险的充分覆盖，比上年提高10.6个百分点。大部分地区三责险足额保单占比[①]偏低（见图3），并呈现如下特点：一是整体状况得到显著改善。除青岛外的35个地区三责险足额保单占比均有不同程度的提高，其中福建增幅最大，同比提高19.4个百分点。二是多数地区三责险足额保单占比仍处于低位。36个省市中仅有四个地区三责险足额保单占比超过50%，且仍有8个省市不足10%。三是三责险足额保单占比与当地经济发展状况存在偏差。北京、浙江、深圳等地经济水平位居全国前列，三责险足额保单占比却居全国排名的末位。

四是各地区保额选择的分布不均衡，部分车主的高保额拉高了当地整体平均保额，大部分车主并未投保充足的三责险。例如贵州地区三责险平均保额对责任风险的覆盖程度达99.7%，但仅有32.5%的保单可以完全覆盖责任风险。

五是家用车的足额保单占比与整体水平相比略低。全国家用车的足额保单占比为29.3%，比整体机动车水平低0.4个百分点。从各地情况来看，二者的分布状况基本一致。

---

① 足额投保保单在当地全部保单中的占比。

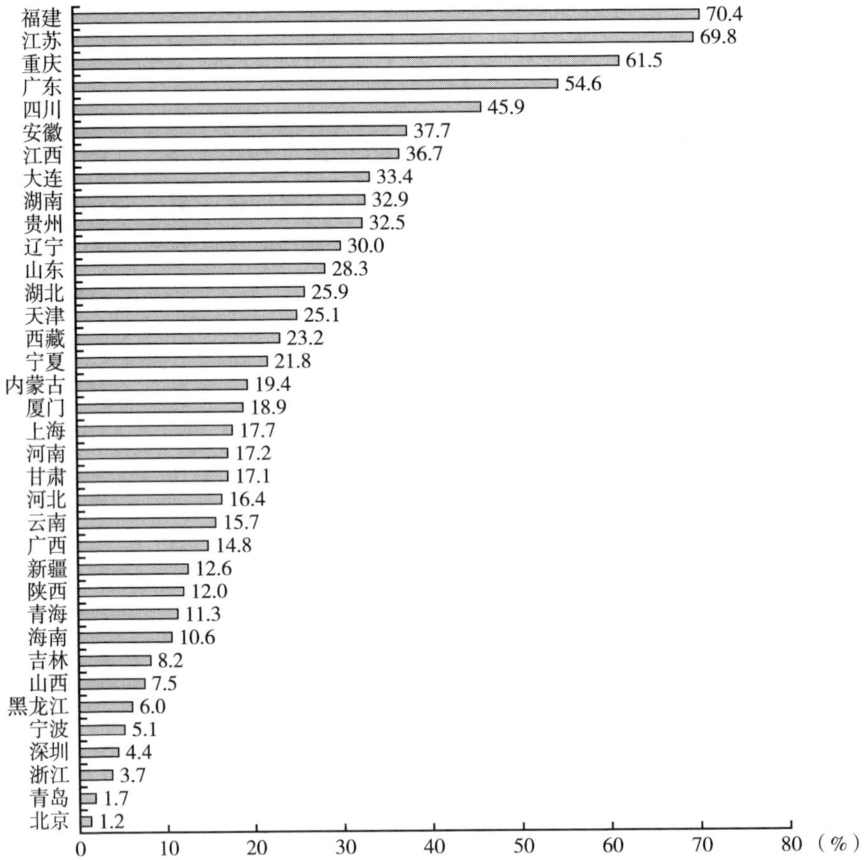

图 3　全国各地区三责险足额保单占比

四　各地区死亡事故责任风险与实际保障水平

各地区交通事故死亡责任风险，主要体现为各地区死亡赔付费用标准，与当地经济发展状况密切相关。机动车三责险平均保额与当地死亡赔付费用标准之间缺口，反向说明地区实际保障水平。在交强险死亡赔偿限额既定的情况下，影响实际保障水平的主要是三责险平均保额。

全国各地死亡赔付费用标准差异较大（见图 4）。其中，赔付费用标准超过 100 万元的有 11 个省市；处于 80 万～100 万元的有 7 个省市，低于 80

万元的有18个省市。最高标准（上海，约158万元）约为最低标准（黑龙江，约71万元）的2.2倍，差额约87万元。

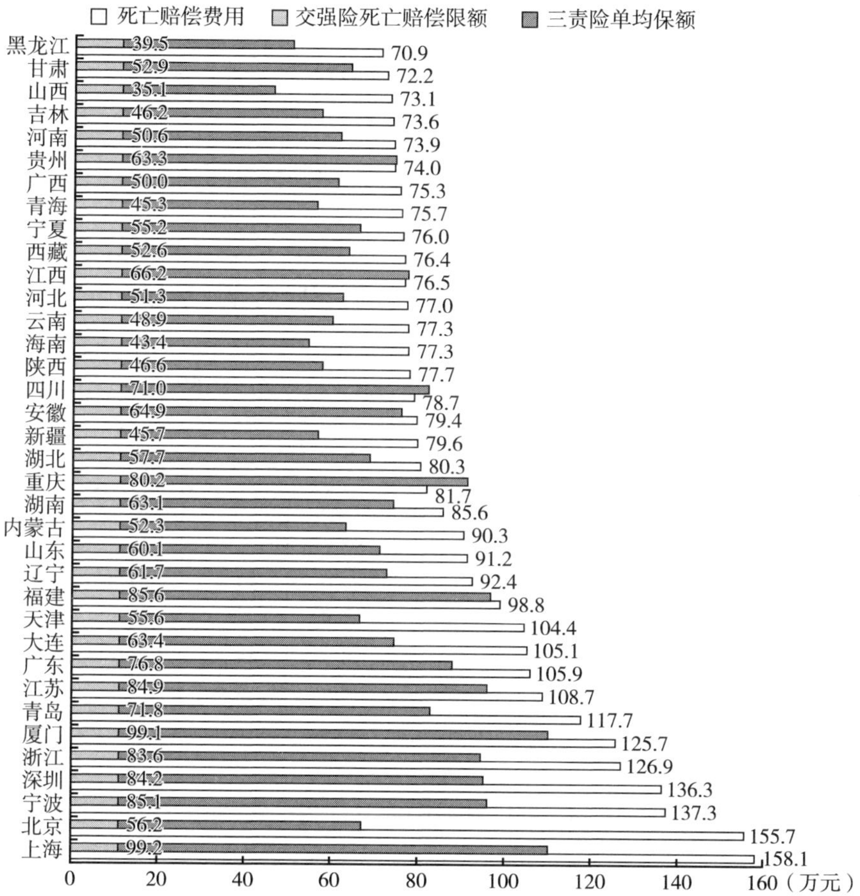

图4　全国各地区死亡事故责任赔偿费用与三责险平均保额差异

各地三责险平均保额与当地死亡赔付费用标准存在以下特点：一是全国各地风险暴露程度差异较大。全国三责险平均保额与死亡赔付费用标准平均保障缺口14.7万元，比上年缩小2.7万元，各地区保障缺口处于2.2万元（福建）~88.5万元（北京）。二是东部经济发达地区的保障缺口反而大于中西部经济欠发达地区的保障缺口。保障缺口最大的10个省份大部分是东部经济发达地区，保障缺口最小的10个省份中有5个是中西部经济欠发达地区。这主要是因为经济发达地区的死亡赔付费用标准远远超出经济欠发达地区的标准，而地区间三责险平均保额差异相对较小。

五　结论与启示

（一）交通事故责任保险保障程度持续稳中提升

随着商车改革的深化，以及 NCD“奖优罚劣”效果的显现，消费者保险意识显著提高，保险购买积极性提高，责任保险的保障更加充分。

表 1　2015～2017 年全国交通事故责任保险保障程度

单位：%，万元

指标	整体			家用车		
	2015 年	2016 年	2017 年	2015 年	2016 年	2017 年
交强险投保率	91.9	93.8	95.3	—	—	—
交三共保比率	76.4	78.3	80.9	77.4	79.8	82.4
三责险保额充足度	72.6	76.6	81.9	72.5	76.5	82.2
三责险足额占比	15.8	19.1	29.7	14.8	18.1	29.3
交通事故死亡赔付缺口	18.6	17.4	14.7	18.7	17.5	14.4

（二）理性看待风险，切实提高保障程度

分析结果显示，仍有近 1/5 的车主未投保三责险，而交通事故责任风险无法通过投保交强险完全覆盖。呼吁有关单位和广大车主进一步提高风险意识，积极运用保险工具进行责任风险管理，保障交通事故受害人得到充分的损失补偿。特别是经济水平较高的地区死亡赔偿标准较高，保障缺口往往较大，如北京、上海、宁波、深圳、天津、青岛、浙江、大连等地保障缺口均在 30 万元以上，消费者应给予更多关注，合理选择投保保额。

B.8
2017年全国商业车险风险地图

栗建坤*

摘　要： 我国幅员辽阔，各地经济发展水平差异较大，特别是随着商车改革的不断深化，各地商业车险的发展情况及风险状况呈现不同的区域特征。2017年承保机动车辆保险保费达7931亿元，同比增长12.3%，全国商业险投保率为81.8%，商业车险单均保费为3553元。本文通过详细分析各地商业车险承保和理赔关键指标，可以清晰地反映各地的发展情况及区域特征，客观地评价商车改革的成效，及时地发现区域发展的潜在问题，并提出发展建议。

关键词： 商业车险　风险　地图

一　风险地图展示

2017年，我国车险市场发展平稳，保费增速稳中略降。截至2017年12月，全国共有68家保险总公司、954家省级保险分公司接入车险平台开展业务，承保机动车辆保险保费达7931亿元，同比增长12.3%，增速比上年下降2.9个百分点。

（一）保费规模

2017年，全国承保机动车辆商业险保单1.69亿件，同比增长16.9%，商业车险保费规模达到5991.5亿元，同比增长12.3%。

* 栗建坤，中国保险信息技术管理有限责任公司车险业务部数据服务处。

从地区分布来看，东部和南部地区商业险保费规模大于西部和北部地区，人口数量多的省份商业险保费规模往往较高。其中江苏、广东、浙江三省的保单保费均在400亿元以上；青海、宁夏、西藏、大连、海南等地区保单保费在50亿元以下。

从保费规模的变化来看，2017年保费达到200亿元及以上的地区共有11个，比2016年多2个（上海、湖北）；保费达到100亿元及以上的地区有22个，比2016年多2个（贵州、广西）（见图1）。

从增速来看，河南增速最快，同比增长23.1%；大连地区增速最慢，同比增长2.4%。

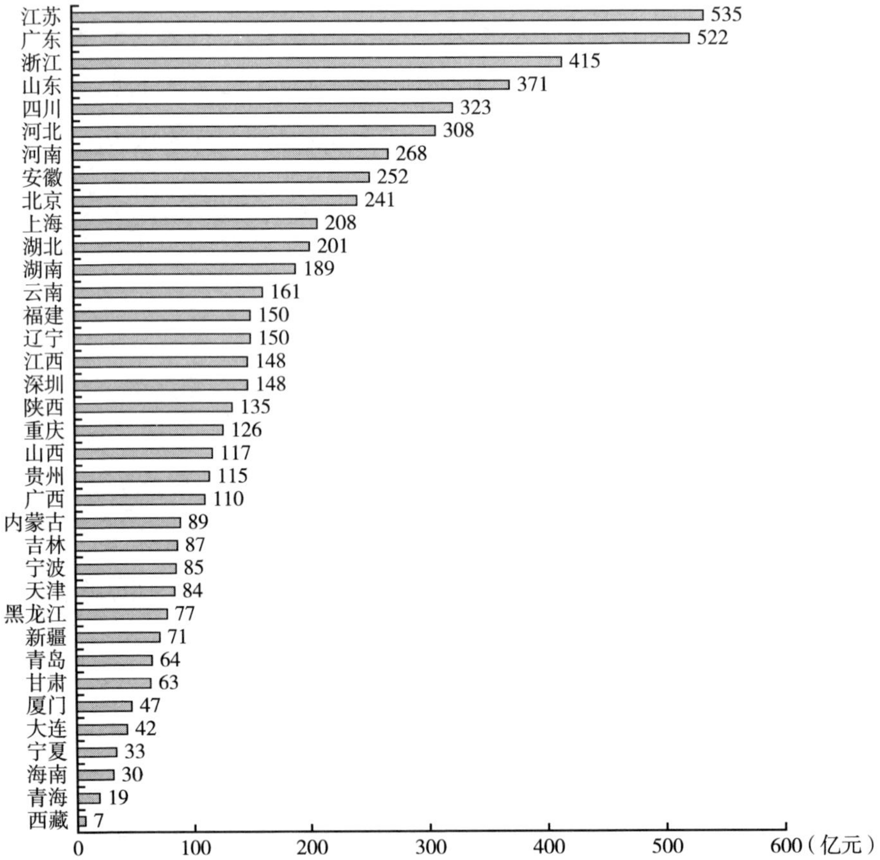

图1　2017年商业险保费

（二）投保率

2017 年，全国商业险投保率①为 81.8%，比上年提高 2.4 个百分点。商业险投保区域特征明显，整体上南方地区商业险投保率高于北方地区。浙江、宁波、厦门、重庆四地商业险投保率较高，均在 95% 以上，河南、山西、陕西以及东北、西北大部分地区的商业险投保率较低，均在 70% 以下。其中西藏商业险投保率最低，仅为 41.2%；宁波商业险投保率最高，为 97.7%，约为西藏的 2.4 倍（见图 2）。

从商业险投保率变化幅度来看，河南增长幅度最大，同比提高 6.7 个百分点；上海投保率出现负增长，同比下降 1.9 个百分点。投保率增幅最大的 10 个地区如表 1 所示。

表 1　2017 年商业险投保率增幅前十地区

单位：%，个百分点

地区	商业险投保率	投保率增幅	增幅排名
河　南	61.5	6.7	1
广　西	75.1	6.1	2
黑龙江	46.2	5.9	3
吉　林	61.1	5.4	4
内蒙古	66.2	5.1	5
甘　肃	62.3	3.9	6
北　京	92.3	3.9	7
新　疆	65.2	3.9	8
天　津	74.3	3.9	9
贵　州	82.5	3.7	10

（三）单均保费

2017 年，全国商业车险单均保费为 3553 元，比上年下降 4.0%。各地

① 商业险投保率 = 商业险保单件数/交强险保单件数。

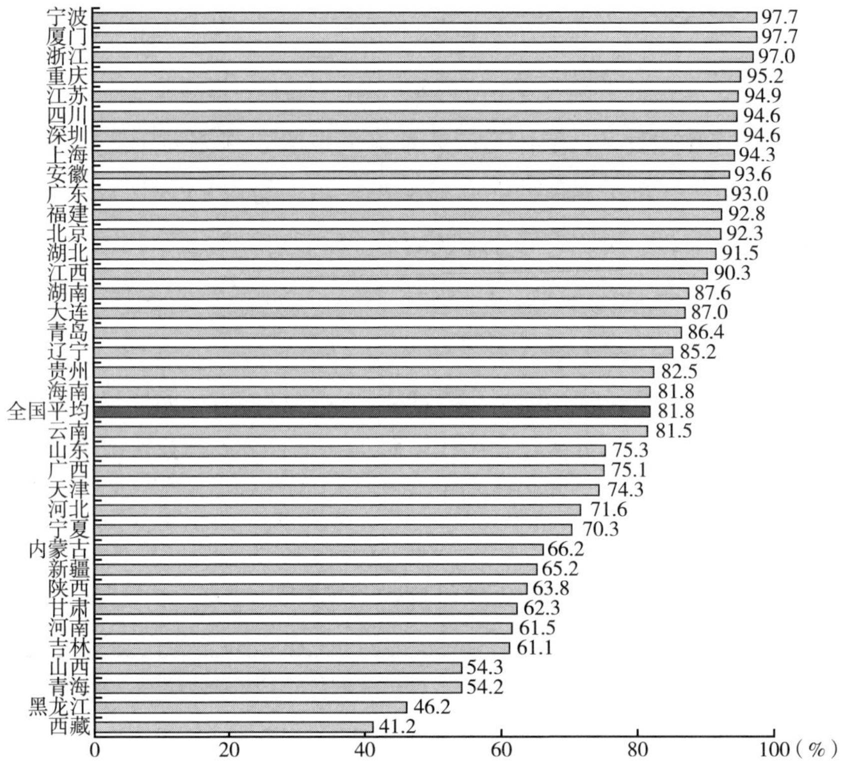

图 2　2017 年商业险投保率

区的商业险单均保费差异较大。西藏、宁夏、安徽以及北上深厦等地的单均保费较高，其中西藏单均保费最高，为 4576 元；内蒙古、山东、青岛、湖南、湖北、云南等地单均保费较低，其中内蒙古单均保费最低，为 2950 元。

云南、上海、北京三地单均保费出现了小幅增长，其他地区单均保费均出现了下降，其中河北降幅最大，同比下降 10.2%（见图 3）。

（四）单均保额

2017 年，全国商业险单均保额为 82.1 万元，同比提高 11.4%。从区域特征来看，各地区的保障程度存在较大差异。东部和南部地区的单均保额较高，机动车商业险保障程度较高；中部和西北部地区的单均保额较低，机动

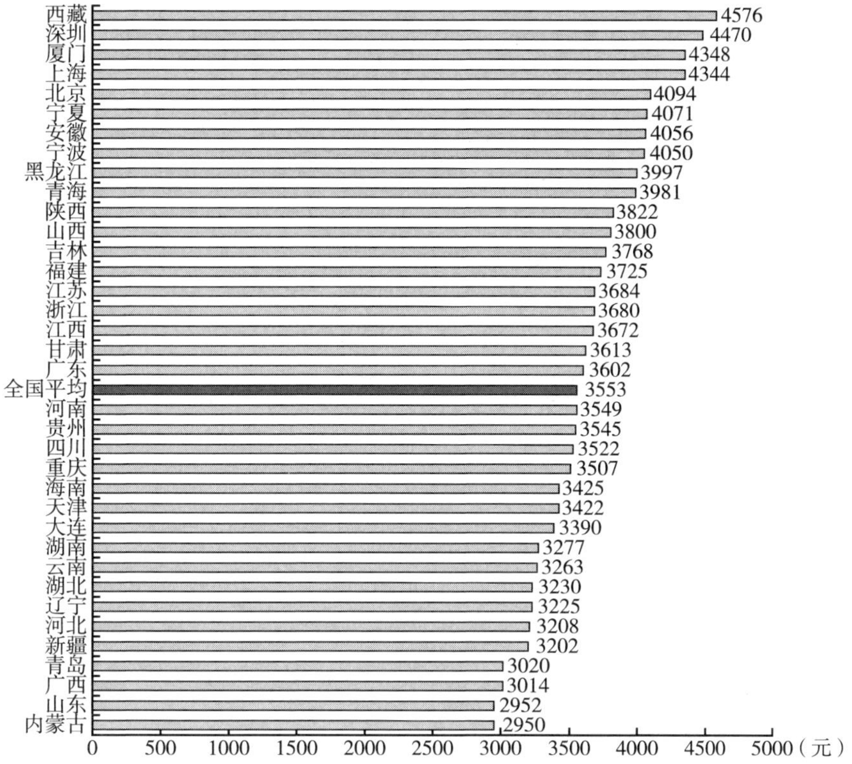

图3　2017 年商业险单均保费

车商业险保障程度较低。其中上海地区单均保额最高，达 125.3 万元；山西地区单均保额最低，为 49.7 万元，约为上海地区的 2/5（见图 4）。

全国 36 个地区单均保额均有不同程度提升，其中内蒙古涨幅最大，同比增长 21.0%；深圳涨幅最小，同比增长 4.9%。

（五）平均折扣系数

2017 年，全国商业险平均折扣系数为 64.5%，比上年降低 6.2 个百分点，商车费改后消费者可以享受更多折扣。从各地的折扣情况来看，青海、甘肃、宁夏以及河北、河南、贵州等地的折扣力度较小，平均折扣系数均在 67% 以上；四川、重庆、广西以及上海、深圳等地的折扣力度较大，平均折

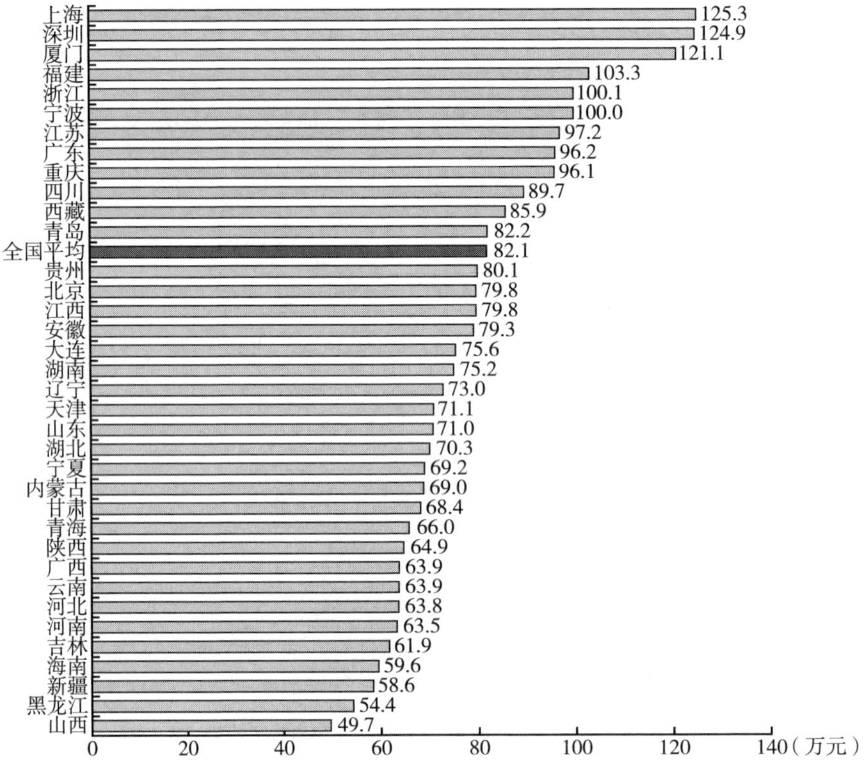

图4　2017 年商业险单均保额

扣系数均在 62% 以下。其中宁夏平均折扣系数最高，为 71.7%；深圳平均折扣系数最低，为 53.7%（见图 5）。

36 个地区平均折扣系数出现不同幅度下降。厦门下降幅度最大，同比下降 10.1 个百分点；山西下降幅度最小，同比下降 2.2 个百分点。

（六）结案率

从立案案件处理情况来看，各地的案件处理情况较好，所有地区结案率在 87.9% 及以上，全国平均结案率为 90.9%，比去年提高 1.3 个百分点。黑龙江、内蒙古、陕西、四川、重庆等地结案率较高，均在 92.5% 以上；江苏、浙江、河南、湖南以及北京、上海、厦门等地结案率较低，低于 90.0%（见图 6）。

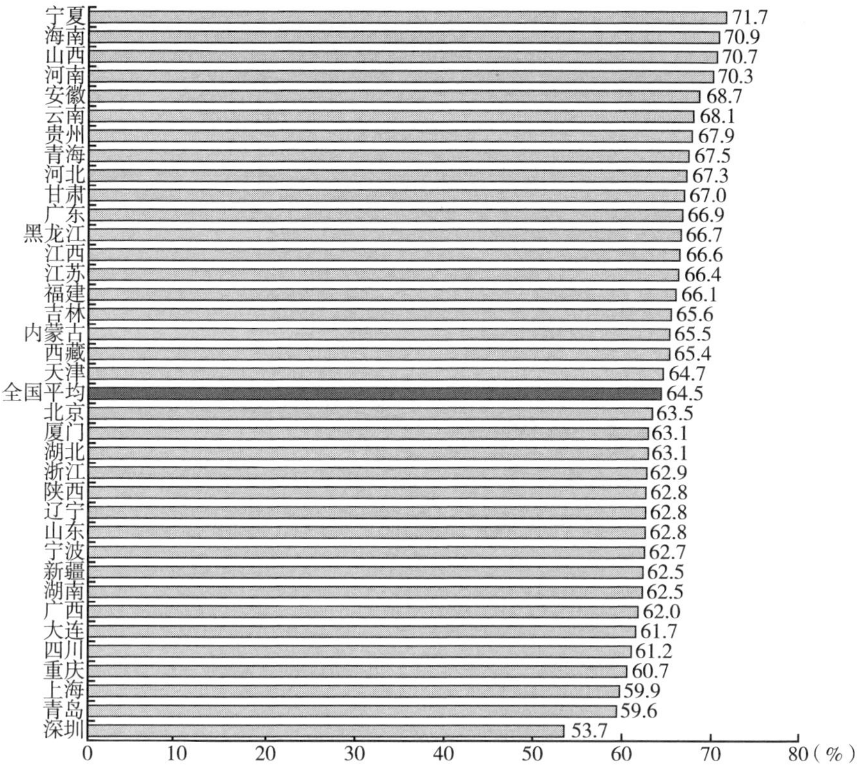

图5　2017年商业险平均折扣系数

全国有5个地区的结案率有所下降，其余地区结案率均不同幅度的提升。其中深圳涨幅最大，同比增长5.1个百分点；北京降幅最大，同比下降2.3个百分点。

（七）案均已结赔款

全国商业险案均已结赔款①为4892元，比去年提高8.8%。分地区来看，江苏、浙江、北京、上海以及甘肃、宁夏、西藏等地的案均已结赔款较高，均在5300元以上，其中宁波案均已结赔款最高，为6427元；山东、山

① 案均已结赔款=已结赔款/已结件数。

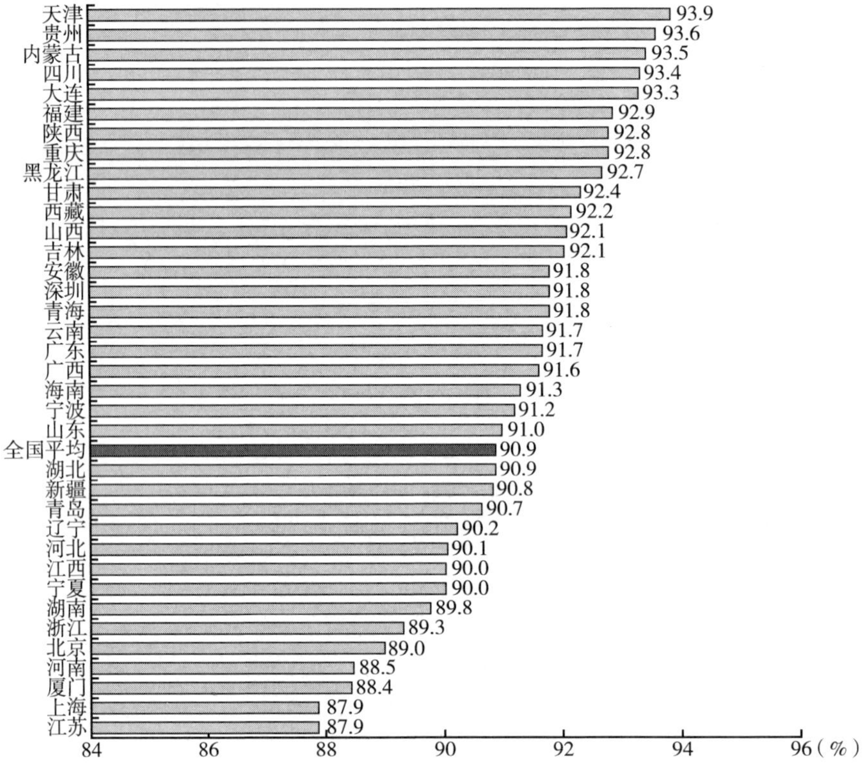

图 6　2017 年商业险结案率

西、广东、广西、云南等地案均已结赔款较低，均在 4600 元以下，其中广东案均已结赔款最低，为 3751 元（见图 7）。

除河北、福建、厦门案均已结赔款有所下降，其余地区均不同幅度上涨，其中江苏涨幅最大，同比增长 21.3%；厦门降幅最大，同比下降 11.0%。

（八）出险频度

全国商业险平均出险频度①为 28.0%，比去年降低 2.3 个百分点。黑龙江、吉林、陕西、青海、西藏以及四川、广东等地出险频度较高，均在 31% 以上，其

① 出险频度 = 立案件数/满期车年。

中深圳出险频度最高，为45.3%；河南、河北、山东、安徽、湖北、湖南等地出险频度较低，均在25%以下，其中河北出险频度最低，为19.5%（见图8）。

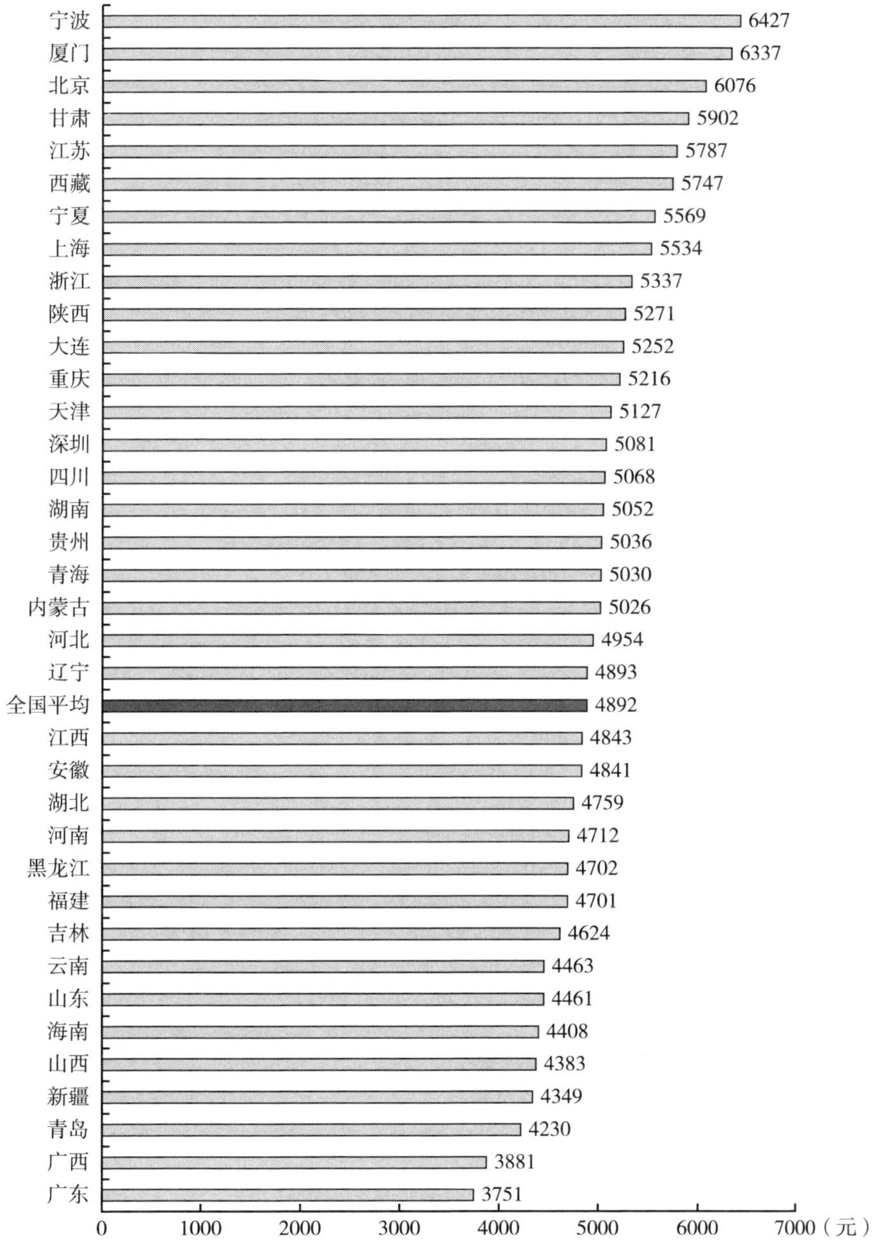

图7　2017年商业险案均已结赔款

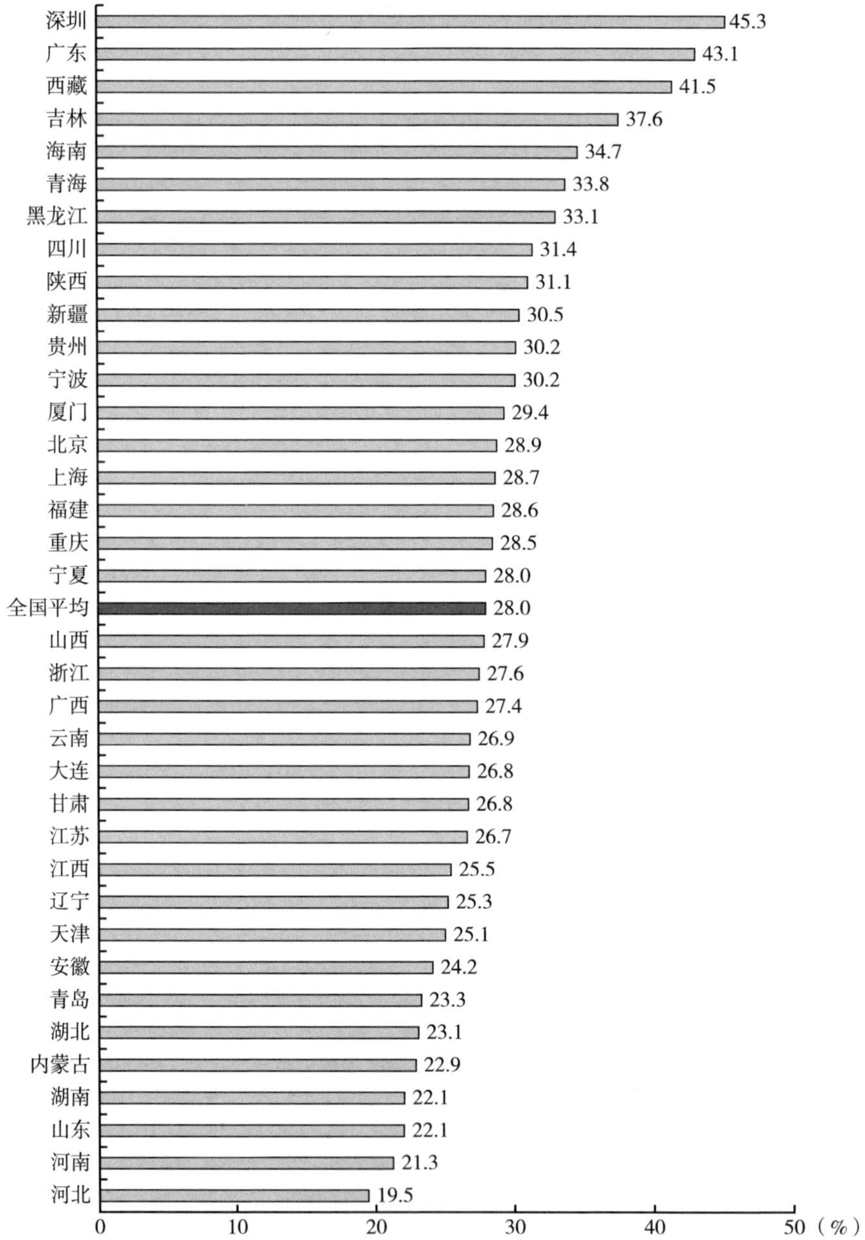

图 8　2017 年商业险出险频度

36个地区中，除四川、广东、深圳、重庆出险频度有所上升外，其余地区出险频度均出现下降，其中海南降幅最大，同比下降11.7个百分点。

（九）满期赔付率

2017年，全国商业险平均满期赔付率①为49.7%，同比上升0.9个百分点。新疆、西藏、甘肃、贵州以及广东等地赔付成本较高，满期赔付率均在54%以上，其中西藏赔付成本最高，满期赔付率为64.2%；河北、河南、安徽、湖北等地赔付成本较低，满期赔付率均在47%以下，其中上海赔付成本最低，满期赔付率为35.9%。

从变化情况来看，四川赔付率涨幅最大，同比上升10.1个百分点；厦门降幅最大，同比下降22.5个百分点。

二　有关分析和启示

首先，车险业务部已连续3年编制全国机动车辆保险风险地图，基于地区的风险差异分析对差异化监管和区域化业务布局具有重要借鉴意义和参考价值。一是风险地图客观反映各地的承保业务和理赔现状，为监管机关的非现场监管和差异化管理提供了数据支持；二是风险地图一定程度上刻画了全国车险业务的区域分布特征和业务品质特征，可以为保险公司总部的资源布局和企划分析提供参考依据；三是风险地图对各地车险风险状况的展示对于消费者提高风险意识、调整投保方案具有一定的借鉴意义。

其次，2017年商业车险风险地图诸多指标客观反映了商车改革对全国各地区车险市场的影响和促进作用。比如商车改革的宣传和推广对消费者保

① 满期赔付率=（已结赔款+未决赔款）÷满期保费。因各公司上传车险信息平台的未决赔款数据不是实时更新，该数据可能不准确，供参考。

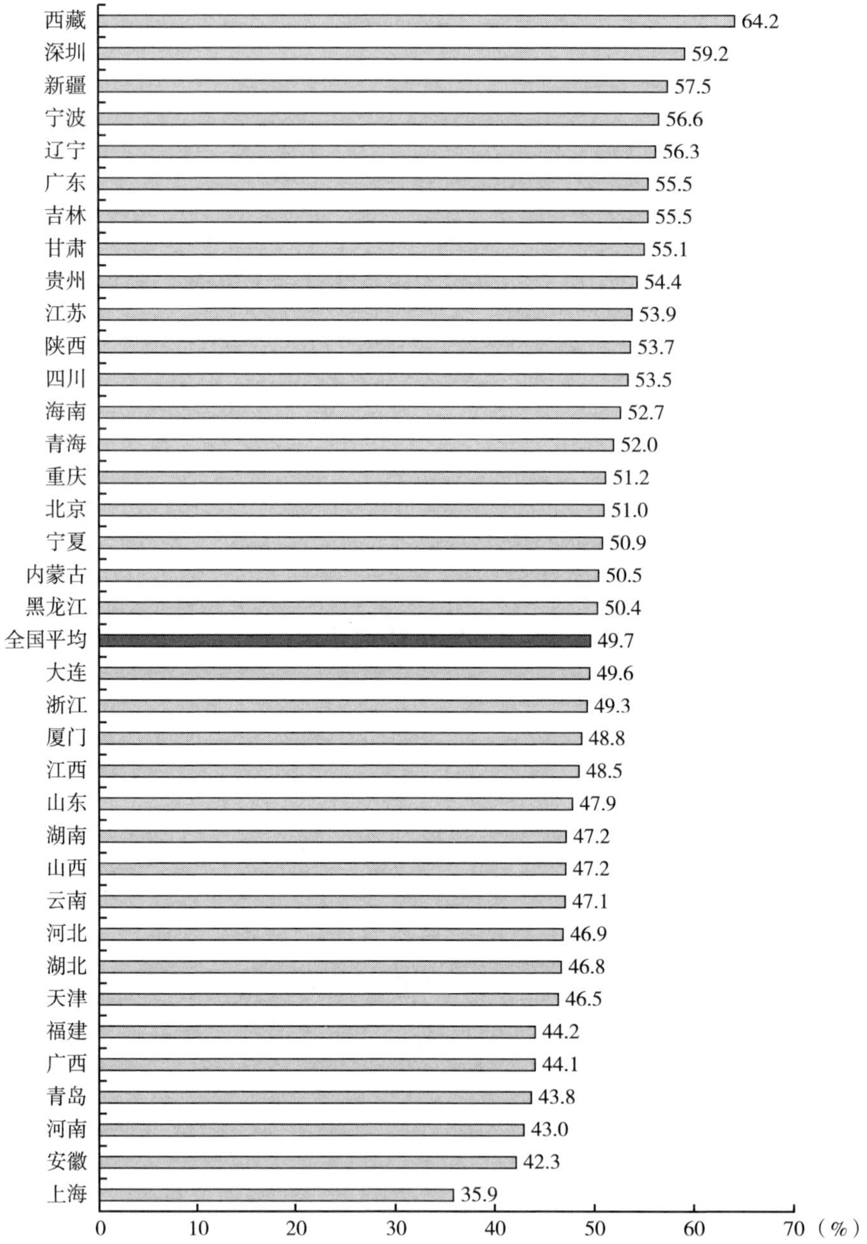

图 9　2017 年商业险满期赔付率

险意识的提高起到了促进作用，33 个地区商业险投保率有不同幅度的提高，2017 年商业险投保率达 81.8%，比上年提高 2.4 个百分点。商车改革对费率系数的调整使消费者能够进一步分享改革带来的红利，2017 年全国商业险单均保费为 3553 元，同比降低 4.0%。无赔款优待系数的调整加大了“赏优罚劣”力度，引导消费者改善驾驶行为，减少交通事故，由此出险频度显著降低，既减少了保险公司理赔费用支出，又改善了交通安全状况。

最后，部分地区车险市场发展状况较差，应当引起地方监管部门和行业的重视。比如个别地区商业险投保率较低，甚至不足 50%，说明当地机动车保险保障程度较低，商业险业务仍有较大发展空间，各公司应加大业务宣传力度，帮助消费者制定合理投保方案，不断提高区域车险保障程度。随着改革的推进，商业险平均折扣系数大幅下降，但是赔付率仅略微上升，从侧面证实了高手续费率等恶性竞争问题的存在，监管部门应加大监管力度，规范市场竞争秩序，整治市场乱象，保护消费者利益，为商车改革的深化保驾护航。

B.9
汽车延保市场发展及其信息共享服务研究报告

程 丹　陈梦溪*

摘　要： 我国汽车延保市场目前仍处于初级发展阶段，市场主要参与方有保险公司、整车厂、经销商以及TPA。保险公司在延保市场竞争中并没有发挥出其应有的优势，随着数据共享体系的不断建设和完善，保险公司将在延保市场中发挥核心作用。本研究通过对国内外汽车延保市场的发展历程进行梳理，分析保险公司经营汽车延保保险面临的问题和困境，从行业数据共享、提升保险行业竞争力的方向出发，提出了推进汽车延保保险市场发展的思路与方案。

关键词： 汽车延保　保险公司　延保经营　信息共享服务

一　汽车延保市场发展现状介绍

（一）国内外市场现状及预估

汽车延保在20世纪60年代起源于美国，最早由整车厂推出，在销售汽车的同时向客户销售，进入80年代以后，汽车贷款得到长足发展，汽车延

* 程丹，中国保险信息技术管理有限责任公司；陈梦溪，中国保险信息技术管理有限责任公司。

保市场相应获得爆发式增长。经过 40 多年的发展，汽车延保产品已普遍被欧、美、日消费者认可：美国延保渗透率在 40% 左右，市场规模约为 160 亿美元；欧洲渗透率在 30% ~50%，市场规模约为 60 亿美元；日本渗透率在 50% ~80%，市场规模约为 50 亿美元。

我国汽车新车销量增速和新车销售利润率已进入下行通道，汽车行业正步入后市场时代。2015 年我国新车销量达到 2459 万辆，同比增长 4.68%；二手车交易量达到了 930 万辆，同时我国汽车保有量已达到 1.72 亿辆，车龄在 3 年以上的约为 1 亿辆，且每年以 2000 多万台的速度增加。当前我国汽车延保渗透率不足 5%，参照欧美成熟市场延保渗透率，据业内专家估计，我国汽车延保市场潜在规模超过 500 亿元。

（二）参与主体与业务模式

汽车延保市场的参与主体主要有整车厂、经销商、保险公司、第三方延保管理机构（TPA），业务模式按直接与消费者签订延保合同的主体不同可区分为保险公司主导、整车厂/经销商主导以及 TPA 主导三种模式。

1. 保险公司主导模式

该模式最为简单，由消费者直接与保险公司签订延保保单，保险产品形态为质量保证保险，消费者是被保险人，经销商或其他销售者是保险公司的销售渠道。在国外成熟市场中这种模式并非主流模式，国内该模式业务基本没有开展。

2. 整车厂/经销商主导模式

该模式中消费者和整车厂/经销商签订延保合同，为了转嫁风险，整车厂/经销商会向保险人购买保险，保险产品形态为责任保险，合同的被保险人是整车厂/经销商，保险公司扮演了风险承担者的重要角色，TPA 通常会参与进来负责延保业务的产品设计、理赔管理（见图 1）。

国外成熟市场中该模式占据主导地位，美国该模式占到了将近 66% 的市场份额，欧洲也占据了 50% 以上的份额。国内市场则占到了 80% 以上，业务来源主要集中在以下三个方面：一是整车厂销量排名靠前的合资品牌均

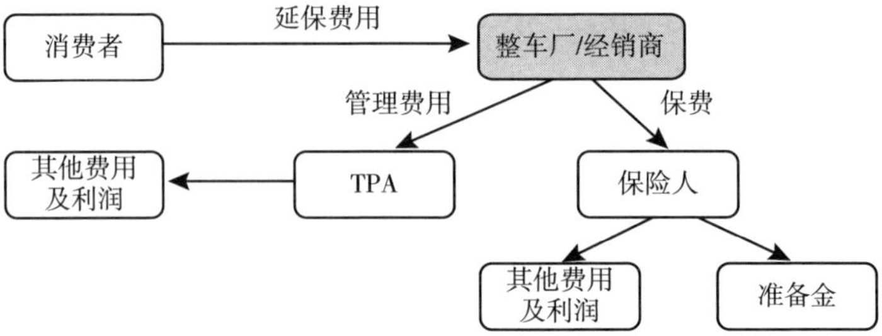

图1　整车厂/经销商主导模式

已开展此类业务，如一汽大众、上汽通用、广州本田等；二是以实力较为雄厚的经销商集团为主，如广汇集团、庞大集团、运通集团等，新车延保渗透率通常在8%；三是保险公司也以人保、太保、平安为主，每年公司的年保费规模较小。

3. TPA主导模式

TPA主导模式与整车厂/经销商主导模式类似，消费者和TPA签订延保合同，TPA再向保险人购买保险转嫁风险，保险合同的被保险人是TPA，经销商是TPA的销售渠道与维修网点。在国外成熟市场上该模式占比在25%，国内市场不到10%，并以国外专业延保公司在中国设立分支机构为主，如美延、曼福等，国内也有相对领先的TPA，如华奥、宝固等。

在延保市场各种模式中，各主体基本角色不变，整车厂/经销商为延保产品销售的重要渠道，保险公司为延保产品的风险承担者，TPA为延保产品的专业理赔服务者。区别于国外成熟延保市场，国内延保业务过度依赖整车厂/经销商主导模式展开，并以新车业务为主，且规模小，次新车、二手车的延保渗透率更低。

（三）产品形态

保险公司的汽车延保产品多数是针对整车厂/经销商按责任险险种设计的，承保标的是被保险人对签订延保服务合同消费者的保修责任，产品名称为机动车辆延长保修责任保险。

汽车延保产品保障期限采取车龄/里程的形式，通常为1年/2万公里或

2 年/4 万公里，少量产品也有 3 年/6 万公里，保障范围由小到大分为三类：第一类是基础保障，以汽车核心部件发动机、变速箱、驱动系统作为保修对象；第二类是综合保障，在基础保障之上增加了制动系统、电器系统、转向系统等汽车重要系统作为保修对象；第三类是全面保障，基本与厂方质保范围相同，全面覆盖汽车的重要组成系统。尽管汽车延保产品保障期限、保障范围趋同，但由于汽车涉及零部件系统多而繁杂，各个车型特点也不尽相同，所以各延保产品具体细节仍有较多差异，价格也从几百元到上万元不等。

二 保险公司经营汽车延保保险面临的问题和困境

面对汽车延保保险，大多数保险公司不积极、趋于保守。究其原因，汽车延保业务在现行的经营管理模式下难以充分发挥保险公司在风险管控方面的特长，难以利用其品牌及销售渠道等固有优势。

（一）产品设计、风险识别缺乏有效基础数据

一是缺乏定价支持数据。由于缺乏汽车零部件质量数据，以及汽车延保承保及理赔的历史数据，精算定价保守，保险公司很难自主设计有竞争力的延保产品直接面向消费者。二是车辆性能状况复杂，尤其是旧车（次新车、二手车等）一车一况，个体风险差异大，且缺乏可信车辆历史健康档案数据，无法有效识别重大风险，导致核保风控环节难以发挥有效作用。

（二）销售和客户服务严重不足

一是销售渠道单一且控制力不足。保险公司延保产品的销售基本以经销商（4S 店）单一渠道为主，尽管开辟了网销渠道，但效果不理想。二是不具备自主服务能力。由于汽车机械故障问题的鉴定与诊断对专业技能有较高要求，多数保险公司尚不具备自主服务的能力，都采取 TPA 协助理赔方式，只有人保在自主理赔方面专门建立了延保技师团队。

（三）理赔风险管控困难

保险公司汽车延保业务的风险管控难点在于被保险人就是经销商（4S 店），他们所掌握的汽车专业技能甚至比保险公司延保专业理赔人员还高，加上信息不对称就容易产生逆向选择和道德风险。另外，TPA 协助理赔方式也易产生 TPA 与经销商的勾结，对保险公司风险管控产生很大压力。

三　推动行业数据合作共享、助力汽车延保业务发展

鉴于汽车延保业务经营的专业性，其对于产品设计、风险管控以及系统建设的要求都很高，单一保险公司无法完成各个环节的建设。为推动保险行业汽车延保市场的发展，可借鉴车险平台数据共享模式，其早期以延保数据联盟形式共享数据，缩短数据、经验的积累时间，引导、鼓励上传延保理赔维修清单数据，扩大基础数据量，逐步建设汽车延保服务平台，不断夯实与提升保险公司延保产品开发的数据基础和专业能力。

（一）车险平台数据共享提升保险公司延保业务的经营能力

车险平台记录车辆的全生命周期的承保、理赔历史，是目前唯一的、权威的车辆承保理赔相关数据的来源，如果能够在脱敏后提供给保险公司经营延保业务使用，就能够帮助保险公司较为准确识别每辆车的个体风险，提升风险筛查能力，提高保险行业经营延保业务的能力和积极性。

（二）行业内部形成数据合作生态圈，提升保险行业竞争力

依托保险行业的车险历史事故和理赔信息共享，同时建立行业内部延保业务承保理赔信息共享机制，这样保险公司在与车商渠道、第三方延保机构合作或竞争时，能够具备较强的数据和风控优势，提高其竞争能力。

（三）加快基础数据积累的速度，弥补保险行业短板

由于车辆个体风险差异大，基础数据积累不足，保险公司目前难以形成有效的精准定价，无法在产品设计和费率厘定上有所突破，借助车险平台数据，并积极整合行业外数据资源，主要有车辆基本信息（包括 VIN 码、合格证、款型配置数据、是否抵押查封等信息）、维护保养记录信息（包括车辆的保养类型、保养地点、保养金额、配件信息、日常维护等数据）、驾驶行为记录信息（包括车辆的里程、驾驶频度、驾驶半径、平均速度、变速频率、急加速、急刹车等数据），并在保险行业内形成延保承保理赔数据合作共享，汇聚全行业的数据资源，能够大大加快基础数据积累的速度，尽快弥补保险行业短板。

B.10

新能源汽车保险风险分析与政策建议

周　娜*

摘　要： 近年来，在国家节能环保政策影响下，新能源汽车产业得到快速发展，新能源汽车保险需求与日俱增。新能源汽车技术迭代快速、承保业务量少，且与传统汽车风险差异显著，对这一特殊车辆类型的风险研究对汽车保险的产品创新与风险管理具有现实意义。为此，本研究利用全国车险信息平台的相关保险数据及车型数据，对新能源汽车业务的风险状况探查分析，并对新能源汽车保险的发展提出初步建议。

关键词： 新能源汽车　风险分析　差异化

一　我国新能源汽车保险业务概况

（一）新能源汽车保险概况

自2013年以来，我国新能源汽车产销量持续增长。2017年，新能源汽车产销量分别实现79.4万辆和77.7万辆，同比分别增长53.8%和53.3%，新能源汽车市场占比为2.7%①。

---

* 周娜，中国保险信息技术管理有限责任公司。

① 数据来源：工信部官网，http://www.miit.gov.cn/n1146312/n1146904/n1648362/n1648363/c6012575/content.html。

随着新能源汽车销量的增加，其相应的保险需求也快速提升。2013～2017 年，保险业承保的新能源汽车数量年均增长 78.6%。2017 年承保车辆数达 171.7 万辆，增速为 47.0%，保费规模为 101.6 亿元，增速为 50.4%。

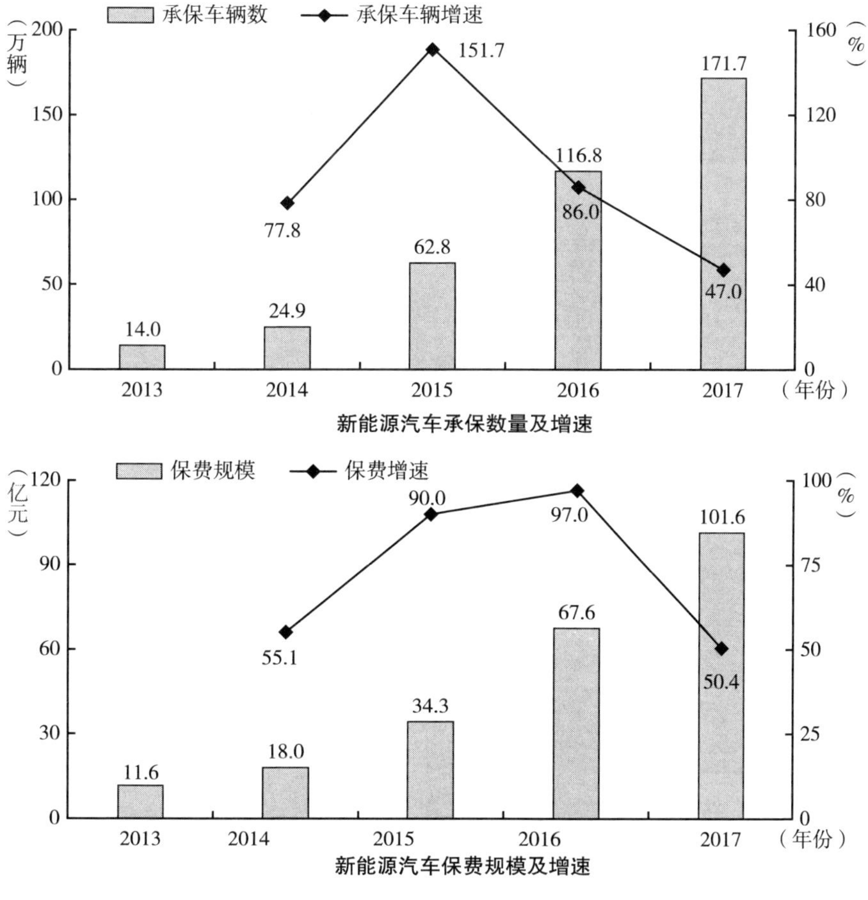

图 1　2013～2017 年新能源汽车承保数量及保费规模

（二）新能源汽车保险市场特点

1. 城市公交发展迅速

从承保数量分布看，2017 年各车种中的新能源汽车占比都在持续提升，特别是在城市公交中，新能源汽车承保数量占比已达到39.0%；在出租租赁汽车4中，新能源汽车承保数量占比为10.3%；在机关车和家用车中，新能源汽车承保数量占比尚不足1%（见图2）。

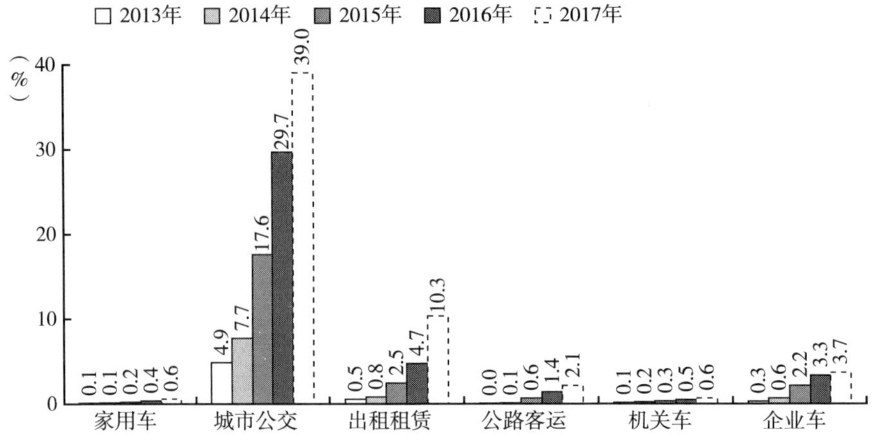

图2　2017年各种新能源汽车承保数量占比

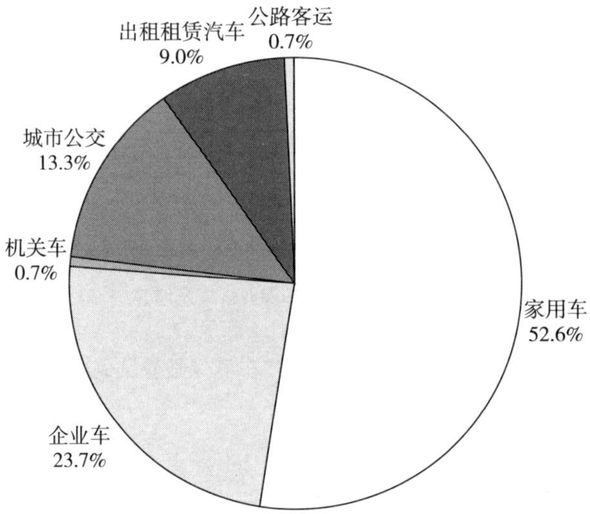

图3　2017年各种新能源汽车签单保费分布

从签单保费分布看，新能源汽车中的家用车保费占比最高且逐年上升，2017 年达到 52.6%；企业车和城市公交车的保费占比均有所下降，2017 年分别为 23.7% 和 13.3%；出租租赁汽车的保费占比略有上升，2017 年达到 9%。

2. 新车市场增长强劲

在新车市场中，新能源汽车表现出强劲的增长态势，承保数量占比从 2013 年的 0.32% 持续提升至 2017 年的 2.74%（见图 4）。家用车和出租租赁汽车中新能源汽车占比持续提升，城市公交、公路客运、机关车和企业车新车市场中新能源汽车占比在 2013 ~2016 年持续提升，2017 年有所回落（见图 5）。

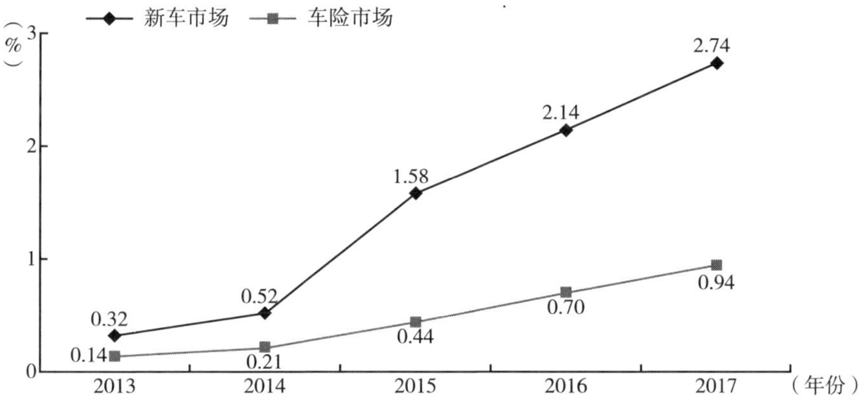

图 4　2013 ~2017 年新能源汽车承保量占比变化趋势

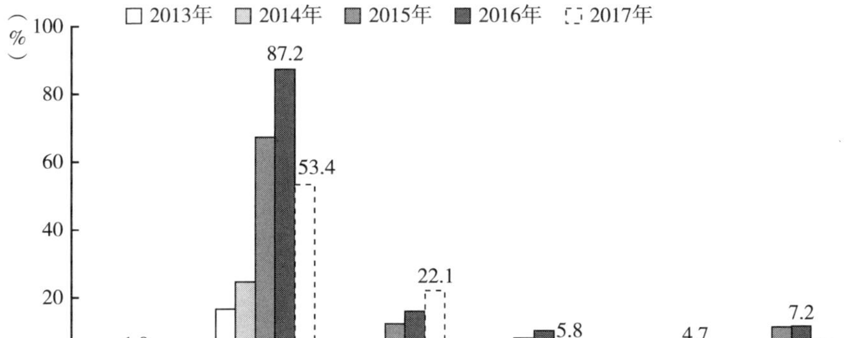

图 5　2013 ~2017 年各车种新能源汽车新车市场占比

3. 纯电动汽车发展迅速

保险行业承保的新能源汽车主要包括纯电动汽车、混合动力汽车（含油电混合和插电式混合）两种。其中，纯电动汽车发展速度很快，承保量及占比不断提高，2015 年占比首次超过 50%，2016 年达到 55.9%，2017 年占比为 54.8%。

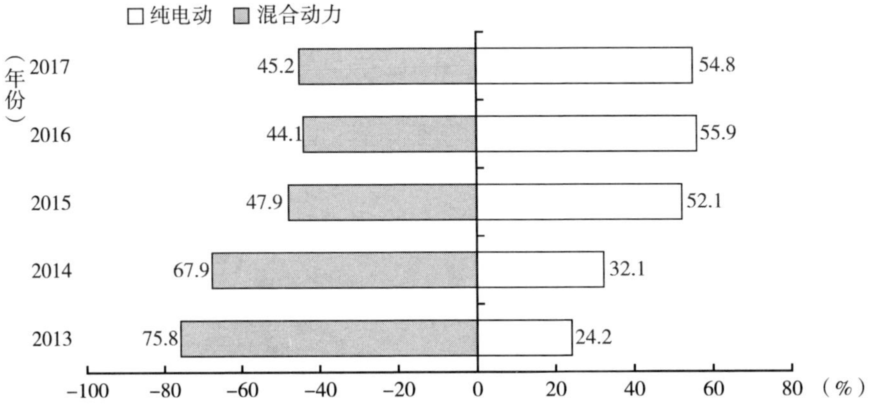

图 6　2013～2017 年纯电动与混合动力汽车承保量占比变化

从车辆种类看，各车种的纯电动汽车承保量占比都在不断提升。尤其在非家用车中，纯电动汽车已成为新能源汽车的绝对主力，特别是公路客运的纯电动汽车占比高达 94.2%。家用车中纯电动汽车占比也一直在提升，但目前占据家用车新能源汽车主导地位的依然是混合动力汽车，纯电动汽车只占 39.2%，按照目前纯电动汽车的增速，其数量超过混合动力汽车只是时间问题。

4. 中低档汽车占主流

与传统汽车相比，新能源汽车的平均车辆购置价格①更高，且以中低档车为主流。以 2017 年家用车三年以下车龄的车辆为例，购置价在 30 万以下的车辆占绝大多数，在新能源汽车中达到 83.2%，在非新能源汽车中更高，为 91.3%。其中新能源汽车中购置价在 20 万～30 万元的车辆占比为

① 新能源汽车的购置价格为补贴前价格。新能源汽车与非新能源汽车相比，按车价分组计算车辆购置价的平均值，新能源汽车比非新能源汽车要高。

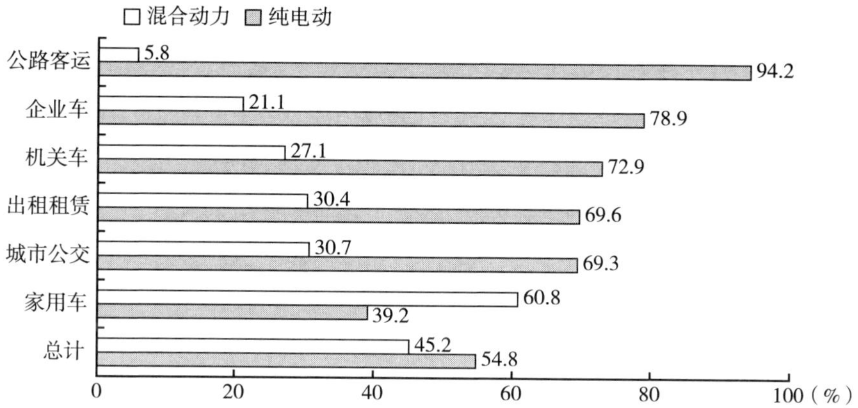

图 7　2017 年各车种混合动力车、纯电动汽车承保量占比

32.6%，非新能源汽车的这一比例仅为 10.5%，购置价在 30 万以上的车辆占比，新能源汽车为 16.8%，而非新能源汽车仅为 8.8%。

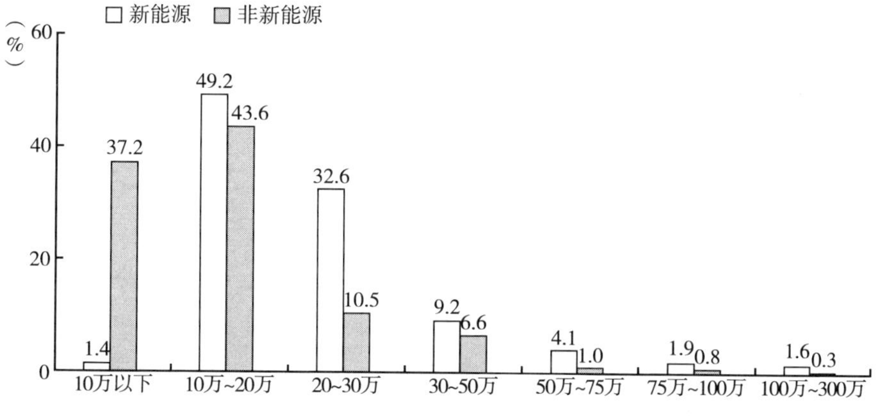

图 8　2017 年新能源与非新能源家用车价格分布

二　新能源汽车与传统汽车的保险风险差异分析

新能源汽车与传统汽车在汽车整体结构、动力系统、零部件、维修技术等诸多方面存在显著差异，在使用人群、使用性质以及使用频率上也具有自身特点。通过对保险公司的承保、理赔数据进行分析，可以发现新能源汽车与传统汽车的保险风险差异。考虑到目前新能源汽车多为新车与次新车，而新旧车的赔付成本差异较大，因此笔者以2017年起保的三年以下车龄汽车为例，从单均保费、出险频率和赔付成本三个维度分析新能源汽车与传统汽车的保险风险差异。

（一）新能源汽车与传统汽车的单均保费差异

整体来看，新能源汽车的单均保费比非新能源汽车高21%，但在不同的车种、车价及投保组合①上的变化幅度不同。

就不同的车辆种类来看，家用车、城市公交、出租租赁的新能源汽车单均保费基本高于同类非新能源汽车20%以上，而企业车、机关车和公路客运车的新能源汽车单均保费相比于同类传统汽车更低，特别是企业车新能源汽车的单均保费低于传统汽车30%。

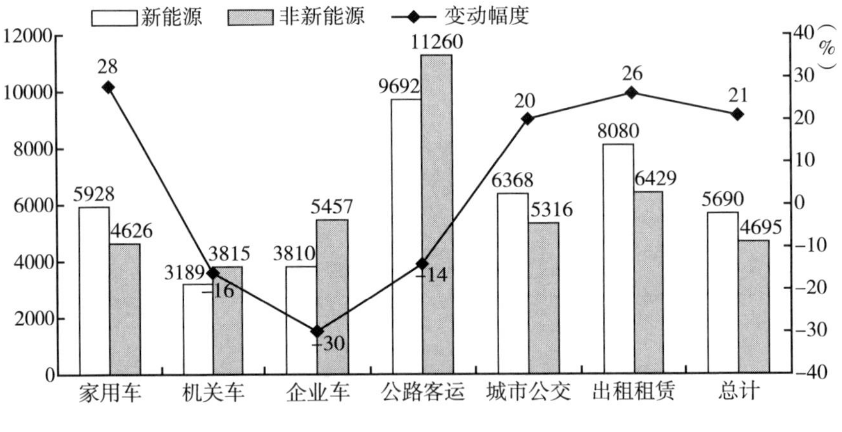

图9　2017年各车种新能源与非新能源汽车单均保费及变动幅度

① 根据投保人购买的险种组合，将其投保行为分为主全、交三和单交三种，投保车损险的属于主全，未投保车损险但投保了商三险的属于交三，未投保车损险和商三险的属于单交。

从车价看，整体表现为购置价在10万~30万的新能源汽车单均保费高于非能源汽车，购置价在30万至50万的两者单均保费持平，其他价格的新能源汽车单均保费低于传统汽车非能源（见图10）。

在不同的车辆种类及投保组合中，车价对单均保费的影响不尽相同。例如，在家用车主全类型中，10万~100万元车价的新能源汽车保费均比非新能源汽车高，特别是10万~20万元的车辆高11%，但10万元以下车辆和100万以上车辆的新能源汽车单均保费低于非新能源汽车单均保费6%~8%（见图10）。

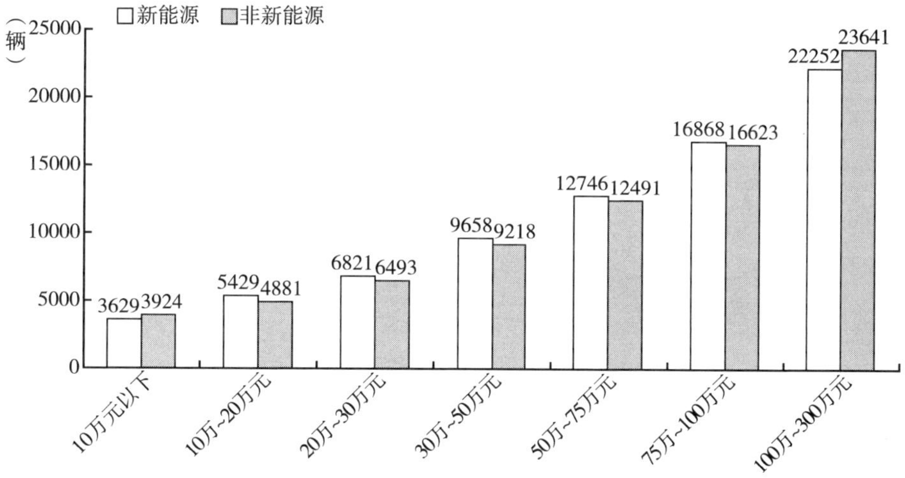

图10 分价格区间新能源与非新能源汽车单均保费

（二）新能源汽车与传统汽车的出险频率差异

整体来看，新能源汽车的出险频率比非新能源汽车高（见图11），但车辆种类差异很大，其中家用车新能源汽车的出险率远高于非新能源汽车，出租租赁新能源汽车的出险率略高于非新能源汽车，其余车种新能源汽车的出险率或多或少都低于非新能源汽车。家用车新能源汽车出险频率较高可能与近几年网约车的快速发展有关，更多开展网约车业务的新能源汽车以家用车的车辆种类进行承保，行驶时长的大幅增长会直接导致其出险频率显著提高。

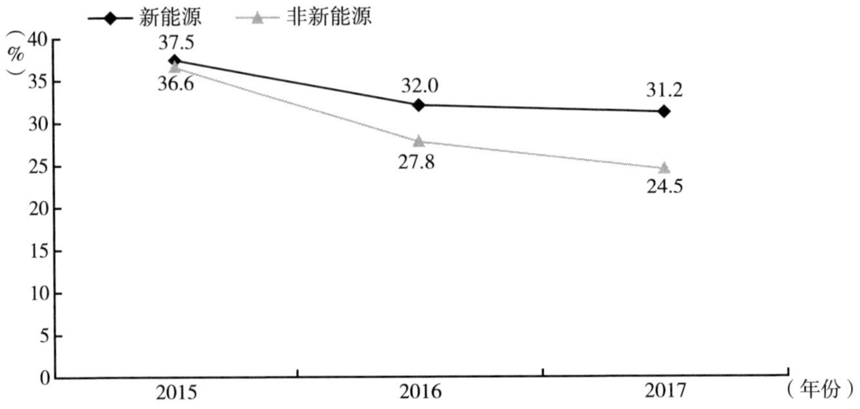

图 11　2015～2017 年新能源与非新能源汽车出险频率变化趋势

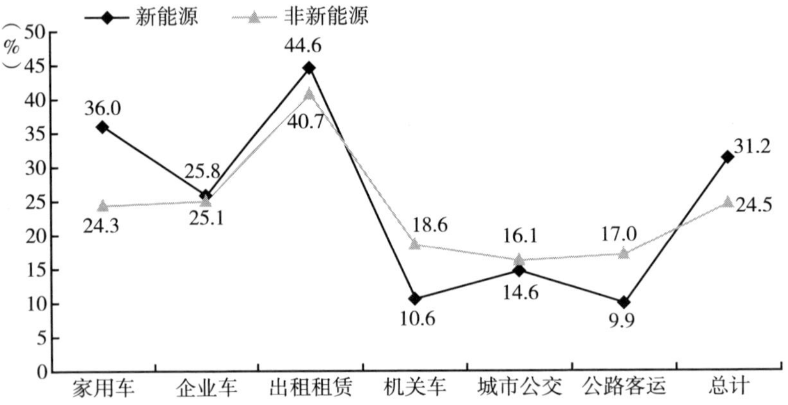

图 12　各车种新能源与非新能源汽车出险频率比较

（三）新能源汽车与传统汽车的赔付成本差异

从案均赔款来看，家用车、出租租赁汽车与城市公交车特点一致，表现为新能源汽车高于非新能源汽车；企业车、机关车与公路客运的新能源汽车低于非新能源汽车。

从 NCD 后已决赔付率①来看，只有家用车的新能源汽车高于非新能源

① NCD 后已决赔付率 = 已决赔款/（已赚保费 × NCD 系数）

汽车，企业车、城市公交的新能源汽车赔付率与非新能源汽车几乎一致，其余车种的新能源汽车赔付率更低。

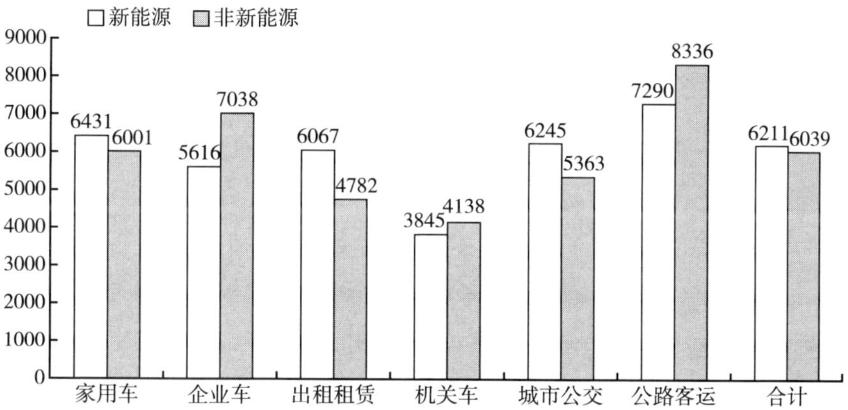

图 13　各车种新能源与非新能源汽车案均赔款比较

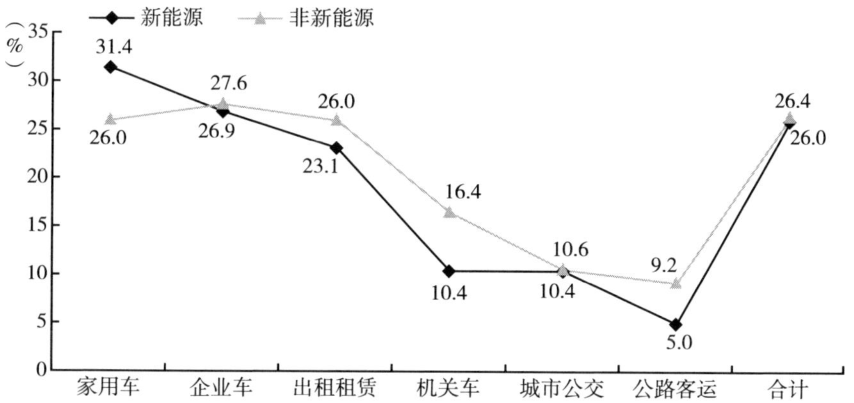

图 14　各车种新能源与非新能源汽车 NCD 后已决赔付率

综合单均保费、出险频率和案均赔款来看，新能源汽车的保费比传统汽车高，出险率也比传统汽车高，但二者案均赔款差异较小，因此整体赔付率与传统汽车的差异很小，但在不同车辆种类中表现差异很大。家用车中新能源汽车在出险频率、案均赔款上都要高于传统汽车，尽管其新能源汽车的单均保费比传统汽车高出 28%，但仍然不能弥补出险频率和案均赔款双高导致的赔付成本增加，导致其赔付率仍然比非新能源汽车高 5 个百分点。

三　新能源汽车保险面临的风险与挑战

（一）传统产品条款难以覆盖新能源汽车特有风险

目前，保险市场没有专门针对新能源汽车的产品，新能源汽车承保时使用传统汽车的条款。由于新能源汽车在车身结构和动力系统上的特殊性，传统汽车保险无法覆盖其特有风险，例如对于电池、电机等设备可能发生的电击、短路、自燃、老化、爆炸等风险未做明确约定，没有覆盖充电设施的损失以及充电过程中发生事故导致第三者受伤的风险等。

（二）新能源汽车风险控制难度加大

新能源汽车保险的风控难度远远大于传统车辆，主要表现在三个方面。一是价格补贴可能导致的道德风险。目前保险行业在新能源汽车保额确定方面未形成统一标准，也未对以补贴前价格作为保额承保时的全损赔偿标准进行特殊约定，增加了被保险人道德风险①。二是事故责任认定及划分难度增加。新能源汽车是新技术的产物，因此也具有新的风险，例如动力电池系统缺陷（含电化学反应问题）、电池材料不过关、电池使用不当、电路老化、控制系统故障、报警故障等，使得新能源汽车保险的事故责任的认定变得更加困难②。三是维修成本高，赔付成本难以控制。新能源汽车的技术壁垒导致其维修被汽车生产企业垄断，维修工时及零部件价格由维修方决定，保险公司通常只能被动“买单”，无法对其进行实质性管控。

（三）传统定价模式不能准确识别新能源汽车风险

新能源汽车在出险率、案均赔款等方面与传统汽车存在较大差异。造成

① 例如电池性能下降，造成被保险人车辆全损，被保险人要求保险公司按照补贴前的车价进行赔偿以谋取利益。

② 例如电池自燃可能是由系统缺陷、材料缺陷导致，也可能是由于车主使用不当造成。

这些差异的因素多种多样，如车身结构、零部件构成、电池续航里程等。目前各公司的费率方案不能充分体现这些风险因素的影响。此外，新能源汽车技术的不断迭代也要求保险行业对其定价体系进行更为频繁的优化。因此，为了公平准确地识别、计量新能源汽车风险，车险行业需要充分改革现有定价模式，引入新的风险因子和风控技术以适应新能源汽车的风险特点。

四　新能源汽车保险的政策建议

（一）探索新能源汽车专属产品

新能源汽车保险行业应当充分借鉴国际新能源汽车保险产品经验，出台新能源汽车保险行业示范条款。笔者建议示范条款在车损险保险责任中对电池的自燃、短路、碰撞损失等风险及赔偿标准进行约定；在第三者责任险及车上人员责任险等险种中对由电池、电机、充电设备等特殊部件发生自燃、爆炸等事故造成的对第三者及车上人员伤害的损失赔偿责任进行约定；增加纯电动汽车充电装置损失及第三者责任等附加险种；对新能源汽车系统自身问题造成事故时的责任划分方式进行约定，避免因事故责任认定和赔偿责任认定不清晰而将相关成本转嫁给保险公司和保险消费者。同时，笔者建议对有车价补贴时新能源汽车车损险的保额标准进行规范，并明确在不同损失程度下的损失赔偿标准，保证消费者能够得到合理的风险保障，同时避免给消费者提供套利空间。

（二）深化车型定价，加强汽车技术风险研究

车型定价的优势在于可以充分考虑不同车型之间的风险差异，使得费率能够与风险相匹配。部分保险市场发达的国家已将车型定价方式应用在新能源汽车上，例如德国保险行业协会和英国汽车研究中心通过低速碰撞试验对新上市的车型进行风险评级，保险公司依据该评级对新能源汽车保险进行定价。业内人士应当深入研究新能源汽车的特有风险，将整车结构、动力结

构、电池种类及安全性能、电池续航里程、零部件构成等新能源汽车特有属性因子加入定价模型中，充分利用行业信息平台积累的数据资源，建立新能源汽车定价模型的回溯与修订机制，实现对新能源汽车保险的精准定价。

（三）通过精细化研究完善新能源汽车风险刻画

车主驾驶习惯会很大程度地影响最终赔付成本，使得从人风险研究成为保险公司提升风险精细化管理的重要手段。新能源汽车的出险频度明显高于传统汽车的现象可以从车辆使用性质、客户群体分布等方面进行解释。例如，新能源汽车中网约车占比高于传统车辆，更多的年轻人因无法取得燃油汽车号牌转而选择新能源汽车等。因此，应鼓励本行业积极开展从人风险研究，定量分析从车因子、从人因子、道路因子、天气因子等多种风险因子对新能源汽车保险风险的影响水平，提升行业对新能源汽车保险风险的整体认识。

B.11

营业货车车队风险分析

周娜　姜澄*

摘　要： 营业货车作为重要的车种之一，目前的运营模式越来越多样化，已经进入物流、快递、货运、第三方等多领域。其高保费、高风险的特点，往往使保险公司既希望多做业务来扩大保费规模，又希望精准识别风险，控制公司赔付。由于车队管理营业货车经营中涉及风险管理、成本控制、规范运营，并将更专业的优质服务提供给需求者，因此本文重点关注车队信息能否在营业货车风险测算中促进风险区分能力提升。

关键词： 风险　车队　营业货车　保费

一　基本情况

（一）基本情况

2015 年各车种的单均保费及赔付情况如下。

可以看出营业货车的单均保费远高于其他车种。营业货车高保费的性质使得部分保险公司为了达到保费计划而不加筛选地对营业货车业务进行承保，后果往往是公司在此类业务上亏损严重，所以各公司能否准确识别营业

---

* 周娜，中国保险信息技术管理有限责任公司；姜澄，阳光财产保险股份有限公司。

表 1　2015 年各车种单均保费及赔付率

单位：元，%

车辆类型	单均保费	赔付率
家庭自用客车	3364	49.53
营业货车	13386	52.53
营业客车	6474	51.49
非营业货车	2030	50.57

货车的风险才是其在承保时首先要考虑的问题。目前各公司基本有自己的定价模型，但是当车辆以车队形式进行承保时，核保人往往依据车队的管理水平和车队的历史赔付情况进行判断。以车队的形式进行运营的营业货车，在业务类型、运营区域、行驶路线上规律性较强，因此保险公司通过了解车队的整体情况可以对车队风险做出初步评估。和家用车相比，营业货车特有的定价因子包括吨位数、货车类型等。通过将传统因子——定价因子及车队因子进行整合，保险公司可能会对营业货车车队风险实现更加准确的预测。

（二）主要问题

本次测算采用的是 2013～2016 年各公司的营业货车车队数据。对于营业货车车队业务，主要问题如下。

一是各公司对该种车队没有统一的定义。一般来说车队泛指在同一经营主体控制下进行活动的汽车队，但在承保端各公司对车队的定义不同，比如有公司规定 5 辆车以上才能当作车队承保，有的公司将投保人性质或者是否有营运执照作为界定标准。由于各公司对车队的定义不同，可能会造成筛选出的车队业务口径不同，带来一定的数据偏差。

二是挂靠。就是虚假车队业务，为了交通营运过程中方便，将车辆登记在某个具有运输经营资质的车队名下，以车队的名义进行运营。车队折扣系数和单车折扣系数计算方式不一样，车队折扣系数比较难界定，多以“经验及预期赔付率”或“管理水平”来定，而这些数据完全人为设定，只要有想法，折扣系数很容易计算至需要的数值，哪怕单车承保应该上浮，这就给高风险货车获得高折扣的机会。另外，保险公司往往不会对车队进行深入地风险勘查，对于挂靠车辆无法进行识别，这也造成了公司承保车队信息的不准确。

（三）保费规模

在2015年之前，由于车队业务可以享受统一的折扣，所以大部分车队车主为了在保险上节省成本同时方便承保管理，愿意选择以车队整体进行投保；2013～2015年营业货车车队保费规模也呈稳步递增的趋势，单均保费也趋于稳定。费改后，由于折扣率的降低，品质较好的业务基本能拿到地板价折扣，部分车辆以单车承保可得到更多的优惠，为了减少保费支出，一些无出险记录或出险记录较少的车辆会选择在承保时脱离车队，以单车的名义进行承保。因此，自2015年商车费改后营业货车车队保费规模逐步下降，更多的营业货车选择以单车的形式进行承保。另外，在折扣放开的同时，营业货车车队业务的单均保费在近三年却持续增长，这也反映了车队业务品质的下降。未来若政策上无太大变化，预计车队业务会进一步缩减。截止到2017年，营业货车车队承保保费规模如图1所示。

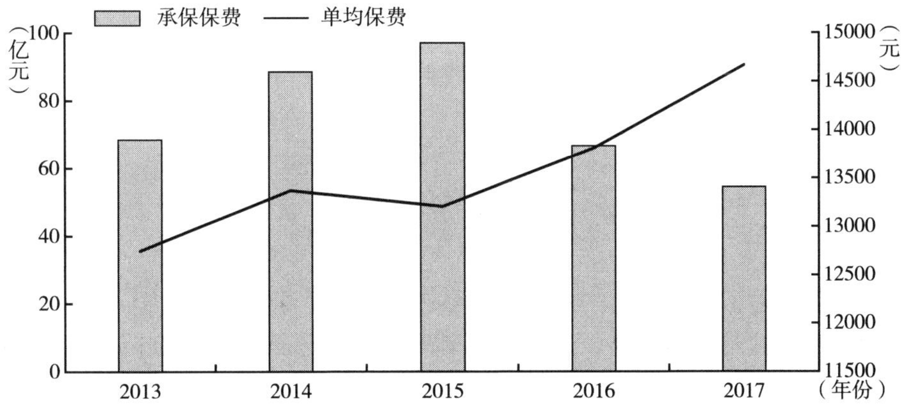

图1　2013～2017年营业货车车队承保概况

（四）出险特点

营业货车在运输中往往存在着超载、违章、失控、疲劳驾驶等现象，同时由于营业货车的高吨位数和存在视线盲区，在事故中受伤的往往是三者车而非标的车。营业货车的案均赔款远高于家用车，其主要原因：一是一般的小剐小蹭对车辆运营没有影响，车主并不会选择报案；二是营业货车的人伤案件较多，死亡、伤残涉及的赔付金额比较高。另外，由于涉及较多的人伤理赔案件，导致结案周期较长，从近几年的满期赔付率也可以看出，截至2017年二季度2016年的已决案件赔付率只有不到30%，进展十分不充分，一般来说至少要一年的时间案件才会进展得比较完全。

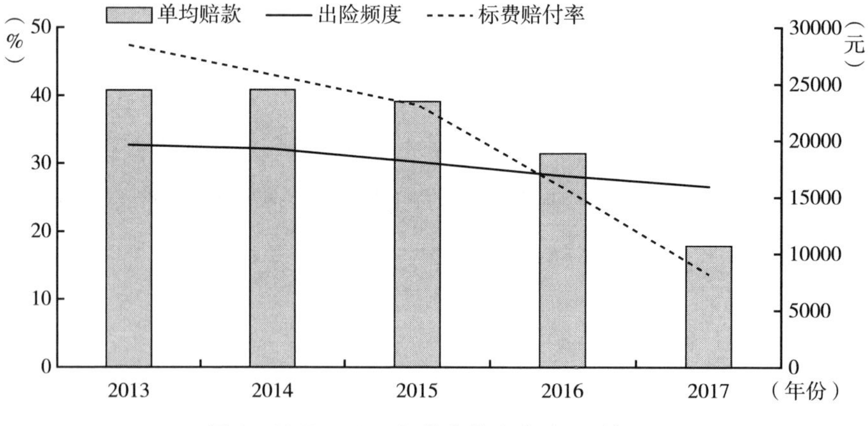

图2　2013～2017年营业货车车队理赔概况

二　测算过程简介

为将车队信息引入单车模型中，本研究从两个角度进行了因子构建，一方面考虑车队的整体信息，例如车队车辆数、平均车龄、平均吨位数、历史赔付情况等；另一方面考虑某特有因子对车队的影响，如0～2年车龄的营业货车在车队中的保费占比、连续三年未出险车辆占比等。本次建模采用的标费赔付率均基于新标费测算。

（一）因子构建

1. 车队规模

随着车队规模的增加，车队的管理水平、日常维护、年检制度会更加规范、健全，其运营时段、每日排班也更加规律，往往风险管理上会优于小车队，因此本研究在模型中引入车队车辆数、车队营业货车数量以及车队营业货车占比三个与车队规模相关的因子。

2. 车辆类型

营业货车的车辆类型比较集中，从 2013 ~2017 年的车辆类型分布来看，载货货车、牵引货车、自卸货车三类车的合计占比逐年增加并维持在 95%以上。从车辆性质来看，三种货车无论使用场景、吨位数，还是运营都有一定的差别，三种车的赔付率差异较大，说明车队的车辆类型结构与其风险可能存在一定的相关性，所以将车队中各车辆类型占比引入模型中。

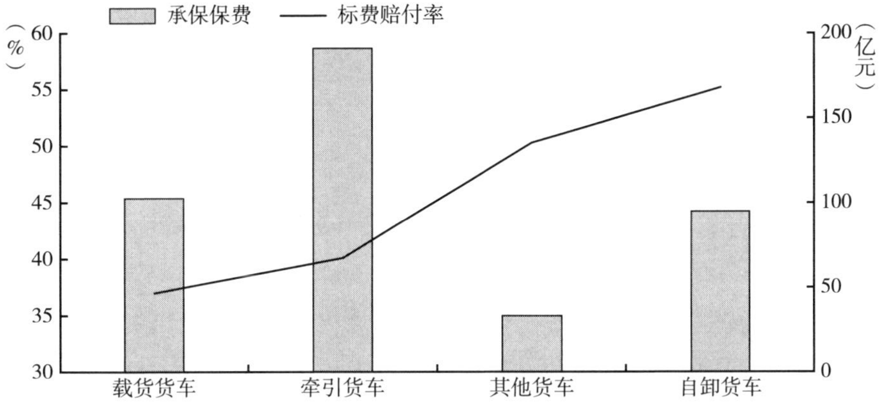

图 3　2013 ~2017 年各类货车累计赔付率

3. 车龄

按照国家规定货车的使用年限根据车辆使用性质的不同一般在 10 年或 15 年之内，近几年车队中的营业货车车龄绝大部分集中在五年以下，6 年以上车辆占比仅为 15% 左右。从风险上来看，随着车龄的增长，风险逐步降低。因此考虑构建车队平均车龄、车队中 0 ~2 年车龄的车辆占比、车队中 2 ~4 年车龄的车辆占比、车队中 4 年以上车龄的车辆占比四个因子。其中，如车龄为 0 ~2 年的车辆在车队中的占比与赔付率显示了一定的正相关性。

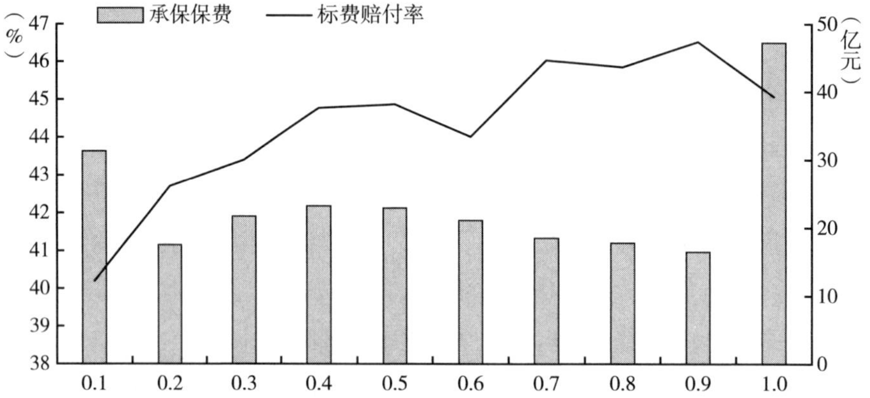

图 4　0 ~2 年货车在车队中的保费占比与赔付率关系

虽然最后模型中并未引入此因子，而是使用的车队平均车龄，但从单因素分析还是可以看出车队的车龄结构与赔付率是有一定关系的。

4. 吨位数

对于货车来说不同吨位数的车辆往往对应不同的使用性质，或者不同行业，在货车中是一个很具有代表性的因子。因此模型中同样引入车队平均吨位数、0 ~2 吨货车占比、2 ~15 吨货车占比、15 吨以上货车占比 4 个因子。在建模前，通过对货车类型和吨位数的相关性校验，可以看出货车类型和吨位数具有较强的相关性。因此在建模中，笔者尽量不选择相关性较强的因子放入模型中。

表 2　车辆类型与吨位数的相关性系数

Pearson 相关系数	载货货车占比	自卸货车占比	牵引货车占比	其他货车占比	0 ~2 吨货车占比	2 ~15 吨货车占比	15 吨以上货车占比	其他吨位
载货货车占比	1.00	-0.36	-0.58	-0.01	0.64	0.43	-0.34	-0.01
自卸货车占比	-0.36	1.00	-0.68	-0.05	0.07	0.52	-0.15	-0.04

续表

Pearson 相关系数	载货货车占比	自卸货车占比	牵引货车占比	其他货车占比	0～2 吨货车占比	2～15 吨货车占比	15 吨以上货车占比	其他吨位
牵引货车占比	-0.58	-0.68	1.00	-0.21	-0.17	-0.29	0.57	-0.19
其他货车占比	-0.01	-0.05	-0.21	1.00	0.21	0.07	-0.28	0.90
0～2 吨货车占比	0.64	0.07	-0.17	0.21	1.00	-0.07	-0.53	0.11
2～15 吨货车占比	0.43	0.52	-0.29	0.07	-0.07	1.00	-0.87	-0.02
15 吨以上货车占比	-0.34	-0.15	0.57	-0.28	-0.53	-0.87	1.00	-0.32
其他吨位	-0.01	-0.04	-0.19	0.90	0.11	-0.02	-0.32	1.00

5. 车队历史赔付情况

车辆的历史出险情况（NCD）是衡量车辆风险十分显著的因子，在衡量车队风险时，核保人往往将车队的历史赔付情况作为判定车队风险的最重要的指标之一。因此在建模过程中笔者引入车队上年赔付率，同时构建了车队各 NCD 字段车辆在车队中的保费占比。例如：车队交强险三年未出险因子 = 车队中交强险三年未出险的车辆总保费/车队总保费。

6. 跨省承保

同一车队的车辆一般情况下会在同一个省份进行承保，但是各地区的承保政策、市场费用等条件的不同，会对营业货车尤其是高风险货车造成一定的影响。部分车主为了追求低保费，或者由于历史赔付较高而被拒保，会选择跨地承保。因此，我们选择了近 4 年的营业货车车队信息进行分析，发现跨地承保的车队历史赔付率为 40%，而在同一个省份承保车队的赔付率为 44%，确实在风险上有一定的差别。但是由于数据偏度较大，只有 2% 车年的营业货车跨地承保，此结果参考意义不是很大，因此在模型中并未引入此因子。

（二）模型结果

在剔除通过基础信息预测出的基础风险后，我们希望通过基于车队独有特征构建的近 40 个因子对残差进行解释。通过逐步 GLM 模型，最终选择了车队平均车龄、自卸货车占比、车队上年赔付率、商业险上年出险车辆占比 4 个因子，各因子对风险的解释能力如下。

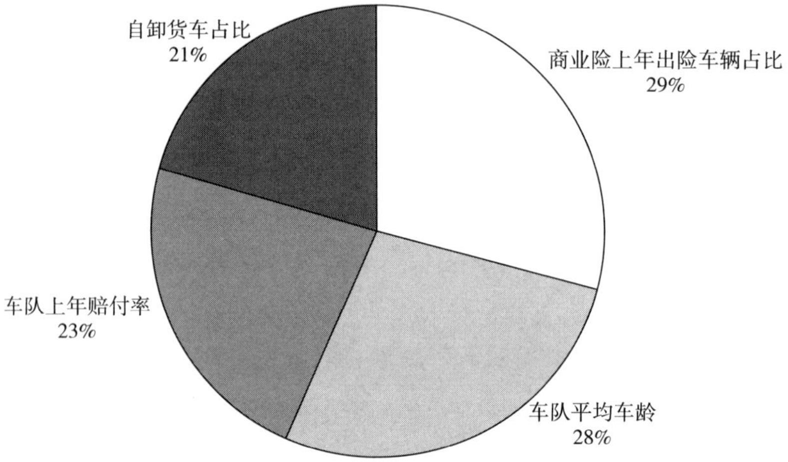

图 5　各因子的卡方占比

将模型预测集和验证集的结果按风险从低到高排序，情况如下。

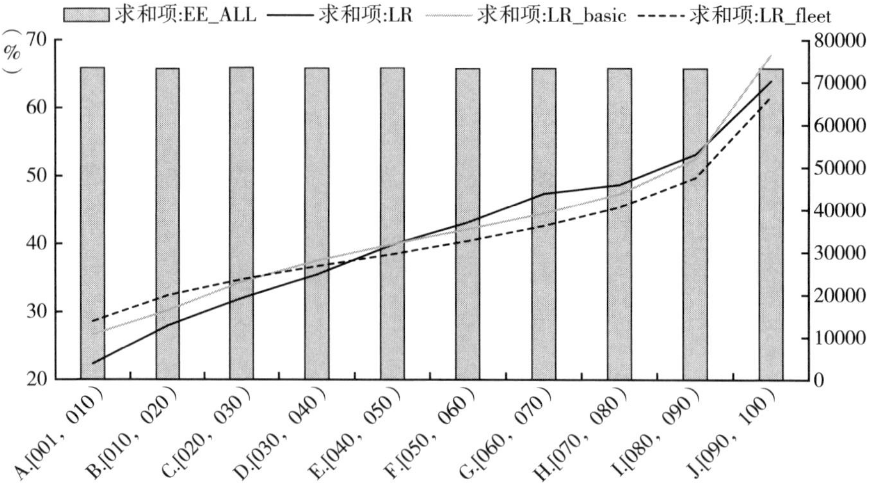

图 6　营业货车车队赔付率测试集十分位情况

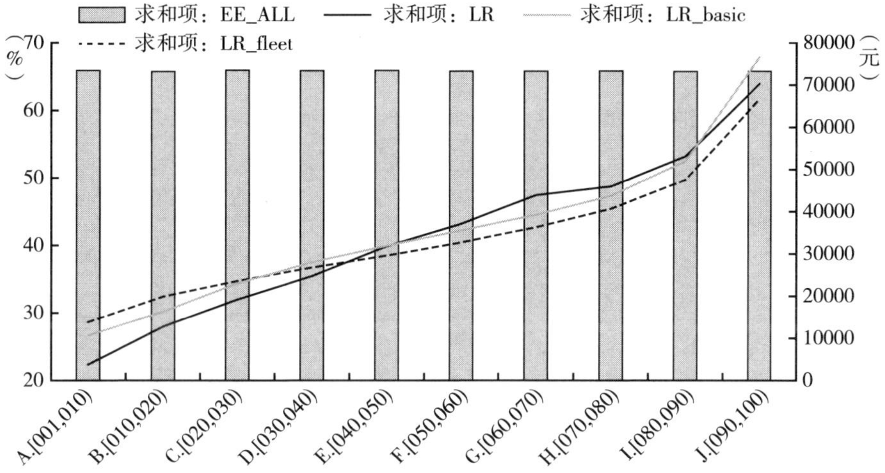

图 7　营业货车车队赔付率验证集十分位情况

（三）结果解读

在引入车队信息前，基础模型的风险区分能力（风险最高的 10%/风险最低的 10%）为 2. 54，引入车队信息后为 2. 16，模型预测效果没有明显的提升。同时从各分位的风险预测来看，带有车队信息的模型效果并未整体优于原始模型结果，仅对最低风险的用户的拟合效果更好。所以，我们判断车队信息对于营业货车的风险判断来说有一定的帮助，但是对预测结果并没有明显的提升。

三　进一步思考

（一）核保

对营业货车品质的判断，往往要结合当地地理性质、人伤赔偿标准、营业性质等指标进行综合判断。若营业货车隶属车队业务，则核保人可通过了解车队的运营信息、历史赔付提高对营业货车的品质判断水平，但针对车队业务类型仅通过车队各维度的客观信息很难完整地描绘出其风险水平，更多还要依靠传统信息进行判定。

（二）提高信息质量

部分保险公司在承保车队业务时往往会对车队信息做记录，例如车队车辆数、营业类型、各车型占比等，但往往此类信息的准确性很难得到保障，一是因为车队车主为了使折扣最大化往往会报出对其最有利的信息，二是因为承保人也没有精力对车队进行风险查勘，最终会导致保险公司系统内录入的车队信息参差不齐，无法真正用于定价中。因此希望各公司在承保过程中严加管控，提高数据搜集质量，为公司定价提供优质的数据。

B.12
营业货车驾驶行为分析

周娜　张勇*

摘　要： 营业货车具有高风险、高保费的特点，往往使保险公司既希望多做业务来扩大保费规模，又希望精准识别风险以控制公司赔付。由于保险行业对营业货车的风险研究较为缺乏，引入中交兴路对于重载货车的运营监控数据，有助于提高保险公司对营业货车的风险甄别能力，完善其风险管理体系。因此本文聚焦于营业货车车联网数据对营业货车风险的影响，刻画营业货车风险的精准模型。

关键词： 重载货车　车联网数据　广义线性模型

一　基本情况

（一）背景意义

从保险数据上看，营业货车的死亡率[①]高达0.24%，明显高于家用车的0.02%，主要由以下三个方面的原因造成：一是运营时间一般较长，风险本来就高，尤其夜间运营时间较长，疲劳驾驶也较为普遍；二是行驶路段通常

* 周娜，中国保险信息技术管理有限责任公司；张勇，上海昊升精算技术咨询有限公司。

① 死亡率：本年交强险以往年度索赔记录为“上一个年度发生有责任道路交通死亡事故”的保单数÷上年交强险总保单数。

较为复杂，经过有危险和有安全隐患的路段较多，事故频发；三是货车满载质量大，刹车距离较长，遇到紧急情况很难及时刹车。以下是2014～2017年不同吨位的营业货车死亡率数据。

表1　各吨位等级营业货车死亡率情况

单位：%

起保年份	2吨以下	2～5吨	5～10吨	10吨以上	合计
2014	0.09	0.17	0.22	0.47	0.22
2015	0.08	0.17	0.21	0.48	0.23
2016	0.08	0.15	0.19	0.49	0.23
2017	0.08	0.14	0.20	0.49	0.24

从表1可以看出，吨位越大营业货车的死亡率越高，2吨以下死亡率0.08%，是家用车的4倍，而十吨以上的重载营业货车其死亡率高达0.5%，是家用车的25倍之多。因此，完善营业货车风险管理体系，引导营业货车安全驾驶和规范经营，能很好地提升道路安全水平，具有显著的社会效益。

国家相关部门也陆续推出了针对货车安全运营以及运营监控相关办法，要求货车必须安装、使用卫星定位装置，接入全国道路货运车辆公共监管与服务平台，并出台了强制性国家标准《汽车、挂车及汽车列车外廓尺寸、轴荷及质量限值》（GB1589－2016），明确规定了汽车、挂车及汽车列车的外廓尺寸及质量限值。

随着一系列货车管理政策的出台，货车的道路运营安全水平理应有所上升。然而，近两年保险行业经营数据表明营业货车的出险频率与案均赔款均有所上升，风险呈现恶化的趋势，这很难从常规定价因子中得到解释。营业货车各出险年的出险频率和案均赔款如表2和表3所示。

这说明保险行业对营业货车的风险研究仍较为缺乏，具体表现为以下三个方面：一是传统定价因子，如NCD、吨位、货车类型等对营业货车的风险解释能力有限；二是保险行业缺少营业货车的运营画像数据，例如营业货

表2 2014～2017年营业货车出险频率进展情况

单位：%

投保习惯	进展月 / 出险年	12个月	24个月	36个月	48个月
主全	2014	25.0	31.2	32.0	32.1
	2015	23.9	29.2	29.9	
	2016	23.3	28.7		
	2017	21.9			
交三	2014	13.2	15.7	16.0	16.1
	2015	13.1	15.4	15.6	
	2016	14.1	16.4		
	2017	13.9			
单交	2014	7.8	8.8	8.9	8.9
	2015	8.0	8.9	9.0	
	2016	9.1	9.9		
	2017	9.2			

注：数据截至2017年12月31日。

表3 2014～2017年营业货车案均赔款进展情况

单位：元

投保习惯	进展月 / 出险年	6个月	18个月	30个月	42个月
主全	2014	10182	15513	17331	17666
	2015	10374	16157	18046	
	2016	11328	18221		
	2017	12019			
交三	2014	6227	10506	11803	12008
	2015	6384	10866	12126	
	2016	6870	11844		
	2017	7382			
单交	2014	4705	7695	8345	8434
	2015	4489	7378	7971	
	2016	4457	7270		
	2017	4297			

注：数据截止至2017年12月31日。

车的运营路线、运营强度、运输货物的种类等运营信息，因此无法做到对营业货车的精准画像；三是保险行业缺少统一的营业货车车队信息，挂靠车队的问题普遍存在，无法对车队经营管理水平进行定性或者定量的分析。

因此，将外部营业货车运营监控的标准化数据引入保险行业，与保险数据进行对比分析，提高保险行业对营业货车风险甄别能力，对于完善整个营业货车风险管理体系至关重要。

（二）数据介绍

中交兴路 2009 年承担建设了交通运输部的“省级重点营运车辆公共服务平台”工程，目前平台联网车辆超过 340 万，是我国首个跨地域、跨车厂、跨平台、联网车辆数量最大的车辆联网应用与服务平台，是全球最大的在营车联网系统。中交兴路 2012 年配合交通运输部实施“重点运输过程监控管理服务示范系统工程”，建设“全国道路货运车辆公共监管与服务平台”，面向全国营业货车提供监控管理服务和车联网服务。

本次测算使用了中交兴路提供的 2016 年和 2017 年安徽、广东（含深圳）、山东（含青岛）、河北、山西、陕西、四川、云南共八个省的重载货车的车联网 304 万条观测数据。重载货车的车联网观测数据由运营情况、运营时段、道路类型、运营路线、停靠城市、驾驶行为等不同类型的数据组成，每一类型的数据又可进一步拆分为原始数据与衍生数据。具体数据情况如下文所示。

■运营情况

➢原始字段：总里程、运营天数、上线天数、观测里程、观测时长、总运营次数、总停靠次数

➢衍生字段：上线率、运营率、日均行驶里程、平均运距

■运营时段

➢原始字段：夜间行驶里程、夜间行驶时长、清晨行驶时长、中午行驶时长、黄昏行驶时长

➢衍生字段：夜间行驶里程占比、夜间行驶时长占比、清晨行驶时长占

比、中午行驶时长占比、黄昏行驶时长占比

■道路类型

➢原始字段：高速公路行驶里程、国道行驶里程、省道行驶里程、危险路段经过次数

➢衍生字段：高速公路行驶里程占比、国道行驶里程占比、省道行驶里程占比、百公里危险路段经过次数

■运营路线

➢原始字段：第一常跑路线、第一常跑路线运营次数、第一常跑路线是否同城、第二常跑路线、第二常跑路线运营次数、第二常跑路线是否同城、第三常跑路线运营次数、第三常跑路线是否同城

➢衍生字段：第一路线是否同城、第一路线运营次数占比、前二路线运营次数占比、前三路线运营次数占比、前三路线同城占比

■停靠城市

➢原始字段：第一停靠城市、第一城市停靠次数、第二停靠城市、第二城市停靠次数、第三停靠城市、第三城市停靠次数

➢衍生字段：大本营等

■驾驶行为

➢原始字段：疲劳里程、严重疲劳里程、疲劳时长、严重疲劳时长、超速里程、严重超速时长

➢衍生字段：超速行驶里程占比、严重超速时长占比、疲劳里程占比、严重疲劳里程占比

二　测算过程简介

（一）数据匹配

考虑到中交兴路数据主要集中于重载货车，而重载货车的主要险别的保全率较高，因此本次分析基于营业货车的主全板块的业务。测算组将中国保

信营业货车的主全业务 2015 ~2017 年的保单与中交兴路数据进行关联，以车辆 VIN 码和车牌号作为关键字设计关联规则。数据匹配结果如表 4 所示。

表 4　营业货车主全业务匹配结果

单位：份，%

货车吨位	2015 年			2016 年			2017 年		
	保单数	匹配保单数	匹配率	保单数	匹配保单数	匹配率	保单数	匹配保单数	匹配率
2 吨以下	361549	645	0. 2	461454	791	0. 2	273614	440	0. 2
2 ~5 吨	67767	2404	3. 5	78270	2097	2. 7	31432	925	2. 9
5 ~10 吨	179901	98307	54. 6	211217	115319	54. 6	112903	72296	64. 0
10 吨以上	1354648	732524	54. 1	1611416	918509	57. 0	991908	638601	64. 4
低速载货汽车	2220	0	0. 0	3348	1	0. 0	884	0	0. 0

从表 4 可以看出 2015 年和 2016 年 5 吨及以上的重载货车的关联成功率在 55% 左右，2017 年升高到 64%；由于中交兴路的观测数据集中于重载货车，所以 5 吨以下的货车和低速载货汽车基本未关联上。

（二）模型构建

由于原始观测数据受到车辆入网日期不同的影响，不同货车在 2016 和 2017 年的观测期可能不尽相同，总量数据，如总行驶里程、总运营时长、总运营次数等用来建模的意义不大。因此本次研究主要集中于衍生的日均数据、占比数据进行建模与分析。

1. 相关性分析

营业货车的车联网数据综合了车辆的运营情况、运营时段、道路类型、运营路线、停靠城市、驾驶行为等数据，不同变量之间存在较强的相关性，例如高速公路行驶里程占比升高必然会导致其他类型道路的里程占比降低。以关联成功的 2016 出险年度的数据为基础，在进一步分析之前，测算组对衍生字段做了全面的相关性分析，具体分析结果如表 5 所示。

表 5　衍生字段相关矩阵

变量	高速公路行驶里程占比	国道行驶里程占比	省道行驶里程占比	百公里危险路段经过次数	清晨行驶里程占比	中午行驶里程占比	黄昏行驶里程占比	夜间行驶里程占比	日均行驶里程	前三路线运营次数占比	平均运距	超速行驶里程占比	严重超速时长占比	疲劳里程占比	严重疲劳里程占比
高速公路行驶里程占比		-39%	-59%	-20%	6%	-8%	3%	9%	46%	-57%	25%	-44%	-43%	39%	31%
国道行驶里程占比	-39%		4%	22%	1%	0%	5%	6%	3%	2%	-3%	25%	33%	3%	1%
省道行驶里程占比	-59%	4%		23%	1%	5%	5%	1%	-10%	24%	-10%	35%	44%	-10%	-10%
百公里危险路段经过次数	-20%	22%	23%		8%	12%	10%	-3%	-4%	8%	-9%	21%	29%	-2%	-5%
清晨行驶里程占比	6%	1%	1%	8%		13%	-19%	-27%	9%	-1%	0%	4%	7%	3%	5%
中午行驶里程占比	-8%	0%	5%	12%	13%		3%	-64%	-20%	19%	-11%	5%	12%	-20%	-16%
黄昏行驶里程占比	3%	5%	5%	10%	-19%	3%		-7%	2%	-5%	-3%	2%	18%	4%	-1%
夜间行驶里程占比	9%	6%	1%	-3%	-27%	-64%	-7%		32%	-20%	11%	1%	0%	33%	25%
日均行驶里程	46%	3%	-10%	-4%	9%	-20%	2%	32%		-61%	32%	-5%	6%	68%	54%
前三路线运营次数占比	-57%	2%	24%	8%	-1%	19%	-5%	-20%	-61%		-25%	26%	10%	-57%	-43%
平均运距	25%	-3%	-10%	-9%	0%	-11%	-3%	11%	32%	-25%		-9%	-5%	30%	27%
超速行驶里程占比	-44%	25%	35%	21%	4%	5%	2%	1%	-5%	26%	-9%		64%	-14%	-13%
严重超速时长占比	-43%	33%	44%	29%	7%	12%	18%	0%	6%	10%	-5%	64%		3%	0%
疲劳里程占比	39%	3%	-10%	-2%	3%	-20%	4%	33%	68%	-57%	30%	-14%	3%		91%
严重疲劳里程占比	31%	1%	-10%	-5%	5%	-16%	-1%	25%	54%	-43%	27%	-13%	0%	91%	

从表 5 可以看出，部分数据字段之间有着较大的相关性，也可以通过相关性分析对货车的营运情况进行一些画像性质的分析，例如高速公路行驶里程占比与省道、国道行驶里程占比、前三路线运营次数占比、超速里程/时长占比、百公里危险路段经过次数负相关，与日均行驶里程、平均运距、疲劳里程占比正相关。这些相关性说明高速路况较好，危险路段比国道、省道少，常跑高速的货车运营路线并不固定，运营距离较长，疲劳驾驶的情况比较频繁出现，车速较快很少超速。相关性分析结果对于变量选择具有较强的指导性，根据相关性的分析结果，测算

组对相关性较高的同类型变量，选择其中解释力最强的一个；对于相关性较高的不同类型变量，先进行适当交叉组合，选择解释力较好的组合变量。

2. 模型构建

（1）数据说明。本次营业货车提高分建模基于关联成功的 2016 ~ 2017 年出险年度的营业货车主全业务的 183 万条保单数据。

（2）模型说明。本次营业货车提高分采用广义线性模型方法（GLM），以基础分模型为基础建立残差模型。

测算组充分挖掘了不同类型的车联网数据对营业货车风险的影响，主要特色在于通过不同类型变量之间的组合衍生做到对客户的精准画像，例如将同城与跨城路线进行区分，同城多次往返的客户，其路线较为固定，日均里程较高，风险也较高；跨城行驶的客户其风险与日均里程的相关则没有同城路线的客户明显。高速行驶较多的货车其超速里程比例越高则风险越高，而高速行驶较少的客户其风险与超速里程占比则没有表现出明显的相关性。

本次营业货车提高分测算的最终模型使用了夜间行驶里程占比、高速公路行驶里程占比、同城/跨城日均里程、前三路线运营次数占比、常跑高速超速里程占比来建模。

从模型的 TYPE3 卡方检验结果来看，营业货车主全提高分模型高速公路行驶里程占比与夜间行驶里程占比的解释能力占到整体模型解释的 67%（见图 1）。

3. 结果说明

（1）分位数检验。分位数检验根据模型计算风险大小，将样本数据十等分并检验每一个等级内模型预测风险和该等级内数据实际风险的大小匹配程度。图 2 分别列示了 2016 年和 2017 年出险年的分位数检验，模型预测结果和实际赔付率非常接近，几乎重合，且最后一组相对第一组提升了 3.5 倍左右，而基础分模型的预测结果则与实际风险偏离较大，风险区分能力较差。

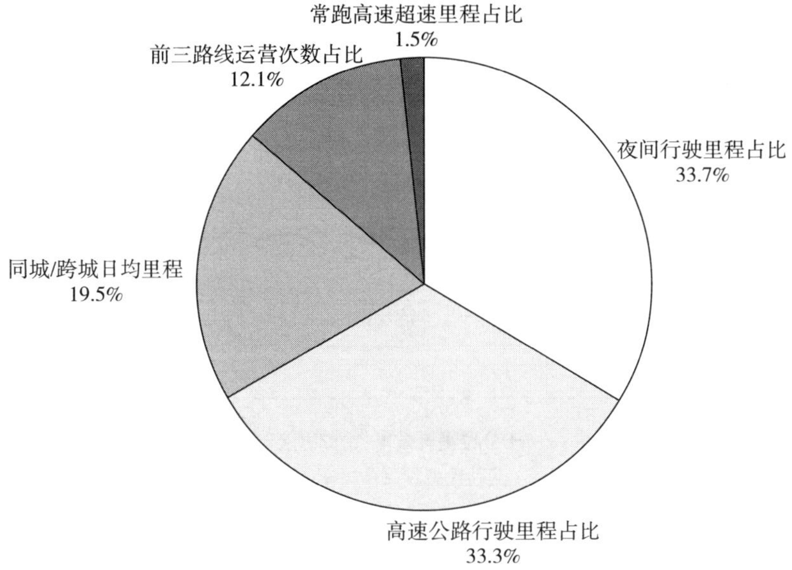

图 1　提高分模型 TYPE3 检验 – 模型因子解释能力占比

为了验证本次模型的预测效果，测算组基于 2015 出险年度的数据进行了分位数检验，如图 3 所示，模型预测结果和实际赔付率非常接近。

（三）主要维度解读

1. 夜间行驶里程占比

模型结果显示夜间行驶里程占比对营业货车的风险具有较强的解释能力，可能与夜间行驶的视野受限、路况不易判断等原因有关。如图 4 所示，营业货车主全的 NCD 后标费赔付率与夜间行驶里程占比呈现同方向的变动趋势，夜间行驶里程占比低于 5% 的货车赔付率只有 24. 2%，而夜间行驶里程占比超过 35% 的货车赔付率达到 39. 2%，后者是前者的 1. 62 倍。夜间行驶里程占比的各类别上，模型的预测风险与实际风险基本吻合，而基础模型几乎没有预测效果。

2. 高速公路行驶里程占比

模型结果表明高速公路行驶里程占比对营业货车的风险具有较强的解释

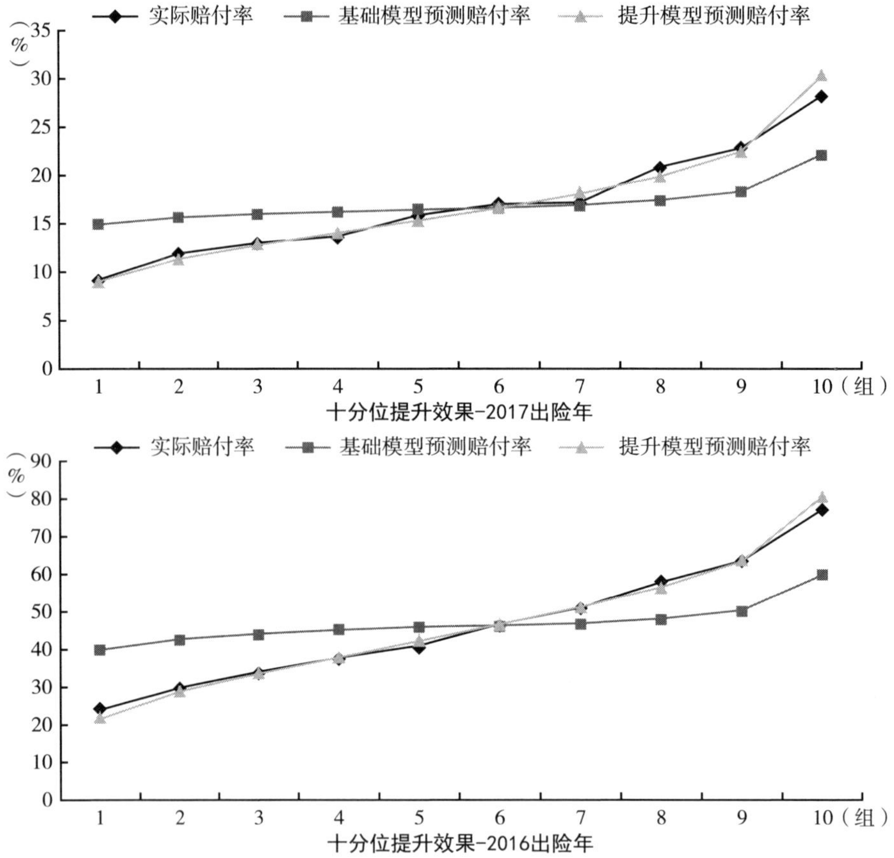

图2　分位数检验结果

能力。如图5所示，营业货车主全的NCD后标费赔付率与夜间行驶里程占比呈现反方向的变动趋势，高速公路行驶里程占比越高则营业货车风险越低，高速公路行驶里程占比超过80%的货车赔付率只有23.3%，而高速公路行驶里程占比低于10%的货车赔付率达到41.1%，后者是前者的1.77倍。高速公路行驶里程占比的各类别上，模型的预测风险与实际风险基本吻合，而基础模型虽然表现出相同的趋势但是预测效果较差。

3. 同城/跨城日均行驶里程

如图6所示，营业货车主全的NCD后标费赔付率在同城路线与跨城路

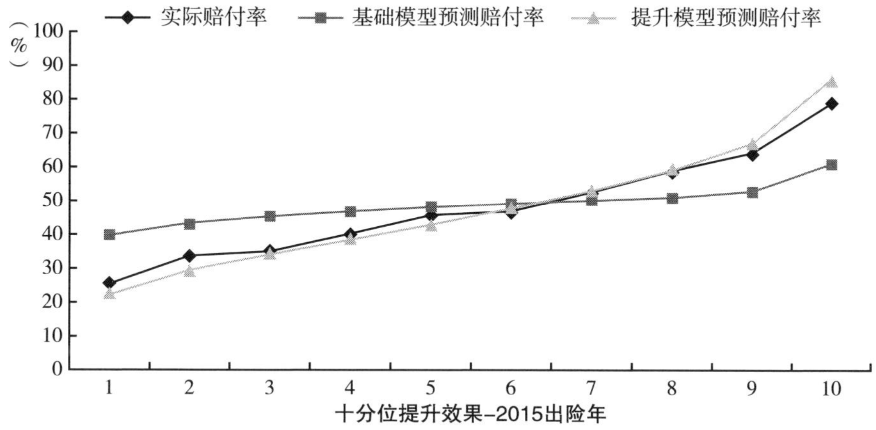

图 3　分位数检验结果

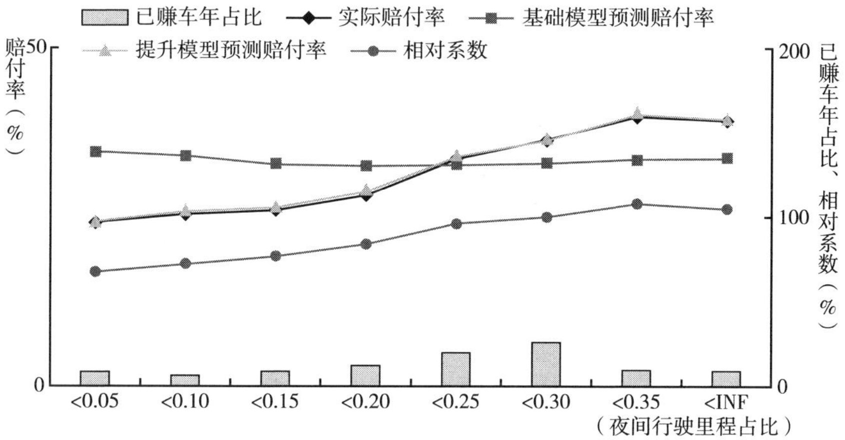

图 4　夜间行驶里程占比单因素

线之间表现出不同的趋势。对于同城路线，营业货车的风险随着日均行驶里程上升而上升，同城日均行驶里程超过 300 公里的货车赔付率达到 39. 4%，是同城行驶里程不超过 100 公里的 1. 62 倍。对于跨城路线，从单因素的赔付率来看日均行驶里程的解释能力有限。同城/跨城日均行驶里程各类别上，模型的预测风险与实际风险基本吻合，而基础模型几乎没有预测效果。

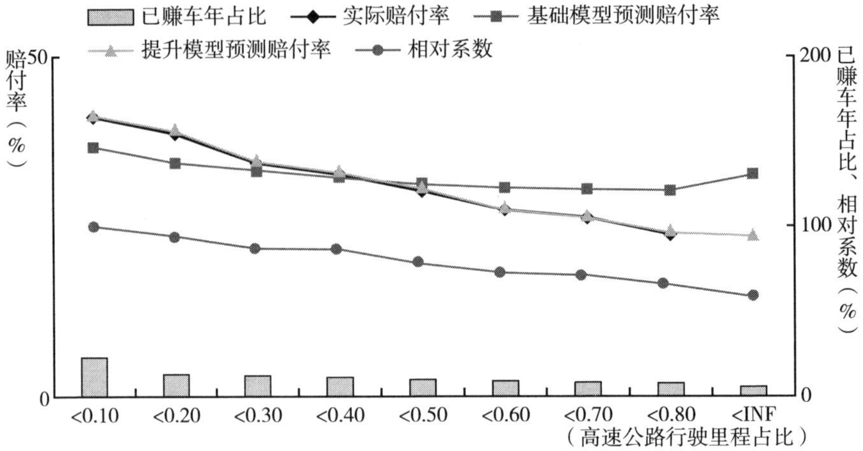

图 5　高速公路行驶里程占比单因素

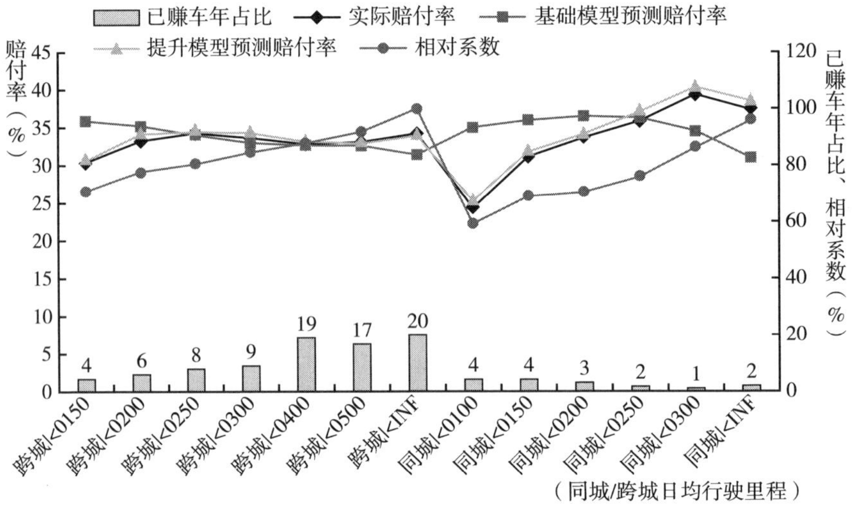

图 6　同城/跨城日均行驶里程单因素

4. 前三路线运营次数占比

如图 7 所示，营业货车主全的 NCD 后标费赔付率与前三路线运营次数占比呈现同方向的变动趋势。夜间行驶里程占比的各类别上，模型的预测风险与实际风险基本吻合，而基础模型几乎没有预测效果。

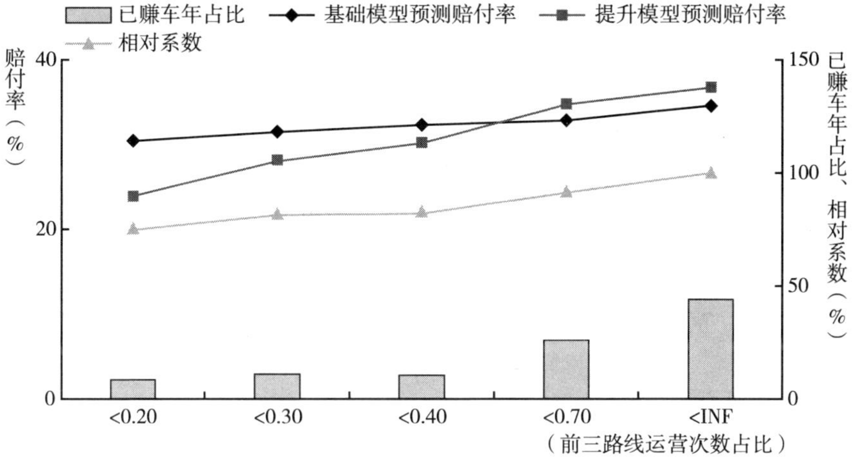

图 7　前三路线运营次数占比单因素

三　行业应用

通过引入中交兴路的重载货车的车联网数据提升对营业货车风险的区分能力，建立一套完善的重载营业货车评价体系，提高行业及公司对营业货车风险定价的有效性。同时，在价格端重载货车的拓展评价体系可以作为 NCD 的辅助，提升营业货车驾驶人的安全驾驶意识与车队管理水平。

行业也可基于重载货车的车联网数据开发示范性创新产品，如货车 UBI 产品，实现基于货车运营情况、安全驾驶情况的实时计价产品。将来，通过对车队的分析，通过 NCD 体系、货车驾驶行为评分、车队管理评分的立体构建，完善货车风险管理体系，形成良好的社会效应及正反馈。

B.13
汽车零配件数据采集、汇总、整理方案

侯明智　施颖敏　赵有德*

摘　要：　本研究通过对采集到的原始数据进行汇总和分析，为汽车零配件命名标准化各项研究提供原始数据支持。

本次数据采集以中国保险信息技术管理有限责任公司（以下简称“中国保信”）“事故车定损云平台”与中国保信上海分公司“车辆零配件标准数据库”零配件名称数据为依托，以EPC、主机厂数据为辅助。在每个地区选取3～5家保险公司、3～6家主机厂，按地区将各保险公司和主机厂的数据进行汇总并进行去重，剔除有效性较低的字段。经统计，保险公司和主机厂零配件数据名称涵盖全部车身覆盖件和易损件，总体分别达到全车零配件93%和87%，保险公司和主机厂数据不重复合并后的零配件总数占汽车零配件总数的97%，符合采集数据质量要求。

综上所述，可以推断本次采集的数据涵盖率高，数据质量优良，满足后续研究要求。

关键词：　汽车零配件　标准化　保险公司

一　背景及目的

由于地域的不同和使用习惯的差异，各主机厂、保险公司对同一零配件

* 侯明智，中国保险信息技术管理有限责任公司项目经理；施颖敏，中国保险信息技术管理有限责任公司上海分公司业务管理部经理；赵有德，浙江联保网络技术有限公司总经理。

的命名存在较大区别，各家保险公司理赔作业时零配件名称不统一。

为此，本研究选取中国保信“事故车定损云平台”与中国保信上海分公司“车辆零配件标准数据库”零配件名称数据，并结合 EPC、主机厂数据，选择华南、华东、华北、西南、东北和华中六大地区中具有代表性的主机厂和保险公司，派出数据采集人员对其零配件名称数据进行采集、分类和汇总，形成零配件名称原始数据库，为了解主机厂和保险公司对汽车零配件命名方法，进一步对零配件数据名称进行标准化研究，统一零配件数据名称等工作提供数据支持。

二　零配件数据分类及汇总方案说明

（一）数据采集积累

本次研究的数据来源主要包括以下四个方面。

➢中国保信“事故车定损云平台”与中国保信上海分公司“车辆零配件标准数据库”中的零配件名称数据；

➢EPC、主机厂的数据；

➢日常作业中积累的数据；

➢数据采集人员前往各保险公司和主机厂采集的数据。

其中采集数据主要有两个来源：

一是汽车零配件数据公司与合作保险公司数据共享积累的大量零配件数据。

二是数据采集人员对各地区代表性保险公司和主机厂采集的零配件数据。保险公司数据主要来源于数据采集人员进行实地调研采集具体作业场景数据；主机厂数据来源于各数据采集人员对华南、华东、华北、西南、东北和华中六大地区中有代表性的 4S 店和主机厂的采集。数据采集方案如下。

（二）数据分类汇总

本研究拟通过对抽取的数据按照地区、主机厂和保险公司逐层分类，去除重复及有效性较低的数据，得到质量较好、全车零配件涵盖率较高的样本

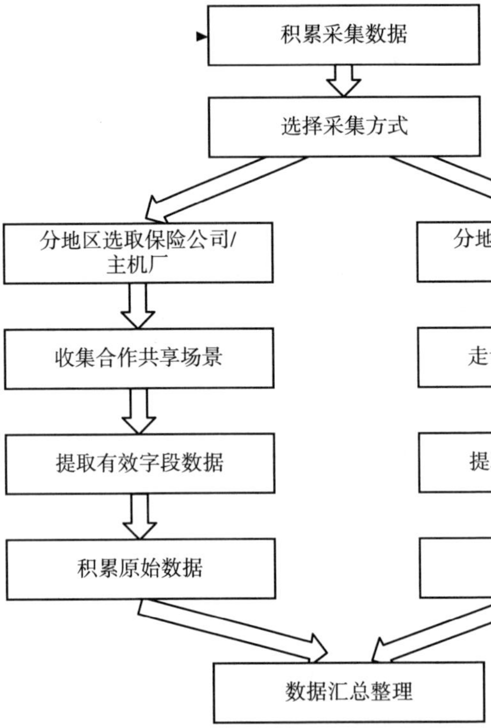

图1　零配件数据采集步骤

数据；然后以全国汽车标准化技术委员会发布的《汽车零部件编号规则》（QC/T 265－2004）为基础，将样本数据分别选入对应分组组件中；最后根据样本数据中零配件名称逐一与分组组件中具体零配件名称进行比对识别，最终得到各地区保险公司和主机厂零配件数据涵盖率。结果表明采集的零配件数据样本大、重复率低、涵盖率高、准确率较高，符合研究要求。具体方案如图2所示。

三　各地区保险公司、主机厂零配件数据选取与去重

（一）数据选取依据

本次研究以加强保险行业零配件领域标准化建设，建立统一汽车零配件

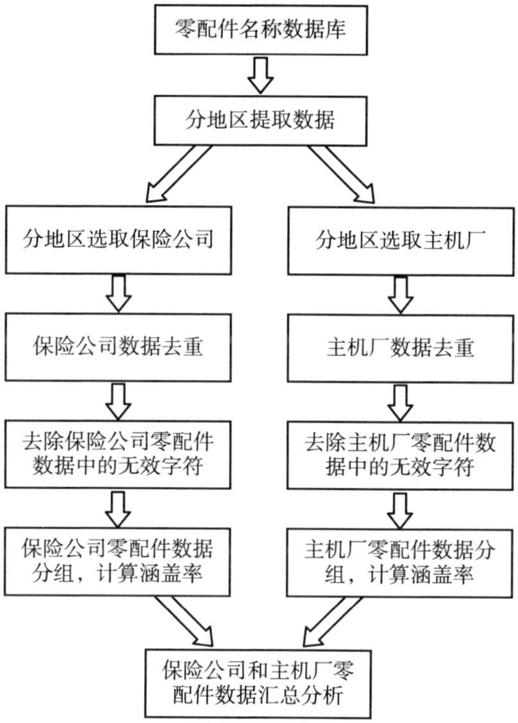

图 2　零配件数据采集、分类和汇总步骤

数据标准为目的，为车险行业信息共享和有关应用提供基础数据标准。根据要求采集数据量至少涵盖华南、华东、华北、西南、东北和华中地区零配件数据名称（包括“江湖别名”）；且每个地区采集的样本数据应涵盖该地区至少 2 家保险公司和 2 家主机厂的零配件数据，采集的零配件数据名称涵盖全部车身覆盖件和易损件，总体达到全车零配件 90% 以上。为汽车零配件数据名称标准研究提供准确详细的数据，本次研究以庞大的数据量作为支撑，以保险公司和主机厂采集的数据为基础，以数据的合理性、代表性为出发点，对数据进行选取。

（二）数据的合理性、代表性

1. 数据的合理性

本研究采用重点调查的方法进行数据选取。重点调查是指在调查的全部单位中只对部分重点单位进行调查，这里的重点单位是专指在全部调查单位中数量不多，但在所研究的标志总量中却占有绝大比重的单位[①]。重点调查能以较少的投入和较快的速度取得总体基本情况及变动趋势的资料。

对获取的数据，我们按华南、华东、华北、西南、华中、东北 6 个区域对主机厂和保险公司零配件数据进行划分，然后选取各区域内具有代表性的主机厂和保险公司，选取的主机厂和保险公司总数据量超过了数据库总数据量的 50%，符合重点调查基本条件。

2. 数据的代表性

在保险公司选取方面，首先将六个区域的保险公司数据进行汇总，对汇总之后的保险公司按照数据量多少进行排序。所选取的保险公司要求数据量足够大，因此选取各区域数据总量前 3～5 家保险公司。

在主机厂选取方面，将所有主机厂数据进行汇总，根据主机厂总部所在地址，罗列出各区域知名的、具有代表性的主机厂，选取各区域代表性和数据量排名都靠前的 3～6 家主机厂。

（三）保险公司数据选取

6 个区域内每个地区分别选取 3～5 家保险公司，合计 22 家保险公司。对保险公司名称进行无规则编码处理，选取的各区域保险公司及其具体数据量如表 1 所示。

表 1　保险公司选取的零配件数据明细

单位：条，%

地区	保险公司	数据量	各地区所选保险公司数据量	各地保险公司数据总量	占比
华北	E	346998	1538892	1862544	82.62
	A	607631			
	D	388455			
	F	195808			

① 张佩茹、穆久顺：《“典型调查”“重点调查”概念浅析》，《统计与咨询》2003 年第 3 期，第 33 页。

续表

地区	保险公司	数据量	各地区所选保险公司数据量	各地保险公司数据总量	占比
华东	E	26353476	171740241	193229891	88.88
	A	72420511			
	D	59788328			
	H	6748970			
	G	6428956			
东北	E	106392	572189	882520	64.84
	A	360160			
	H	81224			
	C	24413			
华南	A	1640025	3484367	4068672	85.64
	D	1260495			
	E	583847			
西南	A	1367740	2432241	2799298	86.89
	D	704608			
	E	359893			
华中	A	3118901	6304832	7056857	89.34
	D	2292004			
	E	893927			

由表 1 可以看出：东北地区选取的保险公司数据量占东北地区保险公司数据总量的比例最低，但仍达到 64.84%，其他地区选取的保险公司数据量占本地区保险公司数据总量的比例都达到 80% 以上。

选取的六个地区的保险公司数据总量为 186072762 条，占六个地区保险公司数据总量 209899782 条的 88.65%。综上所述，选取的保险公司数据具有代表性和合理性。

（四）主机厂数据选取

按照地区划分，从各地区车辆保有量、出行率和车辆出险率等方面综合考虑，每个地区选取 3 ~ 6 家主机厂，合计 25 家主机厂，对其名称进行无规则编码处理，结果如表 2 所示。选取的绝大部分主机厂是市场保有量大的主机厂，各主机厂数据总量都在 50 万条以上，数据量足够大，有较强的代表性。

表 2　主机厂选取的零配件数据明细

单位：条

地区	主机厂名称	数据量	数据总量
华北	A	5565353	14690744
	B	556017	
	C	4545549	
	D	4023825	
华东	E	26145570	69149653
	F	10595249	
	G	7311242	
	H	1337096	
	I	18233124	
	J	5527372	
东北	K	6348445	19254358
	L	9084752	
	M	2267737	
	N	1553424	
华南	O	3983423	13257059
	P	5341122	
	Q	3243732	
	R	688782	
西南	S	8811758	12632111
	T	2624308	
	U	609865	
	V	586180	
华中	W	1068277	6562887
	X	3139218	
	Y	2355392	

由数据库汇总得出全国共有 500 多家主机厂家，总数据量为 246627148 条。根据六大地区选取的 25 家主机厂数据总量为 135546812 条，占总数据

量的55%左右，数据量占有较大比重，符合重点调查的条件。25家主机厂分别从六大地区选取，一方面数据量足够大，另一方面品牌有一定代表性，用来做研究较科学合理。

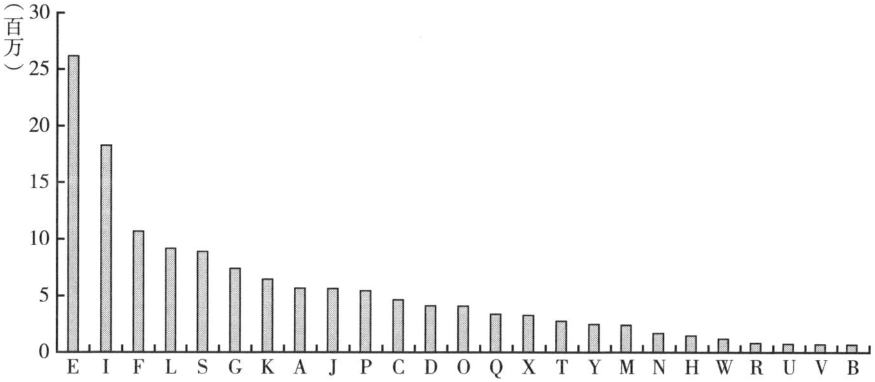

图3　主机厂零配件数据量排行

由图3可以看出，25家主机厂中数据量最多的是E和I主机厂，两家主机厂的数据总量远高于其他主机厂，N、H、W、R、U、V和B这七家主机厂的数据量最少，且远低于前18家主机厂，这是由各主机厂所在地经济发展情况和主机厂自身实力及品牌影响力综合造成的。

（五）分地区对保险公司和主机厂零配件数据的初步去重

从中国保信“事故车定损云平台”、中国保信上海分公司“车辆零配件标准数据库”、EPC和主机厂数据中采集到的主机厂、保险公司零配件名称数据量虽然足够大，但其中包含大量重复数据，例如同一公司、同一零配件名称多次重复出现。为获得零配件名称信息完全一致的数据，笔者按照名称一致性原则对其进行去重，以便使研究数据更加准确。

对主机厂原始数据进行初步去重结果如表3所示，各主机厂的原始数据量都在50万条以上，去重后数据总量集中分布在3000～15000条。去重后数据量占原始数据总量比例除了W超过1%外，其他主机厂数据占比均低于1%，且总体上原始数据量越大的主机厂，去重后数据量与原始数据总量比例越小，占比最小的E仅为0.1%。

表 3　主机厂零配件数据初步去重

单位：条，%

地区	主机厂名称	数据量	去重后数据量	去重后占比
华北	A	5565353	9306	0.17
	B	556017	2437	0.44
	C	4545549	15897	0.35
	D	4023825	8253	0.21
华东	E	26145570	26594	0.10
	F	10595249	13125	0.12
	G	7311242	10088	0.14
	H	1337096	5261	0.39
	I	18233124	23273	0.13
	J	5527372	9310	0.17
东北	K	6348445	10421	0.16
	L	9084752	16472	0.18
	M	2267737	5249	0.23
	N	1553424	8043	0.52
华南	O	3983423	13060	0.33
	P	5341122	10882	0.20
	Q	3243732	7109	0.22
	R	688782	3574	0.52
西南	S	8811758	13590	0.15
	T	2624308	9391	0.36
	U	609865	3215	0.53
	V	586180	3425	0.58
华中	W	1068277	10926	1.02
	X	3139218	7086	0.23
	Y	2355392	5450	0.23

对保险公司原始数据进行初始筛选结果如表 4 所示，各地区保险公司的数据分布不均，其中华东地区保险公司数据总量比较大，去重之后数据量都在万条以上；东北地区保险公司去重之后数据量大部分只有几百条；其他地区保险公司去重之后的数据量集中在 3000 条左右。去重后的数据量占原始数据总量比例除了东北地区的 C 公司超过 1% 外，其他保险公司数据占比都

低于1%，且总体上原始数据量越大的保险公司，去重之后数据量与原始数据总量比例越小，占比最小的华东地区D公司仅为0.08%。

表4　保险公司零配件数据初步去重

单位：条，%

地区	保险公司	数据量	去重后的数据量	去重后占比
华北	E	346998	2242	0.65
	A	607631	2696	0.44
	D	388455	1598	0.41
	F	195808	1559	0.80
华东	E	26353476	51914	0.20
	A	72420511	65246	0.09
	D	59788328	48472	0.08
	H	6748970	15489	0.23
	G	6428956	18376	0.29
东北	E	106392	951	0.89
	A	360160	1682	0.47
	H	81224	582	0.72
	C	24413	254	1.04
华南	A	1640025	3564	0.22
	D	1260495	3473	0.28
	E	583847	3202	0.55
西南	A	1367740	3422	0.25
	D	704608	2203	0.31
	E	359893	2232	0.62
华中	A	3118901	5590	0.18
	D	2292004	3821	0.17
	E	893927	3564	0.40

四　零配件名称数据中有效性较低的字符清洗

对从上文中采集的保险公司和主机厂零配件名称数据进行再次清洗，去除该部分零配件名称中有效性较低的字符串和符号，剔除重复数据，提高数据质量，方便下一步分类和汇总。

（一）零配件名称数据中有效性较低的字符说明

零配件名称数据中有效性较低的字符大致可以分为四类。第一类为有效性较低字段（数字）＋“：/－”＋字段；第二类为字段（数字）＋“/”＋字段；第三类为字段中含有喷漆、油漆、拆装、做漆、修复和整形等有效性较低的文字；第四类为字段中有“＞”、“??”和数字等有效性较低的字符。本文对这四类有效性较低的字符进行清洗。

表5　有效性较低字符类型及范例

有效性较低字符类型	范例
有效性较低字段（数字）＋“:/－”＋字段	如拆装:前杠、喷漆－右叶子板、线束－前雾灯
字段（数字）＋“/”＋字段	如拆卸/安装左前转向节
字段中含有喷漆、油漆、拆装、做漆、修复和整形等有效性较低的文字	如右前叶子板拆装、前保险杠喷漆、散热器拆装修复
字段中有“＞”、“??”和数字等有效性较低的字符	如:＞前大灯罩（左）、?? 中网

（二）分地区主机厂零配件名称数据清洗

从不同地区主机厂零配件名称数据清洗简图可以发现，不同地区零配件名称数据质量差别较大，其中华中地区数据质量最高，数据可用率为81%；华北、东北、华东和华南地区次之；西南地区数据质量最差，数据可用率只有37%（见图4）。

进一步分析可发现除V和S外，大部分主机厂数据可用率都达到70%以上，其中I和W数据质量最好，数据可用率达到86%；V和S两家主机厂数据质量不佳，数据可用率只有18%和8%，亟待改进。

（三）分地区保险公司零配件名称数据清洗

从图5分地区保险公司零配件名称数据清洗中可以发现，不同地区保险

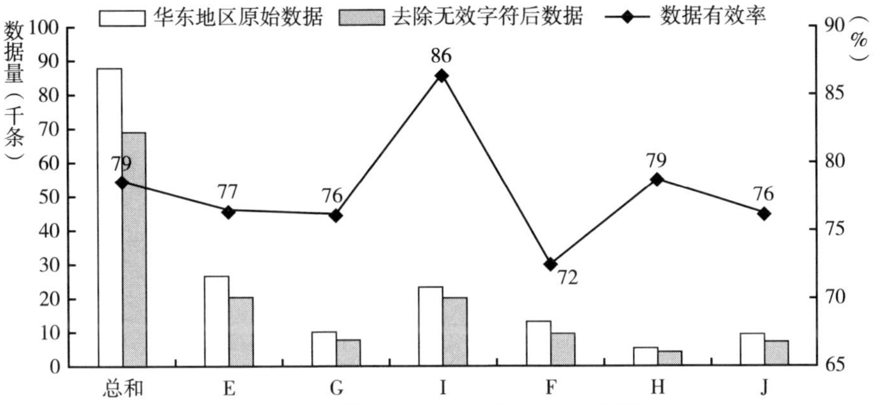

（a）华东地区主机厂零配件名称数据清洗

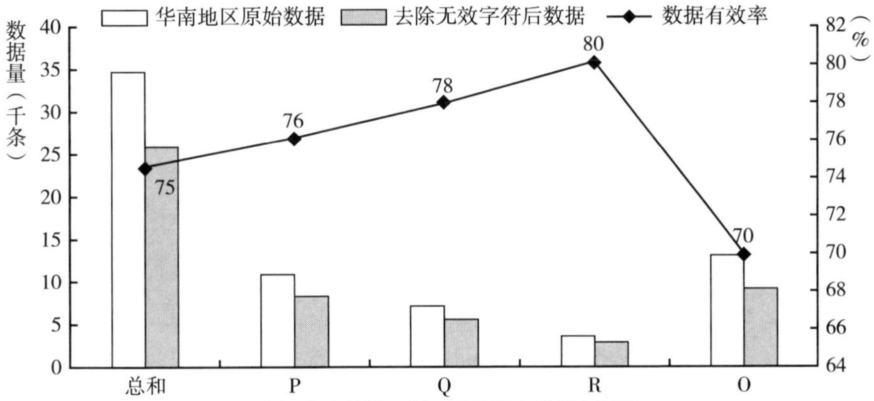

（b）华南地区主机厂零配件名称数据清洗

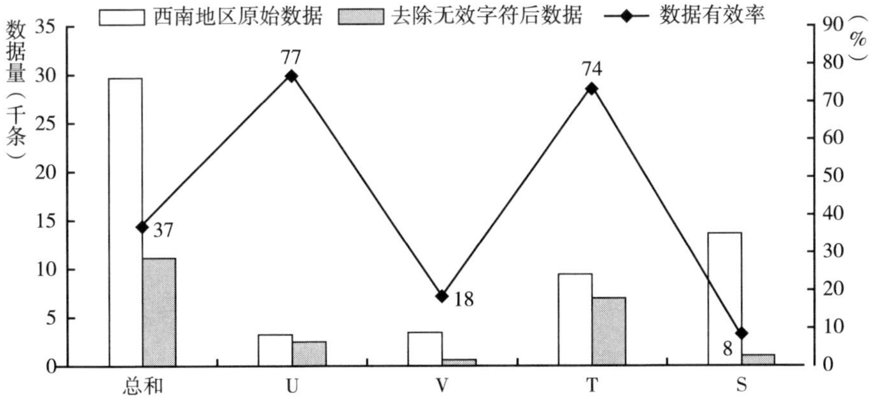

（c）西南地区主机厂零配件名称数据清洗

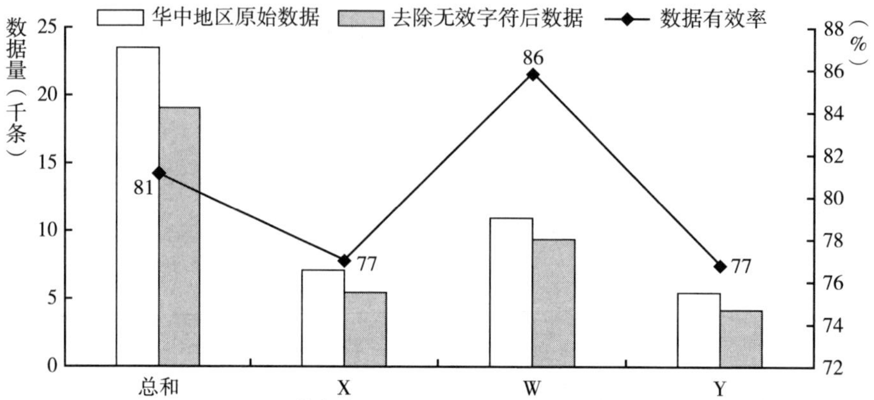

（d）华中地区主机厂零配件名称数据清洗

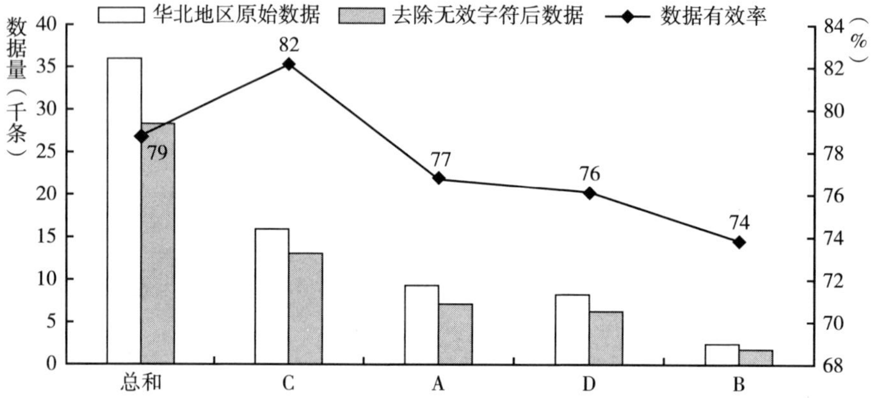

（e）华北地区主机厂零配件名称数据清洗

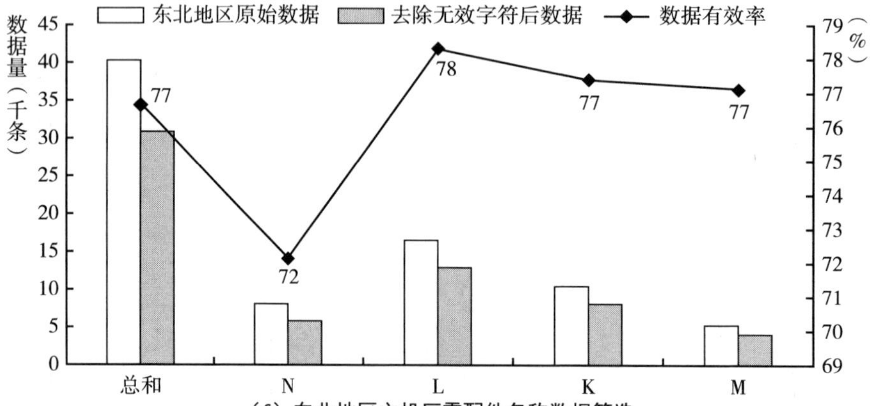

（f）东北地区主机厂零配件名称数据筛选

图 4　分地区主机厂零配件名称数据清洗

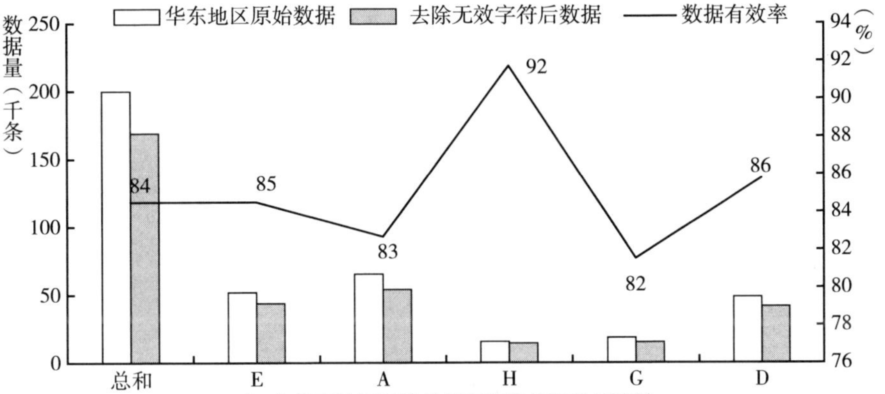

（a）华东地区保险公司零配件名称数据清洗

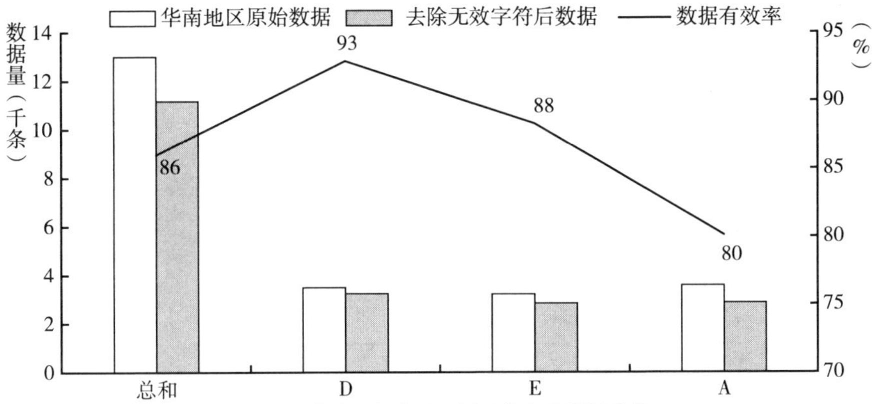

（b）华南地区保险公司零配件名称数据清洗

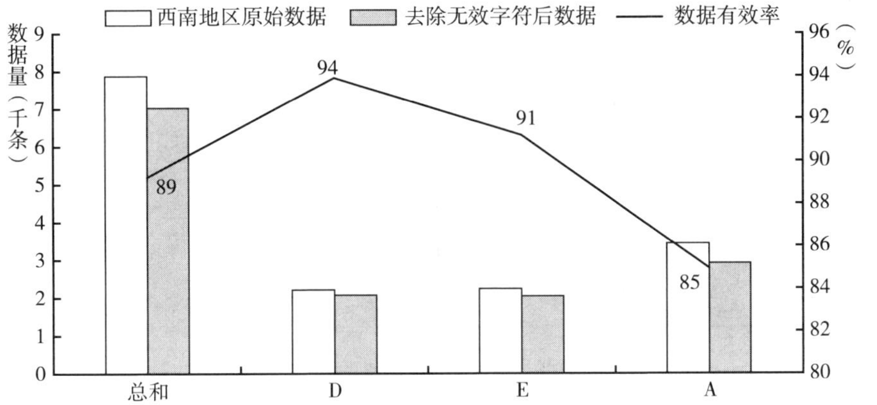

（c）西南地区保险公司零配件名称数据清洗

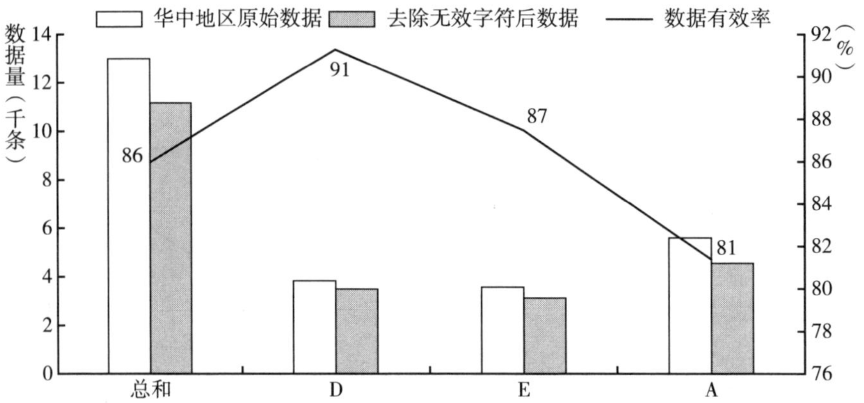

（d）华中地区保险公司零配件名称数据清洗

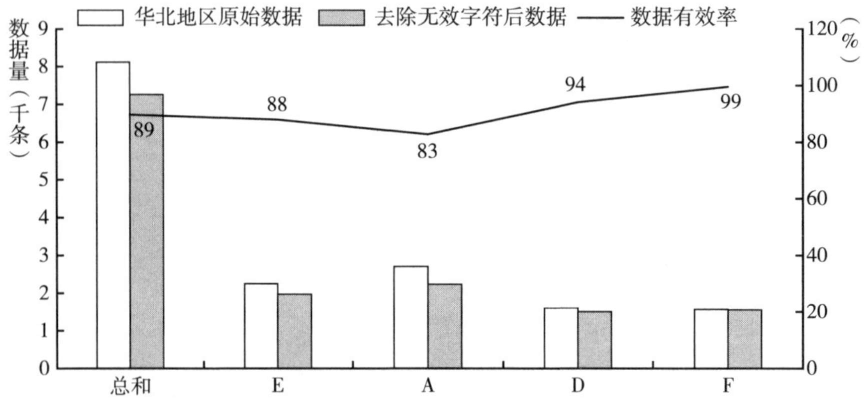

（e）华北地区保险公司零配件名称数据清洗

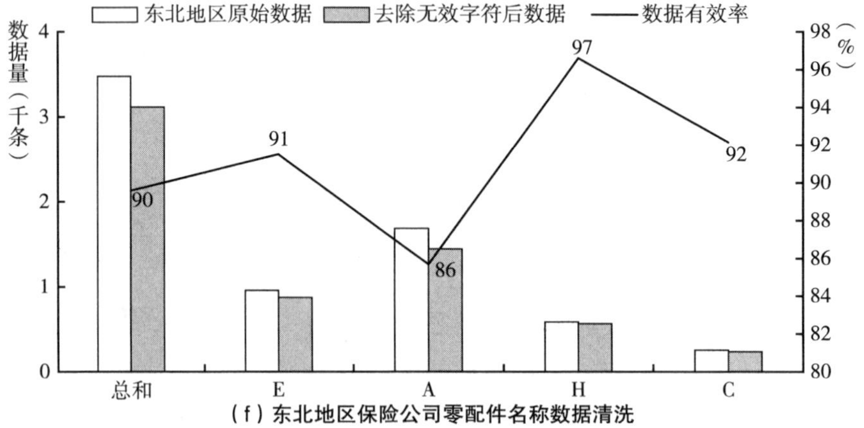

（f）东北地区保险公司零配件名称数据清洗

图5　分地区保险公司零配件名称数据清洗

公司零配件名称数据质量相差不大，东北地区数据质量最高，数据可用率达到 90%；华东地区数据质量最差但可用率仍达到 84%。

进一步分析发现，与 E 和 D 保单体量相对较大的保险公司相比，A 保险公司数据可用率要略低；D 保险公司数据质量较好，数据可用率多为本地区各家保险公司之冠；东北地区 H 保险公司数据可用率最高，达到 97%。

（四）数据清洗后剩余数据量统计

从图 6 可以发现对 242132 条保险公司零配件数据清洗后剩余零配件数据 205972 条，剩余零配件数据占比为 85%，清洗剔除的零配件数据为 36160 条，占比 15%。

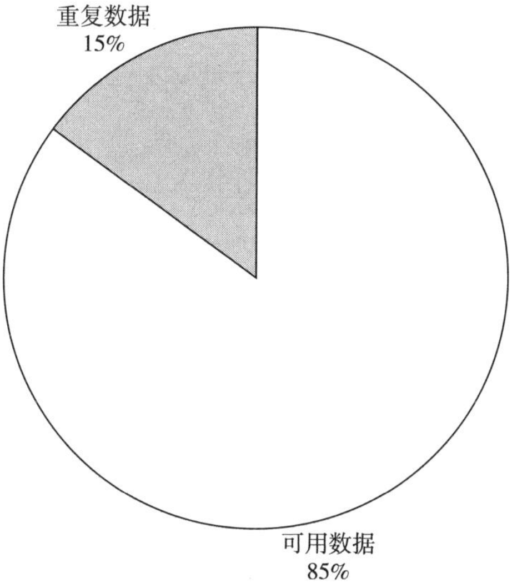

图 6　保险公司去重后零配件数据量占比

从图 7 可以发现，与保险公司相比，主机厂剩余零配件数据占比较小。主机厂剩余零配件数据为 183923 条，只占全部 251437 条零配件数据的 73%，有 67514 条数据被清洗剔除，占比达 27%。

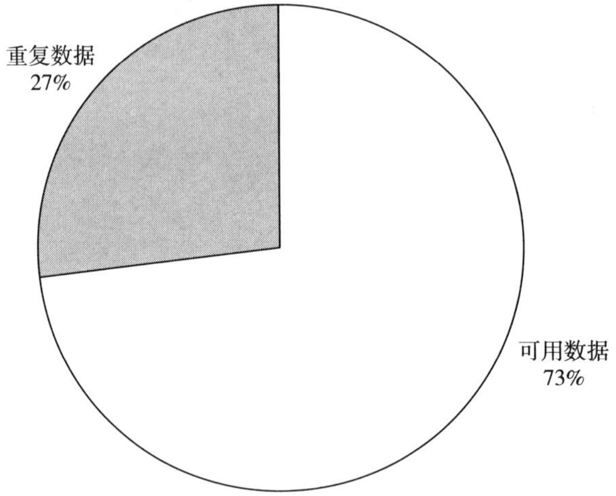

图7　主机厂去重后零配件数据量占比

五　零配件数据的分组汇总情况概述

首先对上文清洗后的数据按照组别分为车身覆盖件和易损件、汽车其他部分组件两部分；然后分别统计分组后保险公司和主机厂数据样本中零配件数占相应分组中零配件总数的比例，即涵盖率；最后对保险公司和主机厂数据样本进行不重复合并，得出合并样本并计算合并样本的涵盖率。

（一）车身覆盖件和易损件涵盖率

车身覆盖件是指覆盖发动机、底盘，构成驾驶室、车身的金属薄板制成的空间形状的表面或内部零件。易损件是指汽车零件中容易受损更换的部件。表6统计了车身覆盖件和易损件的相关数据，涉及零配件数据1919条。保险公司数据样本中零配件数据为1872条，主机厂数据样本中零配件数据为1768条。总体来看，保险公司样本中零配件涵盖率为98%，主机厂样本中零配件涵盖率为92%。对保险公司和主机厂数据样本进行不重复合并后得到合并样本，该样本中出现的零配件数据为 1919 条，涵盖率达到 100%，符合采集数据质量要求。

表 6　车身覆盖件和易损件涵盖率

单位：条，%

组件名称	总零配件数	主机厂样本中出现的零配件数	分涵盖率	保险公司样本中出现的零配件数	分涵盖率	合并样本中出现的零配件数	总涵盖率
前仓盖组件	49	48	98	49	100	49	100
后门组件	260	242	93	253	97	260	100
后盖/门组件	164	149	91	160	98	164	100
前保险杠	110	107	97	108	98	110	100
中网格栅	30	30	100	30	100	30	100
中门组件	123	104	85	115	93	123	100
前照灯	134	128	96	133	99	134	100
前叶子板组件	79	78	99	78	99	79	100
前门组件	296	274	93	291	98	296	100
后保险杠	88	79	90	86	98	88	100
发动机支架/垫	27	27	100	27	100	27	100
车身底板组件	79	67	85	76	96	79	100
后围组件	27	27	100	26	96	27	100
侧围组件	453	408	90	440	97	453	100
小计	1919	1768	92	1872	98	1919	100

（二）汽车其他部分组件涵盖率

表 7 为除车身覆盖件和易损件外汽车其他部分组件涵盖率，涉及零配件数据 3627 条。相比车身覆盖件和易损件，本部分保险公司和主机厂数据样本中出现零配件数较少，涵盖率较低。从涵盖率上分析，保险公司和主机厂样本中零配件涵盖率分别为 91% 和 85%，保险公司数据涵盖率要高于主机厂。将两者数据不重复合并得到合并样本，合并样本中零配件数为 3453 条，数据涵盖率为 95%。合并样本中零配件涵盖率大多在 90% 以上，数据质量优良。

表 7　汽车其他部分组件涵盖率

单位：条，%

组件名称	总部件数	主机厂样本中出现的零配件数	分涵盖率	保险公司样本中出现的零配件数	分涵盖率	合并样本中出现的零配件数	总涵盖率
车轮/备胎	31	26	84	28	90	28	90
车顶/底板件	179	146	82	163	91	168	94
前悬架组件	151	138	91	144	95	149	99
后悬架组件	185	156	84	167	90	178	96
前风挡/雨刮	65	58	89	61	94	61	94
前部骨架组件	90	79	88	82	91	84	93
后照灯	92	82	89	85	92	89	97
后视镜组件	43	41	95	42	98	42	98
后风挡/雨刮	39	32	82	34	87	34	87
座椅/安全带	209	188	90	198	95	208	100
组合仪表组件	39	31	79	33	85	37	95
转向机构组件	107	97	91	98	92	105	98
制动组件	222	205	92	212	95	222	100
油漆	78	40	51	57	73	61	78
油品	10	9	90	9	90	10	100
室内灯	42	32	76	33	79	36	86
视听部件	69	53	77	59	86	60	87
燃油供给组件	125	112	90	115	92	125	100
前桥组件	102	91	89	95	93	102	100
气囊组件	50	46	92	49	98	50	100
启动系/点火系组件	52	43	83	44	85	52	100
其他	1	1	100	1	100	1	100
排气净化件	94	77	82	89	95	92	98
离合器	55	46	84	51	93	51	93
冷却系组件	108	99	92	104	96	105	97
冷暖通风组件	168	136	81	146	87	161	96
开关/电脑/电器	242	224	93	234	97	242	100
进气净化件	94	86	91	87	93	88	94
后桥组件	46	33	72	40	87	42	91
工作台板组件	115	99	86	104	90	106	92
附件/工具	36	30	83	32	89	32	89
发动机组件	294	261	89	276	94	294	100
传动系统	32	25	78	29	91	32	100
车身总成	41	40	98	40	98	41	100
车身内饰件	64	46	72	57	89	59	92
操纵机构组件	49	38	78	38	78	40	82
变速箱支架/垫	29	25	86	27	93	27	93
变速箱	179	113	63	133	74	139	78
小计	3627	3084	85	3296	91	3453	95

表 8　汽车组件涵盖率汇总

单位：条，%

组件名称	总部件数	主机厂样本中出现的零配件数	分涵盖率	保险公司样本中出现的零配件数	分涵盖率	合并样本中出现的零配件数	总涵盖率
车身覆盖件和易损件	1919	1768	92	1872	98	1919	100
汽车其他部分组件	3627	3084	85	3296	91	3453	95
合计	5546	4852	87	5168	93	5372	97

总体来看，在本次研究中将汽车零配件分为 5546 种，由表 8 可知，保险公司和主机厂样本数据中涉及的零配件数据分别为 5168 条和 4852 条，数据涵盖率分别为 93% 和 87%。对保险公司和主机厂数据进行不重复合并后得到合并样本。合并样本中零配件数据为 5372 条，数据涵盖率为 97%。因此，可以确定本次采集的数据涵盖率高，数据质量优良。

六　总结

本次研究对采集到的零配件名称数据进行了去重、清洗和分类汇总，最终得到可供下一步研究的数据样本。本次研究首先将数据库中 246627148 条数据按照地理区域进行划分，分为华南、华东、华北、西南、东北和华中 6 个区域；然后以数据量和知名度为标准在各区域分别选取数家保险公司和主机厂；接下来对零配件数据进行初步去重，共得到 242132 条保险公司数据和 251437 条主机厂数据；然后对上一部分零配件数据中有效性较低的字符进行清洗剔除，清洗后得到 205972 条保险公司数据和 183923 条主机厂数据；最后以上一步的数据作为最终数据样本，按照分组和零配件名称标准，将样本中数据选入对应分组。

保险公司和主机厂数据合并后得到零配件数据 5372 条，数据涵盖率达到 97%，其中车身覆盖件和易损件涵盖率为 100%，数据质量优良，符合研究要求。

综合应用篇

The Comprehensive Application

B.14
基于大数据的智能驾驶汽车保险研究

王 琰　刘 东　郭维明*

摘　要： 近年来，智能驾驶汽车市场飞速发展，特斯拉、通用、蔚来等汽车厂商，博世、德尔福等汽车产业一级供应商，谷歌、百度、优步等科技公司纷纷入局。智能驾驶作为国家战略性新兴产业的重要组成部分，正在重塑整个汽车行业，也为保险公司带来全新机遇与挑战。本报告从智能驾驶汽车定义出发，阐述了国内外智能驾驶汽车发展现状，基于大数据分析了智能驾驶汽车的发展概况，并对智能驾驶汽车保险的发展提出了相关建议。

关键词： 智能驾驶　大数据　保险

* 王琰，中国汽车技术研究中心有限公司数据资源中心后市场数据部工程师；刘东，中国保险信息技术管理有限责任公司车险业务部工程师；郭维明，中国汽车技术研究中心有限公司数据资源中心后市场数据部部长。

汽车智能驾驶技术是一项多技术领域交叉的复杂课题，是当前汽车领域的研究热点之一，无论是传统汽车厂商还是新兴科技企业都已投入巨大资源，以期占据战略制高点。截至目前，谷歌、奥迪、通用、丰田、福特、奔驰、大众等公司纷纷公布其智能驾驶量产时间表。技术积淀最为深厚的谷歌在2017年10月已经在美国公开道路上运营L 4级别的智能驾驶汽车，计划在2018年底实现其无人驾驶出租车业务商业化；奥迪、通用、福特、大众、奔驰纷纷宣布在2020年左右量产L 4级智能驾驶汽车；相对保守谨慎的丰田计划到2020年实现L 3级智能驾驶汽车上路。与此同时，我国多家公司也发布了智能驾驶发展战略。2016年长安汽车向外界发布了长安智能化汽车“654”发展战略，规划2025年实现全自动驾驶；蔚来计划在2020年推出L 4级别智能驾驶汽车。随着汽车智能驾驶技术的到来，汽车保险将发生天翻地覆的变化，因此积极探讨智能驾驶对保险行业的影响十分必要。

一 智能驾驶汽车定义

（一）定性定义

2018年国家发改委印发的《智能汽车创新发展战略》征求意见稿指出：智能驾驶汽车是能够部分或完全自动驾驶，由单纯的交通运输工具逐步向智能移动空间转变的新一代汽车。智能驾驶汽车主要由传感系统、决策系统和执行系统3大关键技术组成，涉及的硬件包括V2X通信、摄像头、激光雷达、毫米波雷达、高精度地图等。

为了更好地区分智能驾驶发展阶段，国际汽车工程师学会（SAE International）于2014年发布了智能驾驶六级分类体系（见表1），美国国家公路交通安全管理局（NHTSA）原本将智能驾驶分为五类，但在2016年9月转为使用SAE的分类标准，今天绝大多数学者已将SAE标准当作业内通行的分类原则。

表 1　智能驾驶汽车定性定义

SAE 级别	名称	描述性定义	转向和加减速的执行者	对驾驶环境的监控者	复杂情况下动态驾驶任务的执行者	系统支持的路况和驾驶模式
人类驾驶员监控驾驶环境						
L0	非自动化	所有驾驶任务由人类驾驶员操控(即便安装了警告和干预系统)	人类驾驶员	人类驾驶员	人类驾驶员	—
L1	辅助驾驶	在特定驾驶模式下由一个辅助驾驶系统根据驾驶环境信息控制转向或加减速中的一种,并期望人类驾驶员完成所有其他动态驾驶任务	人类驾驶员和系统	人类驾驶员	人类驾驶员	部分路况和驾驶模式
L2	部分自动化	在特定驾驶模式下由一个或多个辅助驾驶系统根据驾驶环境信息控制转向和加减速,并期望人类驾驶员完成所有其他动态驾驶任务	系统	人类驾驶员	人类驾驶员	部分路况和驾驶模式
自动驾驶系统(简称“系统”)监控环境						
L3	有条件的自动驾驶	在特定驾驶模式下由一个自动驾驶系统完成所有动态驾驶任务,但期望人类驾驶员能正确响应请求并接管操控	系统	系统	人类驾驶员	部分路况和驾驶模式
L4	高度自动化	在特定驾驶模式下由一个自动驾驶系统完成所有动态驾驶任务,即便人类驾驶员无法正确响应请求并接管操控	系统	系统	系统	部分路况和驾驶模式
L5	全自动化	自动驾驶系统在全部时间、全部路况和环境条件下(可由人类驾驶员管理)完成所有动态驾驶任务	系统	系统	系统	全部路况和驾驶模式

(二)定量定义

目前，学术界对智能驾驶的研究路径分为两大派系，一派是以谷歌、百度为主的互联网公司，跨越 L1、L2、L3 级别，直接到达 L4/L5 级别，实现车辆无人驾驶；另一派是以特斯拉、吉利为代表的汽车厂商，从 L1 级别逐步向 L5 迭代，主要依赖于先进驾驶辅助系统（Advanced Driver Assistant System，ADAS），该技术已经得到大规模产业化应用，也是本文对智能驾驶等级进行量化划分的依据。

ADAS 其指利用安装在车上的传感器（可侦测光、热、压力等变数），车辆在第一时间收集车内外的环境数据，并进行静、动态物体的辨识、侦测与追踪等技术上的处理，从而能够让驾驶者在最短的时间察觉可能发生的危险，以提高安全性的主动安全技术。ADAS 从功能上分为预警类和控制类，本文从中国汽车技术研究中心有限公司数据资源中心的汽车配置库中选取了所有 ADAS 对车辆进行分析，包含四项预警类 ADAS，分别是辅助泊车（PA）、盲区监测（BSD）、并线辅助（LCA）、车道偏离报警系统（LDW）和三项控制类 ADAS，分别是自动紧急制动（AEB）、自适应巡航（ACC）、全自动泊车（AP）。

根据 SAE 对智能驾驶等级的定义，本文暂且规定：车辆配备的 ADAS 具有纵向或者横向控制功能时为 L1 级别车辆配置，即当车辆配有自动紧急制动（AEB）或者自适应巡航（ACC）系统时，车辆为 L1 级；车辆配备的 ADAS 同时有纵向和横向控制功能时为 L2 级别车辆配置，即车辆配备全自动泊车（AP）时，车辆为 L2 级；除此之外的车辆均为 L0 级，即便车辆配有预警类装置（见表 2）。综上所述，本文所分析的智能驾驶汽车为 L0/L1/L2 级。

表 2　智能驾驶汽车等级分类

序号	ADAS 名称	功能类别	纵向和横向控制	对应智能等级
1	辅助泊车(PA)	预警类	—	L0 级
2	盲区监测	预警类	—	L0 级
3	并线辅助	预警类	—	L0 级
4	车道偏离报警系统	预警类	—	L0 级
5	自动紧急制动(AEB)	控制类	纵向	L1 级
6	自适应巡航(ACC)	控制类	纵向	L1 级
7	全自动泊车(AP)	控制类	纵向和横向	L2 级

二 国内外智能驾驶汽车发展现状

国外智能驾驶汽车研究起源于20世纪20年代，发展于20世纪80年代，盛行于21世纪，其中美国对智能驾驶汽车的研究代表了全球的最高水平。早在20世纪20年代，美国 Houdina Radio Control 公司就在车内无人条件下实现了对车辆的控制，此后五六十年间，其对智能驾驶汽车的研究主要局限于实验室，无突破性进步。到20世纪80年代，美国国防部先进研究计划局（DARPA）发布了旨在将超级计算机技术与人工智能技术应用到军事领域中的战略计划，并主导了自主地面车辆（ALV）项目，资助了 DEMO 系列试验车项目；同时期，卡内基梅隆大学研制出 Navlab-V 智能汽车，可以适应多种地形，并在非结构化条件下进行了无人驾驶试验，达到了较高水平。在此推动下，从80年代后期开始，许多大汽车公司开始介入智能驾驶汽车研发，智能驾驶技术研究进入一个小高潮。进入21世纪，DARPA 发起赞助了多次无人驾驶车辆比赛，参赛环境越来越复杂，而完成比赛队伍越来越多，智能驾驶技术越来越高。2009年谷歌开始研发无人驾驶，其核心团队来自参加 DARPA 无人驾驶挑战赛的斯坦福、卡内基梅隆大学，此后，谷歌的智能驾驶技术一直遥遥领先。2016年谷歌研发的 AlphaGo 打败人类选手后，全球掀起了人工智能研究热潮，智能驾驶汽车技术研究也被推向了空前的高潮。

欧洲的智能驾驶汽车技术在欧盟信息社会技术（IST）资助的 PreVENT 综合项目的推动下，也取得了卓越的成效。欧洲陆地机器人实验赛（European Land-Robot Trial）已连续举办多届，为推动智能驾驶技术发展做出了重要贡献。

我国智能驾驶研究开始于20世纪90年代，并在最近几年得到了跨越式发展，初期研究机构以高校为主，而今零部件公司、互联网公司、汽车公司等纷纷投入研发。20世纪90年代，国防科技大学研制了代号为 CITAVT 的系列智能车，实现了在结构化道路的无人驾驶；2002年，该校将智能驾驶技术应用于红旗 CA7460，完成了高速公路条件下的无人驾驶，代表了我国当时条件下无人驾驶技术的最高水平。同时期军事交通学院、清华大学、西安交通大学、北京理工大学、长安大学、同济大学、上海交通大学等科研院所也开展了无人驾驶相关研究。与欧美国家类似，我国从 2009 开始举办“中国智能车未来挑战赛”（Intelligent Vehicle Future Challenge），促进了各研究团队之间的交流，促进了中国智能驾驶汽车的研发水平与进程。

国内外汽车智能驾驶技术都以军用为起点，以民用为目标，凝聚了社会各界研究资源，已上升至各个国家的战略高度，此技术必将为人类生活带来深远影响。

三　智能驾驶汽车发展概况

（一）智能驾驶汽车总体占比少

从智能驾驶汽车占比来看，我国智能驾驶汽车发展处于初级阶段，总体占比仅为 2.7%，其中智能等级为 L1 的车辆款型占比 1.3%，智能等级为 L2 的车辆款型占比为 1.4%。由于国外汽车智能驾驶技术起步较早，汽车安全技术储备雄厚，在我国所有的智能驾驶汽车款型中，一半以上为进口汽车，占比最高，其次是合资汽车，占比 40%，二者占比总和高达 95%，遥遥领先于自主智能驾驶汽车（见图 1）。自 2015 年我国将发展智能网联汽车提升至国家战略层面后，相关研究呈井喷之势，潜力巨大。

（二）汽车智能化水平逐步提高

从历史年度变化看，我国汽车的智能化水平逐步提高。2010 年之前，智能驾驶汽车占比几乎为零，2011 ~ 2013 年进入智能驾驶汽车发展的起步期，近几年的智能驾驶汽车款型占比明显增加，在 2018 年的汽车款型中，L1 级别智能驾驶汽车款型占比为 4.7%，L2 级别智能驾驶汽车款型占比为

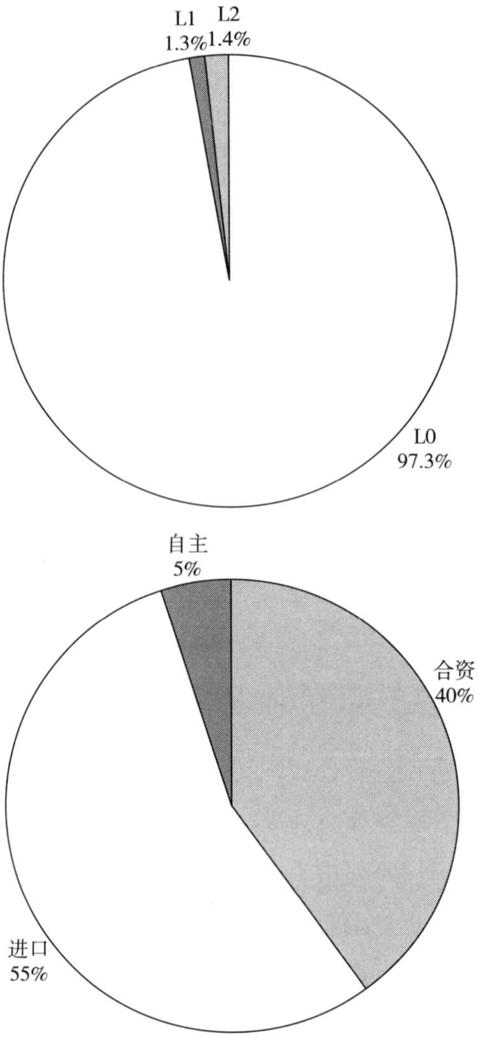

图1　我国智能驾驶汽车占比

资料来源：中国汽车技术研究中心有限公司数据资源中心。

4.2%，发展迅猛（见图2），其中2016年与2017年的L2级别智能驾驶汽车占比甚至超过L1级别。

（三）沿海地区汽车智能化水平较高

从智能驾驶汽车地理分布来看，沿海地区汽车智能化水平较高。数据显

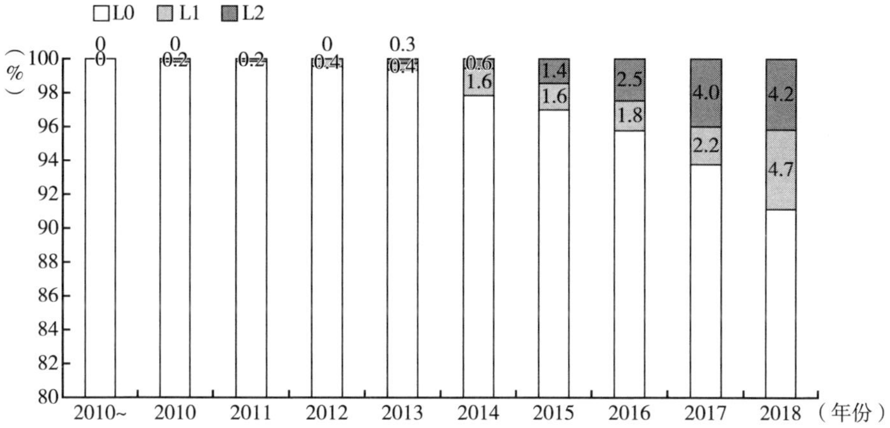

图 2　我国智能驾驶汽车历年占比

数据来源：中国汽车技术研究中心有限公司数据资源中心。

示，全国有 20 个省市的智能驾驶汽车比例超过 6.0%[①]，其中上海、深圳、天津三地的智能驾驶汽车比例高居国内前三位，均在 10.0% 以上，其他智能驾驶汽车占比超过 8.0% 的城市分别是厦门、大连、宁波，而河南、河北两地区的智能驾驶汽车比例最低，均在 5.0% 以下（见图 3）。

（四）中高端汽车占主流

从智能驾驶汽车价格来看，随着智能化等级的提高，新车购置价上移明显，中高档汽车占据主流。数据显示，智能等级为 L1 和 L2 的车型平均新车购置价[②]分别为 27.9 万和 35.0 万，分别为智能等级为 L0 的车型的 2.3 倍和 2.8 倍（见图 4）。

（五）智能驾驶汽车风险更小

将车辆按照是否为智能汽车区分，可以发现智能驾驶汽车与非智能

① 数据范围为全国车辆。

② 数据范围为山西、河北、天津、黑龙江、吉林和辽宁的车辆。

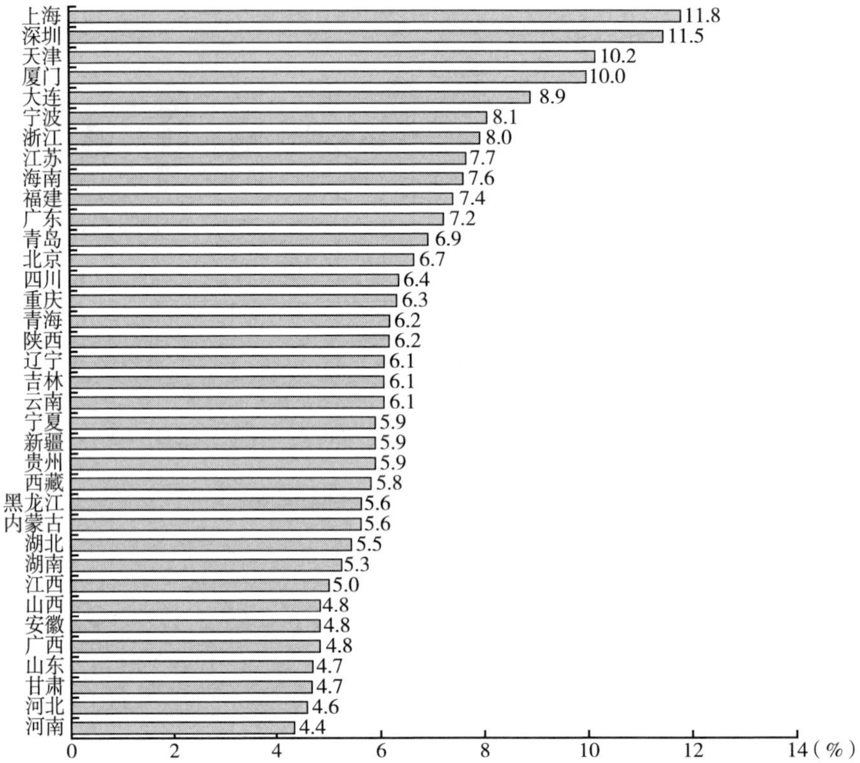

图3　智能驾驶汽车占比地区分布

数据来源：中国保险信息技术管理有限责任公司。

驾驶汽车的风险差异显著。智能驾驶汽车的交强险[①]平均出险率为12.1%，比非智能驾驶汽车低0.9个百分点，案均赔款为2413元，比非智能驾驶汽车低0.9个百分点（见图5）。从中可以看出，智能驾驶技术的应用显著降低了交通事故的发生，因为多数智能驾驶汽车不仅有单一的控制类系统，通常还配备相应的预警类装置，如大部分智能驾驶汽车配有辅助泊车装置，这些系统合力作用对增加道路安全带来积极影响。

① 数据范围为山西、河北、天津、黑龙江、吉林和辽宁的交强数据。

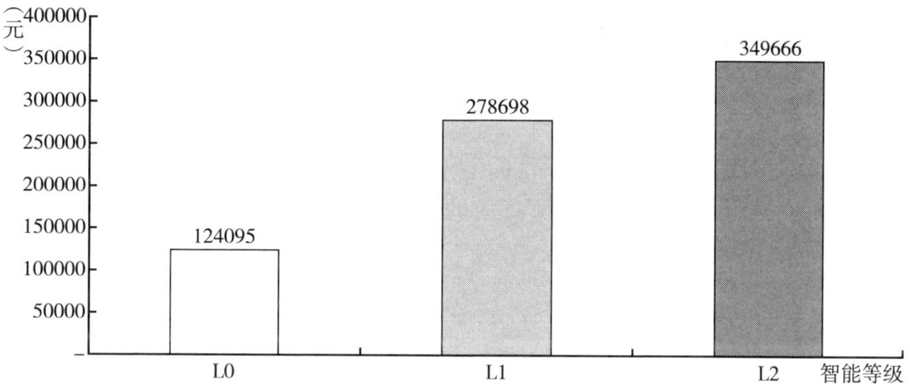

图 4　智能驾驶汽车价格分布

数据来源：中国保险信息技术管理有限责任公司。

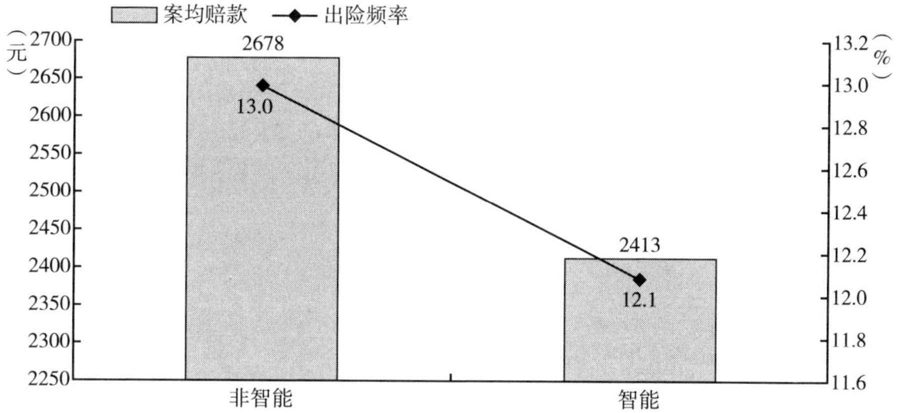

图 5　智能驾驶汽车赔付情况

数据来源：中国保险信息技术管理有限责任公司。

四　智能驾驶汽车面临问题及建议

智能驾驶汽车与传统汽车有巨大的风险差异，保险行业应积极主动开发智能驾驶汽车保险专属产品，加强智能驾驶汽车保险服务创新，促进智能驾驶汽车保险行业健康发展。

（一）开发智能驾驶汽车保险专属产品

业界普遍认为，随着汽车智能驾驶技术的到来，汽车保险诉求将会发生重大变化。例如，伴随着汽车智能驾驶技术的成熟，人为失误造成的事故比例将会减少，而 ADAS 出现故障造成的事故比例将会增多，因此 ADAS 损坏附加险之类的特殊责任险需求将会越来越高。此外，由于物联网技术在智能驾驶汽车上的大规模应用，黑客入侵车辆系统导致车辆失控等信息安全类保险诉求也会越来越多。保险行业应制定多层次的保险产品，增加智能驾驶汽车专属险，保证消费者得到合理风险避障的同时，避免发生道德风险。

（二）加强智能驾驶汽车保险服务创新

由于汽车保险需要大数据支撑，而新兴的智能驾驶汽车大量数据掌握在汽车厂商手里，保险公司需要加强与研发智能驾驶技术的汽车厂商、科技公司合作，承接保险需求，提供保险解决方案。当智能驾驶技术与汽车保险市场成熟后，保险公司可以为合作的汽车厂商、科技公司及租车公司提供一站式保险解决方案。

无人驾驶普及以后最显著的后果是车辆规模的缩减，保险业务需求下降，保费规模萎缩，保险公司要考虑未来业务发展结构，加强智能驾驶汽车保险服务创新，推动汽车厂商、科技公司、保险公司等各方资源的有效整合。

汽车智能驾驶技术作为一项革命性的技术，将会深刻改变汽车产业结构，同时也会冲击法律与社会伦理。从有人驾驶到辅助驾驶再到无人驾驶，这将是一个漫长的动态过程，不同智能等级的汽车在相当长的时间内将并行存在，保险公司应与政府部门、汽车厂商、科技公司等密切合作，共同促进汽车智能驾驶技术高质量发展。

五　问题与展望

当前，智能驾驶汽车处于产业发展初期，相关的标准体系尚未健全，本文基于现有技术和数据对智能驾驶汽车的发展概况进行了初步研究，通过ADAS对汽车智能驾驶等级进行了量化划分，从历史年度、地理分布等多维度分析了智能驾驶汽车发展概况，并从开发专属产品、加强服务创新两方面对智能驾驶汽车保险发展提出相关建议，但是该研究仍存在一些不足，如由于车型配置库中没有车道保持辅助系统（LKA），在智能驾驶汽车等级划分中未将其纳入划分依据等。在此次研究报告的基础上，未来课题组将以全国车险数据为基数，从不同配置下的智能驾驶汽车出险情况、汽车智能等级划分等方面完善此报告，助力智能驾驶汽车风险定价更加公平合理。

B.15
长城汽车基于大数据的应用与研究

路逊　李琦*

摘　要：　长城汽车公司现阶段以智能网联车辆数据为基础，整合公司内车辆数据、客户数据、第三方数据等，开发完成大数据存储平台，并在此基础上开发客户画像、车辆故障诊断、驾驶行为分析等应用，同时在车机上进行了数据埋点开发，收集有用信息，在机器学习及无人驾驶方面都有相关技术研究。

关键词：　长城汽车　大数据平台　智能网联　无人驾驶

一　客户画像

长城汽车大数据平台目前产品版本 V1.2 正在研发中，预计2018 年能够研发完成。经过前期的深入思考与考察，长城汽车从产品定位，版本规划，到分析主题、应用方向已经有一些清晰的思路，目前基于用户基本信息、车联网数据在应用层面长城汽车做了基本信息的宏观画像，主要分析长城汽车用户受众的基本信息，运用车联网数据分析了车辆的活动轨迹、兴趣爱好、用户的驾驶行为，分析重点放在了车辆的位置以及用户的驾驶行为、出行规律、驾驶路况等动态信息上，掌握用户的用车习惯；通过数据分析长城汽车给每个用户都会打多个数据标签，通过数据标签可以为用户提供个性化的服务。

* 路逊，长城汽车股份有限公司技术中心智能网联部大数据项目经理；李琦，长城汽车股份有限公司技术中心智能网联部研究员级高级工程师。

目前客户画像的数据分析先是基于历史数据，未来客户画像平台对接各个业务系统是该企业的产品方向。

接下来客户画像规划的分析维度有基础信息、活动轨迹、兴趣爱好、驾驶行为、消费水平、触媒习惯、维保记录、远程服务使用频率，这八个维度300+的数据标签，全方位地分析洞察用户。同时本研究通过标签的聚合算法，分析其内在的关联性，提升数据的价值。

（一）数据规划

为了实现数据驱动业务创新，打破数据孤岛，接下来会将CRM、DMS系统的数据打通，实时对接上，以便丰富画像产品的分析维度，以及提升数据分析的时效性；基于目前正在做的车机端的数据埋点，可分析用户在车机端的操作行为、兴趣偏好等，后期也计划整合到客户画像产品中。

（二）产品目标

通过用户的数据标签分析，该公司可为车主提供智能推荐、精准营销等个性化的服务，目标是提升长城主机厂的运营效率，节约营销成本；帮助经销商更精准地营销，增加售后产值；提升用户体验，增强用户粘性以及品牌忠诚度。

二　故障诊断平台

随着车联网的发展，实时了解车辆状况，为车主提供精准、周到的服务成为后车市场的必争之地，谁能了解车主的需求，谁就能在这场服务战役中占有先机与主动权，而车辆远程故障诊断功能势将成为各大车厂标配服务，同时也对服务性能、诊断结果的精准性、诊断项目的覆盖率、诊断车辆的覆盖量提出了更高的要求，基于此行业势态，长城汽车在车辆故障诊断方面做了以下工作，并取得了初步成果。

第一，截止到2018年6月，已在故障诊断平台实现联网燃油车辆数305924台，其中哈弗178134台，WEY127790台；故障车辆数214245台，其中哈弗 149610 台，WEY64635 台。

第二，对燃油车十大系统进行故障检测，包括发动机控制系统、安全气囊控制系统、供电控制系统、刹车底盘控制系统、灯光控制系统、轮胎管理系统、仪表信息指示系统、变速箱控制系统、无钥匙进入启动系统（PEPS）、电子防盗系统。诊断项涵盖 51 项。

第三，车辆实时故障诊断实现 2min/次故障数据采集频率。

第四，诊断模型不仅参考部件国标判定值，同时加入多种因素，提升诊断模型的准确性，并在胎压模型判定上做了初步的尝试。胎压诊断在参考标准的欠压值与超压值外，加入环境补偿值：胎温和海拔因素，故障播报降低 30%，轮胎故障量从 10W 降低到 7W。

第五，对诊断故障进行分级管理，分为严重故障和一般故障，同时对故障项的接收方车主与经销商给出相应的故障解决建议，并对诊断结果，给车辆进行故障评分，一系列的精细化工作，为打造服务闭环奠定基础。

第六，针对故障车辆数、诊断报告数、故障系统类型、故障地区等进行多维度统计分析，实时展现车辆现状，为售后服务方向与策略制定做支撑。

长城汽车就故障诊断现状，做出如下规划。

第一，新增故障推送功能，打通故障推送服务通道，将故障诊断结果下发到 DMS 系统反馈全链条服务，验证故障的准确性及故障建议的合理性。

第二，增加新能源车辆故障诊断，包括混动车辆与纯电动车辆，扩大诊断车辆覆盖量。

第三，提升车辆故障数据采集频率，由 2min/次升级到 30s/次。

第四，诊断模型优化，通过三方面来提升：一是大数据分析反哺诊断模型；二是对车辆信息深度合作交流，来进一步提升诊断模型；三是针对特定故障车辆的跟踪、反馈。

第五，对故障等级进行三级细分：严重故障、一般故障和轻微故障。

第六，对故障统计分析按故障等级、故障里程区间、故障地区、故障车型车系、故障车辆车龄、故障车辆用户画像等进行深度、多维度统计分析，提供有价值的数据报告，为售后服务策略提供数据支撑，也为完善售后服务体系提供依据。

三 车机埋点

伴随着车联网技术应用的发展，结合企业的现状，长城汽车提出基于终端APP进行埋点需求，目的是更精准地服务好车主，整体埋点工作分为三个部分：规约的制定、基于事件埋点定义、开发做埋点研发，该项工作主要由长城汽车与四维、德赛、华阳、哈曼公司协同执行，其中，埋点规约统一由四维大数据部门制定，同时，由四维、德赛、华阳、哈曼提供所有APP的UE产品设计原型，四维大数据部门依据UE做埋点定义设计，最后，长城汽车依据规约及所设计的埋点协议文档交由APP研发人员进行埋点开发，截至目前，从推进过程及结果看，合作各方对埋点这个需求的认知存在不统一，且认为它额外增加了一些工作量。另外，由于埋点需求是新加入的，前期基于终端做整体产品规划和设计时，没有把埋点一并纳入，加之合作方对埋点的目的不是很清楚，前期也产生了不可避免的沟通与协调成本，目前，还存在合作各方所使用的埋点技术方案不统一问题。鉴于这些情况，为了更好地服务好公司未来发展，从整体产品维度说，针对埋点需求需要统一纳入前期的整体产品规划与设计，并统一设计、研发埋点SDK，甚至提供各种不同技术的埋点SDK支持（也就是说做到埋点数据通道统一），对于埋点采集项定义后续需要逐渐支持可视化配置与管理，针对该企业所有已售、正在销售或未来新车型的设计，长城汽车均把埋点数据采集作为产品设计的一部分，实现对埋点数据的不断积累，最终，构建起一套统一的、完整的大数据运营平台，基于埋点公司加速积淀优质的数据资产，并利用优质数据产生更多的商业价值，从而，为公司构建起数字化运营，精细化分销、精准化营销打下一定的数据支撑基础。

四 前瞻研究

（一）人工智能是解决大数据数量和效率之间矛盾的关键

传统的机器学习通过标记数据进行有监督学习，随着其处理数据量的增大，需要外界的支持和帮助也就不断增加，且计算结果准确性也会受到影响。因此越来越多的数据将成为负担，也更容易达到极限或产生错误结果。人工智能的突破性技术——深度学习，是从未经标记的数据展开学习，是更接近人脑的学习方式，机器可以通过训练之后自行掌握概念，且输出结果会随着数据处理量的增大而更加准确。同时，深度学习在加速回归定律的指引下会使得进化过程中产物（输出结果）获得指数级增长，当深度学习的效率变得更高，就会吸引更多的资源向它聚合，使其发展更为迅速。

（二）大数据利用人工智能实现大数据应用的正循环

前百度首席科学家吴恩达曾提出：从优秀产品到大量用户，再到海量数据，最后返回优秀产品是一个良性循环，但最后一个环节“海量数据到优秀产品”会出现问题，因为当数据积累过多时，技术人员就无法对这些数据进行完整和准确的处理。

以百度为例，百度的数据处理自上而下分成开放云、数据工厂和百度大脑三个层级，最底层的开放云收集数据，数据工厂对数据库进行管理，最上层百度大脑的模拟神经网络通过机器学习高效的输出结果，从而实现行业应用，百度大脑就是在最后一个环节体现出巨大价值，带来更好的信息处理能力，从而产生更加广泛和深入的行业应用，比如百度大数据此前在医疗、交通和金融领域的应用。

（三）用于对汽车进行智能控制的技术

机器学习技术。近几年机器学习，尤其是深度学习的迅猛发展使智能化设备得到了长足的发展，智能控制技术也日趋成熟。这部分控制包括路线的选择，速度、方向的控制。同时计算机可以准确获得周围环境信息，比如周围障碍物距离，障碍物自身速度，并根据这些数据做出有效调整，从而避免车祸的发生。在完全无人驾驶时可以智能地选择最优路线。

传感器融合技术。要实现无人驾驶，对汽车自身周围场景数据的获取非常重要。雷达系统和摄像头互补性非常强，摄像头在良好光线下，其细节、纹理、颜色、形状、轮廓都非常优秀，而波雷达则提供距离、相对速度等一些信息，两种系统进行互补形成车辆传感器融合，对目标的感知更精确，通过传感器获得有效信息上传到云平台用于模拟场景的构建。

海量数据分析处理技术。数据平台需要处理的数据量非常大（图片、雷达数据进行实时回传会带来难以估量的海量的数据），并且需要对这些数据进行实时处理、实时分析，模拟场景中与车辆实时行驶状态的时间误差需要在毫秒级以内。目前的实时处理技术如 Spark stream、Strom、S4 等在处理速度上基本可以满足要求，不过实时流处理系统的可用性问题依然需要进一步解决。

可视化和人机交互技术。在上面介绍的三种技术中都需要很好的信息展示方法，和优秀的交互能力，由于是监测行驶中的汽车，这就需要计算机模拟与实际汽车反馈相结合。此外还要很好的展示出周围的环境，例如其他汽车的行驶方向、速度，不同路段的拥堵情况等，能直观的反映给用户其所需要的所有重要信息。

基于云平台的无人驾驶汽车通过全方位的信息捕获，后台实时精确的计算，模拟出汽车实际场景。汽车通过后台提供的全局全方位的信息进行智能决策，从而实现真正的无人驾驶。

无人驾驶汽车的使用会给整个社会带来巨大的便利。主要有以下三方面：一是交通安全问题的解决，由于每一辆车都能拥有全局信息，对路况比人看得更清楚，加上计算机精密的计算，能非常好地避免车祸的发生，使道路交通更加安全。二是交通拥堵的问题得以解决，掌握了全局信息的汽车可以判定出整体车流的走向，根据智能化的算法选择最优路径，能很好地避免堵车，总能在最短的时间内到达目的地。三是驾驶车辆技术门槛的降低。人们没必要再花费大量的时间学车，也不会有拿到驾照依然不敢上路开车的情况，任何人（包括残疾人）不用经过学习就能非常好地驾驶汽车。

无人驾驶汽车还会给我们的生活带来其他很多便利，比如我们可以待在家里让汽车自动帮我们送货，到时候快递员可能仅仅是一辆无人驾驶汽车而已，可以在手机上通过简单地操作就能把在停车场的爱车叫到自己身边。

无人驾驶汽车的前景是美好的，但是现在依然只是个愿景，无人驾驶汽车的实现依赖于超强的分布式集群计算的发展和高速网络的发展。等这些技术水平能达到了，那一天就不再遥远。

B.16
基于驾驶场景大数据的自动驾驶虚拟仿真平台建设研究

赵 帅 武毅男 宝鹤鹏*

摘 要： 为充分利用数据资源中心在自动驾驶虚拟仿真平台建设中的经验，迎合企业在智能网联汽车研发验证方面的场景需求，解决行业在本土化功能安全评价方面的痛点问题，数据资源中心对基于驾驶场景大数据的自动驾驶虚拟仿真平台建设研究进行了全面总结，从驾驶场景研究和分类、场景数据采集、场景数据处理和分析、场景数据库建设以及虚拟仿真平台搭建这五个层面进行深入分析和阐述，进而为行业提供切实可行的技术支持。

关键词： 智能网联汽车 驾驶场景 虚拟仿真 测试评价体系

在智能网联汽车的发展过程中，驾驶场景数据以及虚拟仿真是其中最为重要的组成部分，贯穿于智能网联汽车产品开发、车型测试、品质评价、示范园区建设等整个产业发展全过程。驾驶场景数据的采集、分析、处理以及虚拟仿真场景搭建，能够助力智能驾驶系统早日实现产业化应用，推动智能网联汽车在新技术、新产品、新业态、新模式上的创新发展，具有巨大的市

---

* 赵帅，中国汽车技术研究中心有限公司数据资源中心技术发展部部长；武毅男，中国汽车技术研究中心有限公司数据资源中心技术发展部高级算法工程师；宝鹤鹏，中国汽车技术研究中心有限公司数据资源中心技术发展部项目经理。

场应用潜力、极高的经济价值和广泛的社会影响力。

基于上述分析，中国汽车技术研究中心有限公司数据资源中心自2015年起开始开展驾驶场景数据采集及分析研究工作，不断积累自然驾驶场景源，目前已采集超过32万公里自然驾驶里程数据，地域覆盖北京、天津、上海等重点城市，工况覆盖高速、城市、乡村、停车场等重点领域，环境覆盖晴天、雨天、雪天、雾霾等多种天气，范围覆盖典型场景、边角场景、事故场景等多种类型场景，已建设成首屈一指的中国特色驾驶场景数据库。

经过多年的研究和经验积累，数据资源中心逐步形成了一套包含驾驶场景研究和分类、场景数据采集、场景数据处理和分析、场景数据库建设以及虚拟仿真平台搭建在内的完整体系，并在此基础上对自动驾驶虚拟仿真平台建设开展了深入研究。本文从上述五个层面对自动驾驶虚拟仿真平台的建设工作进行详细阐述。

一　驾驶场景研究和分类

（一）驾驶场景的作用

在智能网联汽车的研究和发展过程中，驾驶场景起到了至关重要的作用，其完备程度直接决定了智能网联汽车的感知和决策能力。驾驶场景数据为智能网联汽车的研制提供了不可或缺的数据支撑，是自动驾驶模型开发、智能网联汽车感知和决策算法训练、智能网联汽车安全性测试等环节的数据基础，是智能网联汽车发展最重要的支柱之一。

然而，受限于国内场景相关标准规范不统一、场景数据建设技术不成熟等因素，目前国内智能网联的开发算法主要使用国际上公开的数据源以及各企业机构自行采集的片面数据，缺乏规范和健全的中国驾驶场景数据，导致算法不能完全适用于中国道路场景。因此，中国智能网联汽车场景数据库建设显得尤为迫切和重要，尽快建成体系完善、规范统一的中国驾驶场景数据库，不仅能够促进驾驶行为以及智能驾驶感知、决策模型的研究，而且能够有力支撑虚拟驾驶仿真平台的搭建，进而加速智能驾驶系统的测试，从而进一步推动智能网联汽车的创新发展。

（二）驾驶场景要素划分

在进行驾驶场景数据库建设时，首先需要明确规定驾驶场景所涵盖的关键要素，从而为场景数据的采集以及虚拟仿真平台的搭建提供指导。构成场景的关键要素包括静态要素、动态要素以及驾驶员行为要素，在进行虚拟仿真平台构建时，通过对要素合理赋值以及排列重组，能够充分地扩充虚拟驾驶场景的数量。

通过对驾驶场景进行研究和分析，笔者将驾驶场景划分为四个场景要素维度，分别为环境信息维度、道路信息维度、交通参与者要素信息维度以及交通参与者位置关系信息维度。其中，环境信息应包含驾驶场景中的光照条件、日期与采集时间、环境温度与湿度、天气情况、方向与城市信息以及地理等信息；道路信息用来描述道路类型、道路交通标识、车道数量、车道属性、车道之间位置关系以及车道线属性等信息；交通参与者要素信息包括交通参与者的数量、类型以及行驶状态，其中，行驶状态包括车辆的速度、加速度、直行、掉头、左转、右转、向左变道以及向右变道等状态信息；交通参与者位置关系信息包含各交通参与者的定位信息以及相对位置关系等信息。

（三）驾驶场景分类

在对驾驶场景要素进行划分之后，可以对要素进行组合，构建更加丰富的驾驶场景。为了更好地利用这些场景对智能网联汽车的研发和测试提供支撑，需要对驾驶场景进行分类，构建更为完善的场景数据库结构化体系。在本研究的场景数据库中，驾驶场景被分为四大类，分别为自然驾驶场景、危险工况场景、法律规范场景以及虚拟仿真场景，基于该分类标准，本研究构建了包括不同自然条件、不同道路类型、不同交通参与者以及不同环境类型在内的全覆盖虚拟仿真测试平台。

二 驾驶场景数据采集

驾驶场景数据的采集主要包含两部分，一是驾驶场景数据采集平台的搭建和工具链的设计，驾驶场景数据的采集需要相应的感知系统、定位系统、上位机系统、工控机系统等进行支撑，同时需要依靠统一的工具链实现传感器标定、数据存储和同步处理；二是需要设计合理的采集需求和采集方案，包含采集路线设计、采集天气情况及地理情况覆盖、白天及夜晚光线条件，采集参数精度设定等，为后续的场景数据处理、场景库搭建以及场景应用等提供数据基础。

在下文中，笔者将从数据格式标准的制定、数据来源及采集方案的制定、数据采集平台的搭建这三个方面对场景数据采集流程进行详细阐述。

（一）数据格式标准的制定

为了提高场景数据的共享率和利用率，首先需要结合智能网联汽车开发和测试的需求，对场景数据的格式进行统一的规范，并明确规定中国智能网联汽车场景数据库应至少同步采集车辆 CAN 信号、GPS 信号、周围环境及道路等静态信息（包含天气、风速、温度、道路类型、车道数等）、本车及目标物的动态信息（包含车速、加速度、两车纵向距离、横向距离等）、本车驾驶员的行为信息（包含本车加速度、行驶轨迹、转向灯、油门踏板、制动踏板信息等），从而制定一套汽车行业内认可的场景数据标准。

（二）数据来源及采集方案的制定

驾驶场景数据采集的来源和方案决定了场景数据的真实性和功能性。数据资源中心在进行驾驶场景数据采集时详细制定场景采集路线，涉及高速公路、城市道路、乡村公路、停车场等不同的道路类型，覆盖各种道路上的场景类型，同时也可以满足企业针对各种自动驾驶系统的开发和测试需求。驾驶员的选择会尽量考虑不同年龄段、不同性别、不同职业和不同驾驶倾向等特点。场景采集应尽可能地覆盖晴天、雨天、雪天、雾天等天气情况，尽可能地覆盖白天、夜晚场景。

驾驶场景来源包括自然驾驶场景数据、危险工况场景数据、事故场景数据、仿真场景数据以及重构场景数据，其中自然驾驶数据作为其他场景数据来源的主要基础，代表了较为常见的道路交通状况，因此，必须首先进行自然驾驶场景数据的采集，并不断完善场景库。

针对自然驾驶场景，可通过搭建采集平台进行实地采集，自然驾驶场景数据采集具有真实性、代表性、可量化、通用性的特点。采集得到的场景既要能够反映车辆实际行驶过程中遇到的场景，还要能够覆盖中国道路交通典型场景、边角场景、危险场景、事故场景等场景，同时还应覆盖不同环境、不同道路类型、不同驾驶员驾驶等场景类型。此外，驾驶场景的采集是基于各种感知、定位等传感器系统进行的，场景的表现形式和特征均是由量化的参数来表示的。驾驶场景数据采集应以统一的场景数据采集需求、场景数据存储格式、同步方式等为基本前提，并应制定通用统一的驾驶场景数据采集工具链和规范。

危险工况和事故场景涵盖了恶劣天气环境、复杂道路交通以及典型交通事故，针对危险工况和事故场景，除了搭建采集平台进行实地采集之外，还可借助公安部提供的数据对场景数据库进行扩充和完善。数据资源中心通过对场景进行参数化统计分析，提炼出不同影响因素下的危险工况测试用例，其中包括天气光线、地理地形、交通拥堵、路面结构、特殊障碍物等因素引起的易发性危险场景案例。

仿真场景数据以及重构场景数据来源于自然驾驶数据、危险工况场景数据以及事故数据，并以虚拟仿真技术为支撑、场景研究算法为核心，进行虚拟仿真场景构建。仿真场景主要包括自然驾驶仿真场景、危险工况仿真场景、标准法规测试场景以及参数重组仿真场景，其中，自然驾驶仿真场景和危险工况仿真场景是由真实采集的数据衍生而来的，标准法规测试场景则是基于 ISO、NHTSA、ENCAP、CNCAP 等多项标准和评价规程构建的。标准法规测试场景是自动驾驶功能在研发和认证阶段需要满足的基本场景，数据资源中心始终紧跟自动驾驶政策发展动态，已构建 20 余种标准仿真测试场景，支持 AEB、ACC、LKA、APA 等多种自动驾驶功能的仿真验证，同时贯通了标准场景的自动化测试流程。参数重组仿真场景旨在将已有仿真场景进行参数化设置，并完成仿真场景的随机生成或自动重组，进而补充大量未知工况的测试场景，有效覆盖自动驾驶功能测试盲区。

（三）数据采集平台的搭建

结合智能网联汽车的实际需求，数据资源中心制定了场景数据采集硬件平台搭建方案，采集到了完备的驾驶场景和元素，为数据库的建设提供保障。根据需求的不同，本研究分别设计了基于视觉和基于多传感器融合的多种采集平台方案。

图 1 为数据资源中心已有的基于单目视觉的场景采集平台。此平台搭配了前向视觉传感器，自主开发目标检测、识别、追踪等算法，具备了良好的性能。平台还配备前、后、左后、右后和 360°环视摄像头，实现采集车辆无盲区视频采集。搭配便携式采集系统和上位机系统能够同步采集并存储车辆 CAN 信号、GPS 信号、目标级信号和视频信号。整套设备小巧玲珑，成本较低，适合大规模驾驶场景采集。

图 1　基于单目视觉的场景采集平台

图2为数据资源中心已有的视觉与毫米波雷达融合的场景采集平台。与单视觉采集平台对比，将毫米波雷达和视觉传感器融合，提高整个采集平台的采集精度和可靠性。融合系统的实现方法是由视觉与雷达分别独立完成目标的检测，获得各自的目标序列，即雷达可提供目标的位置和纵向速度信息，视觉的图像处理算法可以提供目标的位置、宽度、类型和质量信息，采用融合算法对获取结果进行综合判断，并筛选雷达检测的有效目标信息与视觉检测的目标进行匹配，最后将车辆前方障碍物对应的结构化信息输出。此平台成本稍高，但是提高了驾驶场景采集参数的多样性和精度，更有利于后期的场景数据处理分析和应用。

图2　视觉与毫米波雷达融合的场景采集平台

图3为数据资源中心已有的多传感器融合的场景采集平台。平台安装了Mobileye单目视觉、双目视觉、低线束线激光雷达、高线束线激光雷达、毫米波雷达等感知传感器，同时匹配高精度惯导系统、环视高清摄像头。通过自主开发的采集系统同步采集存储各个传感器信号、车辆CAN信号、车辆

位置信号等参数。同时，数据资源中心正在开发多传感器融合算法，最终实现视觉、毫米波雷达和激光雷达的目标级数据融合，最大限度地提高场景采集参数的多样性和精度，为驾驶场景数据的处理和分析应用等做好铺垫。

图 3　多传感器融合的场景采集平台

三　场景数据处理和分析

采集的数据只有经过有效地处理，才能被应用到模型训练和开发过程中。在场景数据处理中，我们首先应对采集数据进行细致而全面的标注，拟将驾驶场景分为循线行驶、跟车、邻车切入、前车切出、走停、换道、超车换道、十字（交叉）路口、行人、骑行者、泊车等大类，用统一的场景标签对场景数据进行标记，同时针对每个类别的场景进行静态特征、动态特征、驾驶员行为要素的描述、特征值提炼和分析，为中国特色的驾驶场景提炼与构建奠定基础。同时应进行场景图片、视频和 3D 点云的标注模块开发和数据标注，标准数据包含行人、车辆、信号灯、指示标志、警示标志、禁止标志、路面标志等信息，用统一的 PascalVoc 标准的 XML 格式对信息进行存储。

（一）场景数据处理流程

在数据处理中，首先需对采集的原始数据提供清洗流程，使其具备较好的分析条件，由于不同数据具备不同的优势，通过匹配不同传感器，最大化实现传感器性能的叠加，使数据具备较好的复现价值，具体流程如图 4 所示。

	激光雷达	摄像头	毫米波雷达
远距离测距能力	优	良	优
分辨率	良	优	中
低误报率	良	一般	优
不良天气适应性	良	较差	优
低成本硬件	较差	优	良
行人/车辆识别	一般	优	较差

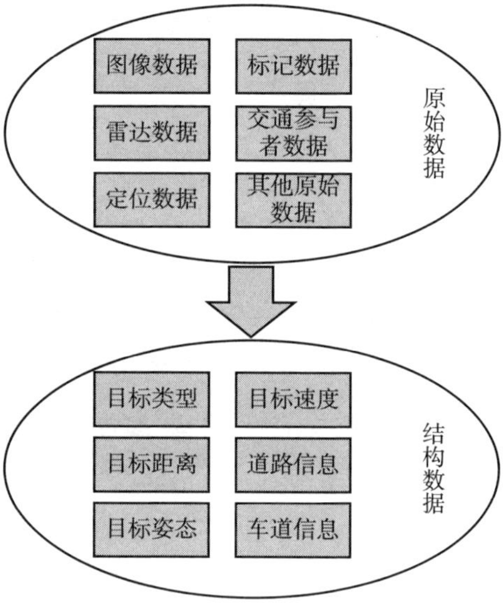

图 4　传感器性能与数据处理流程

基于上述目标，在进行数据处理之前首先需要对传感器进行安装标定，从硬件上对传感器数据进行清洗，通过将传感器安装到合理的区域与方向，减少采集过程中的误报率和噪声。

此外，由于不同传感器的性质不同，数据类型也不同，需要对多源传感器的数据进行匹配和融合处理。在匹配方面，由于不同传感器具备不同的频率，首先需要进行频率统一处理。通过使用中值采样、样条差值采样等方法，可以实现传感器时间轴的统一。

随后，针对不同传感器数据特征，分别进行数据前融合和数据后融合。前融合算法针对的是传感器原始数据，在完成数据融合之后才进行目标识别工作，包括神经网络、数据匹配算法等方式。通过前融合可以改善单一传感器在特定工况下的探测弱点，从数据上提升传感器的精度。前融合算法的流程如图5所示。

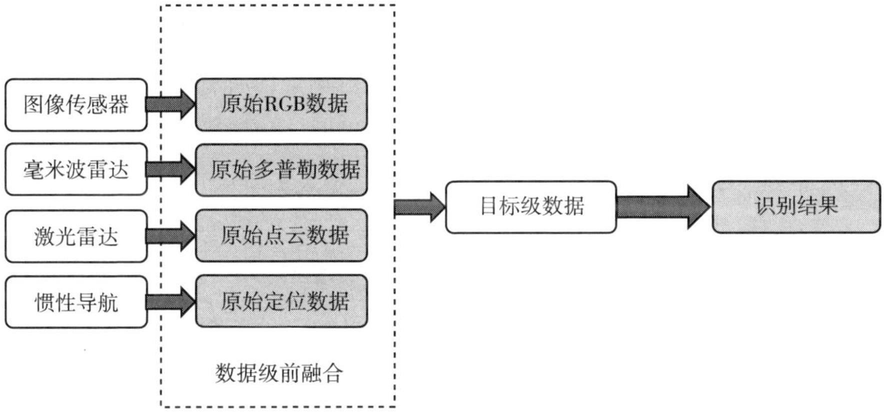

图5　数据级前融合算法流程

后融合算法针对多源传感器各自的识别结果进行融合，包括目标匹配、目标追踪、目标滤波等算法。后融合算法具有运算量小、冗余度高以及误检率较低等优势，通过充分利用各种传感器在不同工况下的性能优势，实现精确的目标融合。其流程如图6所示。

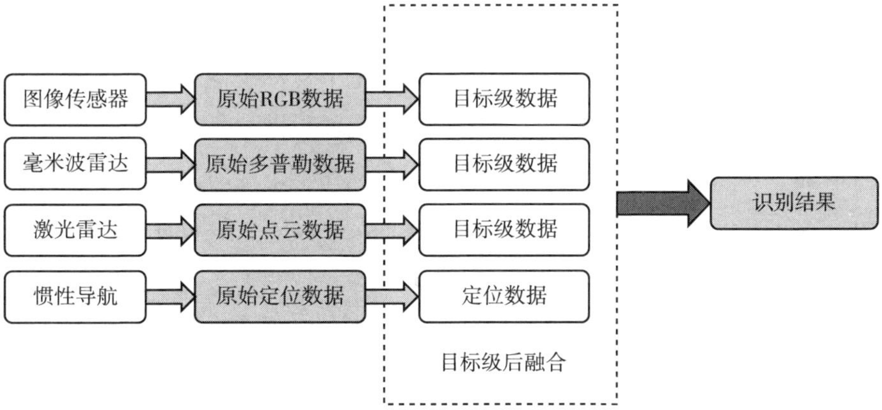

图6　目标级后融合算法流程

（二）场景分割

在完成上述数据处理工作后，需要对场景数据进行进一步分割。首先，基于本车运动轨迹信息，并结合相应的预测算法，对周边参与者的轨迹进行预估。通过对这些数据进行整合和分析，实现对场景中所有交通参与者的姿态预估，并完成相应的场景要素提取。随后，对提取出的场景要素进行相应的分类，从而完成场景分割。场景要素分类结果应具备表 1 所示的几种数据维度。

表 1　场景数据要素分类维度

<table>
<tr><th>环境信息</th><th>道路信息</th><th>交通参与者信息</th><th>交通参与者移动信息</th></tr>
<tr><td>光照</td><td rowspan="2">道路及车道线</td><td rowspan="3">交通参与者信息</td><td rowspan="2">移动信息</td></tr>
<tr><td>日期方位</td></tr>
<tr><td>温湿度</td><td rowspan="2">交通标识</td><td rowspan="2">加速信息</td></tr>
<tr><td>天气</td><td rowspan="3">本车基准道路信息</td></tr>
<tr><td>城市道路</td><td rowspan="2">车道曲率</td><td rowspan="2">速度信息</td></tr>
<tr><td>地理海拔</td></tr>
</table>

（三）场景统计分析

在完成场景要素分类以及驾驶场景划分之后，需要对驾驶场景进行统计分析，为进一步利用场景要素和片段实现场景生成提供支撑。

通过对场景进行统计分析，能够得到场景中目标车辆与采集车辆之间的横摆方向关系，如图 7 所示，每一个数据柱代表目标车辆相对于本车在横摆角方向的一次移动，其中，红色代表目标车辆在本车正前方，绿色代表目标车辆在本车左前方，蓝色代表目标车辆在本车右前方。当目标车辆在场景中完成了一次跨越三车道的变道，则包含了全部三种颜色。

同时，通过对车距进行统计分析能够有效提取车辆相对移动关系，分析结果如图 8 所示，红色代表车距较近，绿色代表车距较远，蓝色代表适中。

通过上述分析，能够得到场景中目标车辆的运动轨迹和标记数据，从而实现相应场景在虚拟仿真中的复现，完成应用仿真场景的搭建。此外，通过

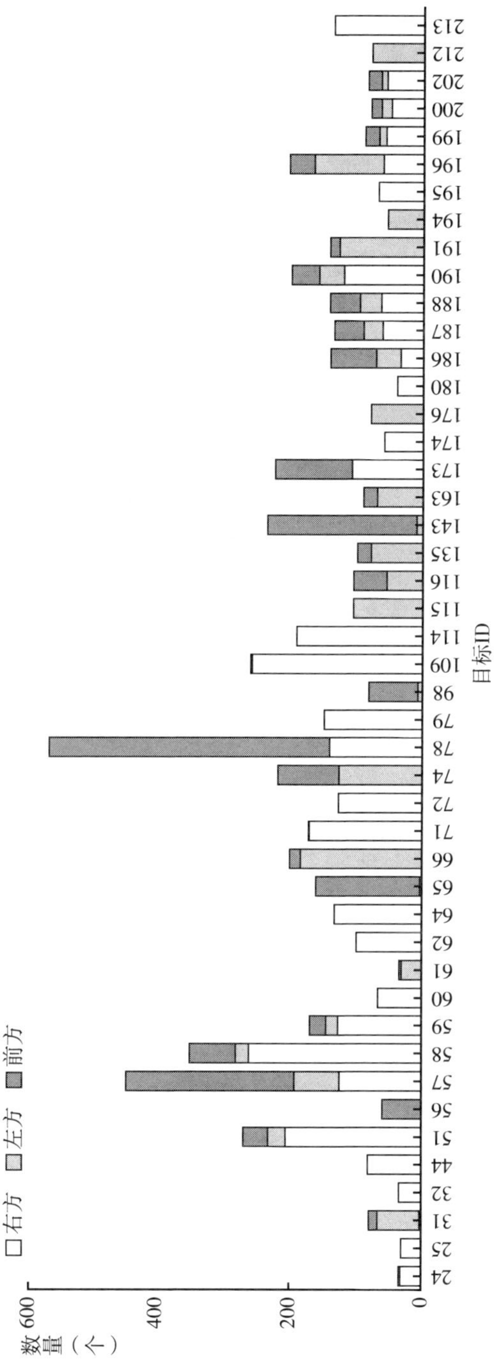

图 7　目标车辆与采集车辆横摆方向关系

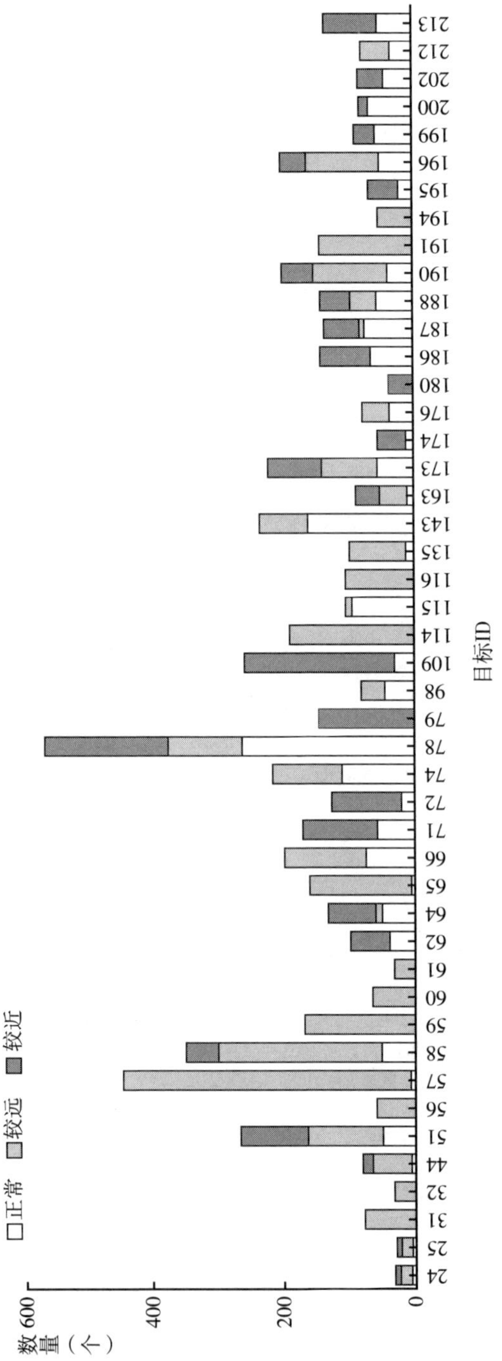

图8　目标车辆与采集车辆前后距离关系

对场景中元素进行提炼和划分，有助于边角场景、特殊工况以及危险工况等场景的搭建，从而进一步扩充数据资源中心现有的场景数据库。

（四）场景复杂度分析

在完成对场景要素和信息的分析之后，需要进一步对场景信息的复杂度进行评价。在进行驾驶场景复杂度评价时，我们以信息熵为方法论，结合驾驶场景的维度信息，分别计算场景不同维度的信息熵，并进行加权融合，得到场景的最终信息熵，据此对场景进行复杂度评价。信息熵的概念是 C. E. 香农从热力学中借用过来的，利用信息熵可以描述信源的不确定度，对信息进行量化度量，信息熵越大，则信源所包含的信息量越大，复杂度越高。

根据驾驶场景的特点以及虚拟测试评价体系的需求，我们将驾驶场景分为四个维度：主车信息、交通参与者信息、道路信息以及环境信息，分别利用信息熵对各个维度的复杂度进行量化，信息熵计算采用对数的形式，并根据不同维度的特点选取合理的形式和权重，从而得到更加准确的计算结果。信息熵的计算采用如下的公式：

$$C = \log_2(\omega_k + 1)$$

其中，ω_k 代表不同场景维度下需要考虑的权重因素。

在得到四个场景维度的信息熵计算结果之后，根据维度之间的串并联关系，将四个结果进行加权融合，确保最终的场景复杂度计算结果在 0 ~ 1 的取值范围之内，并据计算结果进行复杂度评价：结果在 0 ~ 0.6 之内，则该场景被评级为简单场景；结果在 0.6 ~ 0.8 之内，则该场景被评级为中等场景；结果在 0.8 ~ 1 之内，则该场景被评级为复杂场景。驾驶场景复杂度评级的流程如图 9 所示。

通过上述场景数据清洗、场景分割、场景数据统计分析以及场景复杂度评级，数据资源中心团队初步形成一套较为完整的数据处理与分析流程，为场景数据库的建设以及虚拟仿真平台的搭建提供了基础和保障。

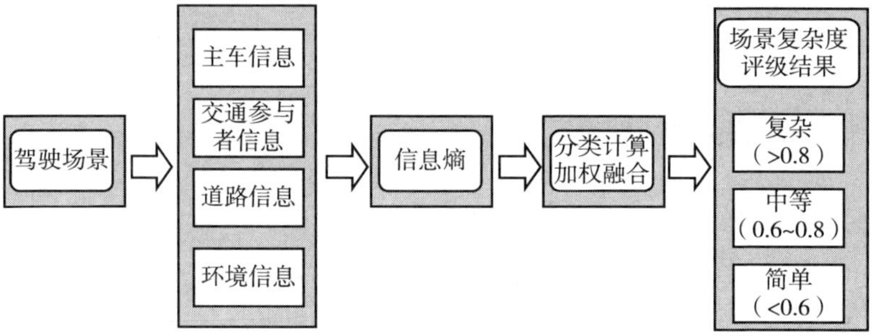

图 9　驾驶场景复杂度评级的流程

四　场景数据库建设

在上述研究的基础上，数据资源中心构建一套完整的场景数据库构建体系，该体系是包含数据采集、数据处理、数据格式、数据库结构以及仿真软件接口在内的标准性流程和规范，从而指导驾驶场景数据库的标准化建设，以便于场景数据库的不断扩充和完善。

该数据库涵盖自然驾驶场景数据、危险工况场景数据、事故场景数据、仿真场景数据以及重构场景数据。此外，在数据库建设中应确定包含功能场景库、逻辑场景库以及测试用例在内的数据库结构，并制定场景数据处理方案，同时还应规范场景数据格式，从而为智能网联汽车的模拟仿真、试验验证以及试验场的设计与建设提供数据支持，促进中国智能网联汽车技术的发展。

通过场景数据库的建设，提高场景数据的共享率和利用率，降低行业内数据的使用成本，提升智能网联汽车的发展效率，避免资源浪费，提升社会经济效益。同时，场景数据库的建设能够为智能网联汽车行业提供更加完备的数据，缩短智能网联汽车的研发和测试周期，为智能网联汽车在实际道路上的测试提供支持和保障，从而促进智能网联汽车在我国实际道路上的尽快落地。

（一）场景数据库结构的确定

在进行驾驶场景数据库构建时，首先通过对驾驶场景数据进行归纳整理，生成了具有代表性的典型驾驶场景，建立起功能场景—逻辑场景—测试场景三层的典型驾驶场景结构体系，根据智能网联汽车研发和测试需求，确定功能场景库的内容，通过数据量化和定义参数空间，生成了逻辑场景库，并针对逻辑场景库进行格式定义和参数选择，生成了更为具体的测试用例，以便于对智能网联汽车进行测试和评估。同时，该数据库应涵盖自然驾驶场景数据、危险工况场景数据、事故场景数据、仿真场景数据以及重构场景数据，从而为智能网联汽车的研发和测试提供更多的功能支撑。

（二）功能场景库建设

在进行功能场景库建设时，应以特定的格式描述场景，通过引入环境信息、道路信息、交通参与者信息以及交通参与者移动信息，完成场景的具体描述。

数据资源中心采用本体论进行功能场景库建设，得到了场景中各元素之间准确的关系。同时，利用本体论能够遍历驾驶场景中元素间的所有关系，可以更加全面地覆盖功能场景。图 10 反映了功能场景库中各场景元素之间的关系，不同颜色的连接线表示元素之间具有不同的关系属性。

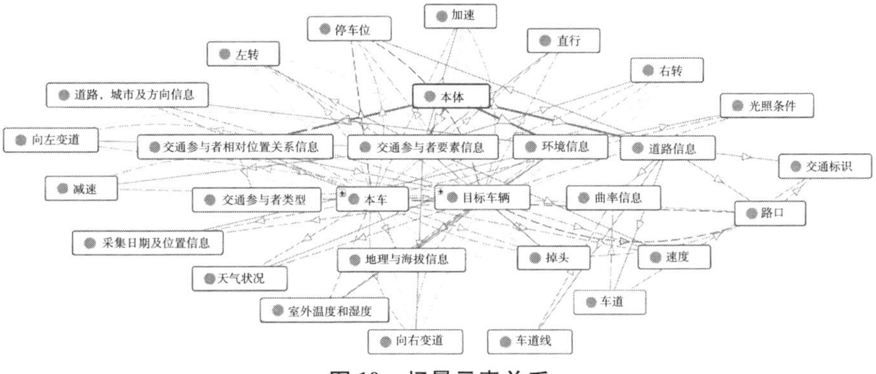

图 10　场景元素关系

通过上述方式可以得到格式统一的功能场景库，为逻辑场景库建设和测试用例的生成提供了基础。每一种功能场景均包含其所属的场景类别以及场景子类，并包含相应的场景 ID、场景名称、环境信息、道路信息以及场景描述。表 2 为部分功能场景的示例。

表2　部分功能场景示例

场景分类	场景子类	场景 ID	场景名称	道路信息	环境信息	场景描述
高速公路场景	10XX. 高速正常驾驶行为场景	1001	高速循线行驶	高速公路;直道、弯道、坡道;两车道、三车道、四车道	晴天、雨天、雪天、冰雹、雾霾;凌晨、白天、傍晚、夜间;温度	本车沿固定车道行驶,本车所在车道前方可监测区域内无其他车辆
		1002	高速跟车	高速公路;直道、弯道、坡道;两车道、三车道、四车道	晴天、雨天、雪天、冰雹、雾霾;凌晨、白天、傍晚、夜间;温度	本车沿固定车道行驶,本车所在车道前方可监测区域内有其他车辆
	11XX. 高速拥堵场景	1101	高速车辆慢速行驶	高速公路;直道、弯道、坡道;两车道、三车道、四车道	晴天、雨天、雪天、冰雹、雾霾;凌晨、白天、傍晚、夜间;温度	高速拥堵导致本车慢速行驶
		1102	高速车辆不断启停	高速公路;直道、弯道、坡道;两车道、三车道、四车道	晴天、雨天、雪天、冰雹、雾霾;凌晨、白天、傍晚、夜间;温度	高速拥堵导致本车不断启停

（三）逻辑场景库建设

在建立功能场景库之后，通过主车信息、交通参与者信息、道路信息以及环境信息的参数空间及分布进行限定，即可得到对应的逻辑场景库。逻辑场景的描述如表3所示。

（四）测试场景库建设

在逻辑场景库的基础上，通过对场景中元素的参数进行具体赋值，即可生成大量的测试用例。随后，抽取典型的测试用例，研究特定测试场景数据格式，并实现测试用例的自动生成。

表 3　逻辑场景描述

本车信息	速度	[0,130]km/h
	加速度	[-4,2.5]m/s2
	行驶车道	[-4,4]
	动态驾驶任务	车道保持,跟车,变道,超车,避障,靠边停车,紧急刹车,交叉路口冲突出行,自动泊车,匝道汇入/驶离,行人、非机动车识别和响应,车辆行驶状态识别及响应,车道线和路面标识识别及响应,信号灯识别及响应,其他交通标志识别及响应,其他障碍物识别及响应
交通参与者信息	类型	行人,非机动车辆_自行车,非机动车辆_摩托车,非机动车辆_三轮车,非机动车辆_手推车,目标车辆_特殊车辆,目标车辆_一般车辆,其他障碍物_路障,其他障碍物_路面凸起,其他障碍物_道路设施,其他障碍物_道路施工,其他障碍物_动物,其他障碍物_球类物体
	数量	[0,N]
	位置	行车道[-4,4],人行道,非机动车道,交叉路口,停车位
	速度	[0,135]km/h
	加速度	[-4,2.5]m/s2
	相对纵向距离	[0,120]m
	相对运动方向	同向,对向,左侧横穿,右侧横穿,左侧相对斜穿,左侧相背斜穿,右侧相对斜穿,右侧相背斜穿
道路信息	道路类型	城市道路,乡村公路,高速公路,山路,停车场道路
	道路结构	直道,弯道,平面交叉路口,立体交叉路口,环岛,隧道,桥梁,斜坡
	弯道半径	[105,305]m
	横坡	[4,8]%
	纵坡	[-7, -3]%,[3,7]%
	摩擦系数	[0.1,1]
	车道数	单行道,双向两车道,双向四车道,双向六车道,双向八车道
	车道宽度	3.5m,3.75m
	车道线类型	白色虚线,白色实线,白色虚实线,白色双实线,黄色虚线,黄色实线,黄色虚实线,黄色双实线
	限速标志	[30,120]
环境信息	天气	晴,阴,多云,阵雨,雷阵雨,冰雹,雷阵雨伴有冰雹,雨夹雪,小雨,中雨,大雨,暴雨,大暴雨,特大暴雨,阵雪,小雪,中雪,大雪,暴雪,雾,冻雨,沙尘暴,浮尘,扬沙,强沙尘暴,霾
	时段	白天,傍晚,夜晚
	温度	[-23 ~40]℃

驾驶场景测试用例的数据格式包括道路层、交通基础设施层、目标层以及环境层几个方面，设计统一的驾驶场景数据格式有利于大规模测试用例的自动生成，并能够实现不同仿真平台间的格式转换。测试场景特定数据格式如图 11 所示。

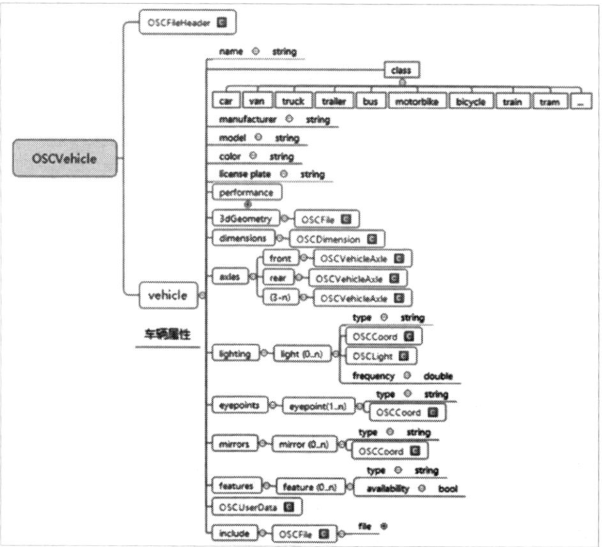

图 11　测试场景特定数据格式

五　虚拟仿真平台搭建

虚拟仿真平台的搭建依托虚拟仿真技术、采集到的场景数据库以及数据处理方法论。在搭建过程中，本研究采用本体论对驾驶场景进行建模，并利用采集到的场景数据库对模型进行实例化，随后，结合场景规则库和实例化场景，在推理机的作用下实现度场景的划分，再利用虚拟仿真技术对划分后的场景进行模拟复现和合理重组，即可得到更加丰富的驾驶场景，进而实现对感知算法的评测。同时，在虚拟仿真平台的搭建中，应制定仿真软件数据接口的规范性标准。

数据资源中心的虚拟仿真平台建设包括虚拟仿真试验场和驾驶模拟器两部分，其中，虚拟仿真试验场如图 12 所示，道路总长为 42. 8 公里，面积为 3. 3 平方公里，包含了 272 个路口以及 20000 + 的交通参与主体，并涵盖静态场景 8 类，动态场景 16 类，能够支持 L1 – L3 不同层级自动驾驶汽车的虚拟仿真测试；驾驶模拟器用于人机交互系统的研发与测试，能够对 ACC 等多种 ADAS 功能进行研发与测试，并能够应用于 L3 级别自动驾驶功能的研发和测试中。此外，驾驶模拟器还可以对极端危险场景进行复现，并能够对人类驾驶员的驾驶极限进行测试。在下文中，我们着重对虚拟仿真试验场的建设工作进行详细阐述。

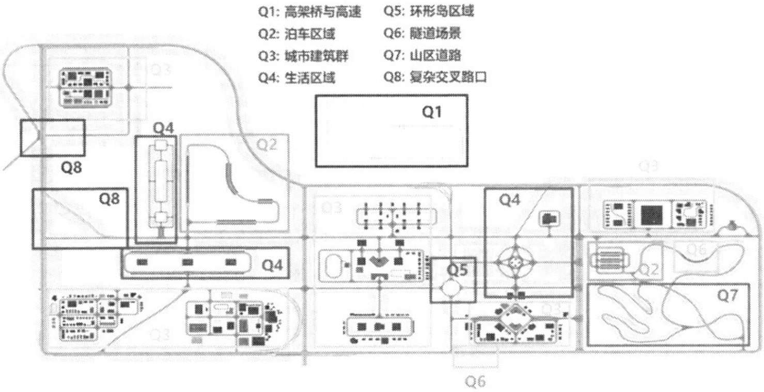

图 12　数据资源中心虚拟仿真试验场

（一）软硬件平台搭建

虚拟仿真试验场的软硬件平台结构如图 13 所示，包括仿真测试平台以及控制算法平台两部分，其中，仿真测试平台主要利用 Matlab 软件的 Simulink 模块进行车辆动力学建模，从而模拟车辆的行驶状态和行为，并利用 CarMaker 软件进行虚拟仿真场景的搭建，生成了包含完整驾驶场景要素的仿真场景。CarMaker 能够实现驾驶场景的静/动态特征建模、环境渲染、实时仿真，极大地丰富了虚拟场景库的应用模式与应用领域。

在此基础上，搭建摄像头在环硬件系统，利用摄像头对虚拟仿真驾驶场景进行拍摄和监控，摄像头拍摄的画面即可模拟本车的视野。随后，摄像头拍摄的画面被传输到控制算法平台上，利用 Python 软件和 Matlab 软件来实现车道线识别、交通标识识别，环境感知和识别以及车辆控制等算法，算法输出通过 udp 协议与仿真平台进行通信，实现摄像头在环。在此过程中，算法的实时计算和数据传输对计算机的性能提出了很高的要求，因此，我们采用三台具有强大计算能力的计算机搭建虚拟仿真试验场的数据工作站。

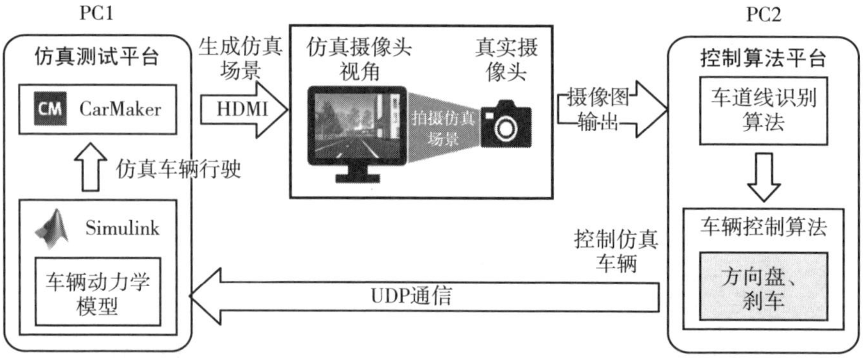

图 13　虚拟仿真试验场的软硬件平台结构

（二）虚拟驾驶场景的搭建

虚拟驾驶场景主要由测试用例经虚拟仿真建模得到，测试用例来源于功能场景与逻辑场景，由于场景参数分布的连续性以及场景元素排列组合的多样性，测试用例是不能穷举的，因此虚拟场景数据库也是无限量的。同时，随着真实采集驾驶场景个数的不断积累，虚拟场景数据库也会得到不断丰富和完善。

构成场景的关键要素包括静态要素、动态要素以及驾驶员行为要素，要素的不同排列组合及遍历取值扩展了虚拟场景库的边界，使得虚拟场景的个数呈比例式增长。例如，同一个测试场景通过改变天气状况、光照条件、交通参与物个数及位置能够扩展测试用例。此外，借助虚拟仿真工具链开发标准的驾驶场景数据接口，能够实现测试用例的批量化导入及建模，并利用高性能仿真服务器实现批量化的仿真测试，节约时间成本与人力成本。

数据资源中心将虚拟仿真场景划分为自然驾驶场景、危险工况场景、法律规范场景、参数重组场景四类，包括不同自然条件（天气、光线等），不同道路类型（路面状态、车道线类型等），不同交通参与者（车辆、行人位置速度等），不同环境类型（高速、小区、商场、乡村等）等多类型虚拟仿真测试用例。

1. 自然驾驶仿真场景

自然驾驶仿真场景来源于数据资源中心采集的驾驶场景数据库以及企业的道路测试场景。自然驾驶仿真场景能够很好地体现测试的随机性、复杂性及典型性区域特点。目前数据资源中心已采集 32 万公里的自然驾驶场景数据，经过成熟的场景划分方法生成了上千种典型测试用例，基于每日更新测试用例数据的建设机制，不断丰富和完善自然驾驶仿真场景库。图 14 为几种典型的自然驾驶仿真场景。

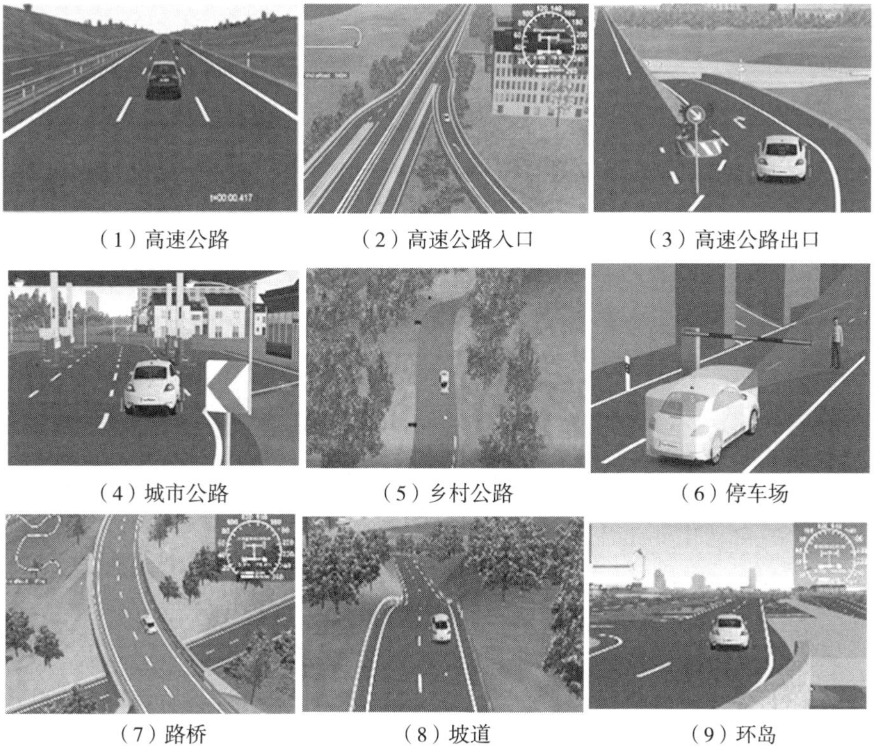

（1）高速公路　（2）高速公路入口　（3）高速公路出口

（4）城市公路　（5）乡村公路　（6）停车场

（7）路桥　（8）坡道　（9）环岛

图 14　几种典型的自然驾驶仿真场景

2. 危险工况仿真场景

危险工况仿真场景主要涵盖恶劣天气环境、复杂道路交通以及典型交通事故三大类仿真场景。数据资源中心从大量自然驾驶场景数据库中，通过对场景进行参数化统计分析，提炼出不同影响因素下的危险工况测试用例，其中包括天气光线、地理地形、交通拥堵、路面结构、特殊障碍物等因素引起的易发性危险场景案例。另外，数据资源中心通过对这些危险工况数据进行分析录入和仿真场景搭建，将危险工况场景参数化，以用于更多极限和边缘场景的扩展生成。图 15 为一种重度雾霾天气下的危险工况场景。

图 15　重度雾霾天气下的危险工况场景

3. 标准法规测试场景

标准法规测试场景是自动驾驶功能在研发和认证阶段需要满足的基本场景，数据资源中心始终紧跟自动驾驶政策发展动态，已基于 ISO、NHTSA、ENCAP、CNCAP 等多项标准、评价规程构建了 20 余种标准仿真测试场景，支持 AEB、ACC、LKA、APA 等多种自动驾驶功能的仿真验证，同时贯通了标准场景的自动化测试流程。

4. 参数重组仿真场景

参数重组仿真场景旨在将已有仿真场景进行参数化设置并完成仿真场景的随机生成或自动重组，进而补充大量未知工况的测试场景，有效覆盖自动驾驶功能测试盲区。参数重组的仿真场景可以是法规场景、自然场景和危险场景。通过不同交通要素的参数设置可以重组法规场景；使用参数随机生成算法可以重组自然场景；针对危险场景的重组，数据资源中心通过自动化测试寻找边缘场景，计算边缘场景的参数权重，扩大权重高的危险因子参数范围，可实现更多危险仿真测试场景的自动化生成。图 16 为通过部分参数重组得到的两个对应的虚拟仿真场景。

图 16　参数重组仿真场景

（三）自动驾驶算法的测试

为了验证自动驾驶汽车具有与人类驾驶员相当甚至比人类驾驶员更好的性能，自动驾驶汽车需要经历数十亿英里的实车测试里程。自动驾驶测试一般分为仿真测试、封闭场地测试、道路测试，这三种测试方案的优缺点如表 4 所示。

表 4　三种测试方法的性能对比

测试方法	优点	缺点
仿真测试	1. 测试环境搭建方便 2. 测试场地重复性好 3. 无测试安全性问题 4. 测试效率高 5. 可在开发早期测试	因模型仿真精度不够,部分性能测试和标定无法实现
封闭场地测试	1. 测试安全性较高 2. 可进行性能测试和标定	1. 测试场景较为简单,一般只能进行某些功能验证 2. 测试场地投资成本较高 3. 测试效率较低
道路测试	1. 可进行性能测试和标定 2. 测试场景丰富 3. 测试验证最终环节	1. 测试安全性较低,适用于比较成熟的智能驾驶系统验证 2. 测试效率较低

封闭场地测试和道路测试受政策制订、场地建设、时间成本、资源条件等条件的限制，对于企业实际投入测试存在一定的门槛。此外，被测车辆在封闭场地测试和道路测试过程中出现控制失灵、决策冲突等意外状况的后果比较严重，会造成较为严重的损失，甚至可能造成人员身亡。另外，中国城市道路场景统计共有300余种，且部分场景测试难度较高，封闭场地测试和道路测试难以全面验证。道路测试中的交通信息复杂多变，难以稳定控制变量，不利于单一因素的验证和调试。

自动驾驶的仿真测试是一种更为安全和高效的测试方法，在智能网联汽车的测试中将会起到更加重要的作用。在进行封闭场地测试和道路测试之前，可以进行大量的虚拟仿真测试，以节约时间和人力成本，加速智能网联汽车的落地。仿真测试除了可以帮助企业提高研发效率、节约研发成本，最重要的应用意义是它可以满足无限量、可重复、极限工况的场景测试要求。

相对于实车测试，仿真测试的控制系统集成了整个智能驾驶功能模块，增加了复杂性。同时仿真测试是将来源于仿真交通场景的传感器信号，包括摄像头、雷达、GPS等信号传输给控制系统，作用于车辆动力学模型完成速度、制动、转向系统的决策。对于L4及L4以下的自动驾驶系统，仿真测试包含驾驶员与无人驾驶控制器之间的交互。虚拟仿真测试的流程如图17所示。

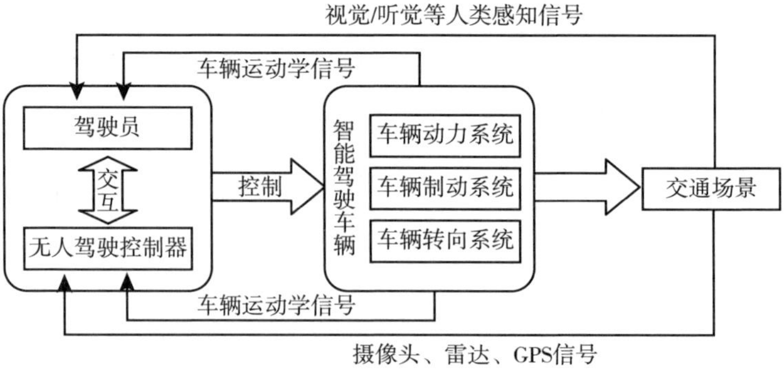

图17　虚拟仿真测试的流程

（四）虚拟仿真测试的评价体系建设

在对自动驾驶算法进行仿真测试之后，需要对其安全性和性能进行评价。数据资源中心从法规要求、功能安全、算法有效性等多个方面综合提出了自动驾驶虚拟仿真测试评价体系，增强了驾驶场景支撑智能网联汽车研发与测试的现实意义。虚拟测试评价体系的整体框架如图 18 所示。

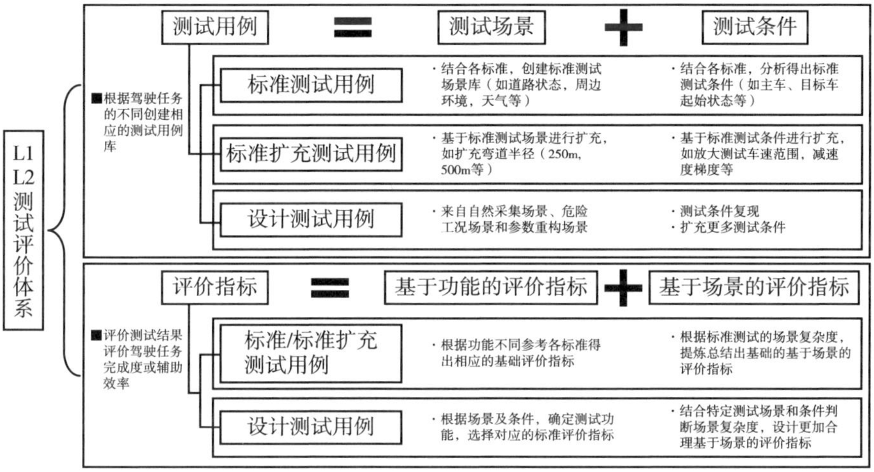

图 18　虚拟测试评价体系整体框架

虚拟测试评价体系分成两个部分：测试用例与评价指标。测试用例包括测试场景和测试条件，测试场景指测试时外部环境的状态，如天气、道路状况、道路周围环境、道路的曲率半径等静态条件；测试条件指测试时主车与其他交通参与者的状态等动态条件。

结合虚拟仿真测试的优势，我们又将具体的测试用例分为三类：标准测试用例、标准扩充测试用例和设计测试用例。标准测试用例为结合已有标准（如 ISO，SAE，NCAP 等），将实车的测试用例搭建成虚拟仿真的测试用例。这一部分的测试用例的作用在于与实车测试相互验证，以说明虚拟仿真测试可以反映实车的真实性能，可以替代一部分的实车测试。标准扩充测试用例为结合标准测试用例，扩充其测试场景，如改变道路状态、周边环境、天气等以及增加其测试条件，如增加主车测试时的速度范围、减速度大小等。标准扩充测试用例既结合了标准测试的权威性，又合理利用了虚拟仿真能实现更多测试场景、条件的优势，是从标准测试用例到设计测试用例的一个过渡。设计测试用例是以采集到的真实驾驶场景（如自然驾驶场景、危险工况场景等）作为其测试场景，采集到的驾驶数据（如本车速度、加速度、前车车速等）作为其测试条件，重现真实驾驶场景并进行测试。设计测试用例来自实际驾驶过程，更加广泛也更加贴合实际，能更好地反映测试功能在真实场景中的性能。

评价指标则分成了基于功能的评价指标和基于场景的评价指标。基于功能的评价指标主要是针对各自动驾驶功能设计的评价指标，主要是根据已有的相关标准，结合测试的具体情况进行设计，反映了所测车辆对测试功能的完成度的评价。基于场景的评价指标则主要是评价场景复杂度，根据场景的不同复杂程度，判断该场景下的评价得分在所有测试用例中的重要性，从而得出最终的综合性评价结果。

通过构建一套较为完善的评价体系，能够填补国内虚拟仿真测试评价体系的空白，有助于加速自动驾驶虚拟仿真测试的发展，从而为自动驾驶技术的产业落地提供有力的支持。

B.17
基于大数据的车险理赔综合应用平台建设研究分析

郭维明　马 欣*

摘　要： 自2000年以来，我国车险保费收入占财险保费收入的比例一直维持在60%以上，是财产保险收入的重要支柱。然而，在车险业务取得骄人成绩的同时，随着机动车保有量和车险市场规模快速增长，我国汽车的保险市场中高赔付率、理赔纠纷、欺诈骗赔等问题日益突出，车辆定损理赔纠纷和投诉案件激增，加剧我国汽车保险行业收支不平衡的亏损状况。基于目前车险理赔现状，本文梳理出在车险理赔环节中的数据需求，通过系统底层数据架构设计、维修逻辑设定、智能图形识别算法研究、大数据存储与挖掘技术应用等方法共同研究车险理赔综合应用平台的建设，服务于保险与汽车行业，提升车险理赔的服务能力及引领行业共建平台建设，促进汽车后市场健康、有序发展。

关键词： 车险理赔　应用平台　智能算法　大数据挖掘

车险已经是与社会公众关系紧密、利益明显、利益直接的一项保险业务。在整体业务环节中，车险理赔业务的服务质量，关系保险消费者对保险

* 郭维明，中国汽车技术研究中心有限公司数据资源中心后市场数据部部长；马欣，中国汽车技术研究中心有限公司数据资源中心后市场数据部项目经理。

行业的意见，进而涉及保险行业的整体信誉。当前，车险在理赔工作中的难点问题值得深思，需要寻找有效的措施来解决理赔困难的问题。车险理赔在车险经营中，成为公众关注的重点问题，保障理赔服务的质量，将直接影响整体保险公司的运营质量。因此，提升车险理赔服务的质量，保护消费者理赔利益，是目前车险业务发展重要环节。

一　车险理赔综合应用平台规划分析

（一）车险综合理赔业务分析

车险理赔难度大是一个长期存在且复杂的问题，解决该问题，是一项庞大复杂的工程，需要行业共同付出努力。以为就车险理赔业务存在的业务以及相应的解决的办法做了简要分析。

1. 车险理赔行业存在的问题

（1）理赔审批环节多

一般案件审核机制冗长，每个案件都要通过各层支公司理赔分部和分公司核批，大案还要报经省分公司审批核赔，在这些环节中任何一个地方出现问题都会出现理赔不及时造成客户体验差的情况。

（2）核损不规范

审核保险主体及责任需按照条款及条款解释的规定进行，细致分析原因，来确定是否属于实际的保险问题责任。而有些工作人员，不认真、耐心地分析事故原因、问题、结果以及连锁反应，不能准确地划分责任边界。对于赔偿或拒赔，不是根据实际的条款说明的责任免除来确定，而是凭自身经验，想怎样处理就怎样处理。尤其是拒案，缺乏充分的证据和论证，致使该赔的没赔、不该赔的却赔了。

（3）理赔工作透明度差

车险的定损理赔工作不同于其他社会工作，其覆盖面广、技术性强，计算类别多，这就要求理赔定损一定要公开、透明、快捷、便利。既当运动员，又当裁判员，对于保险主体来说，就意味着车险理赔违背了公平公正的原则。对于这个问题，即使保险公司的理赔结果是正确的，也往往令人难以信服，导致实际理赔工作中容易产生纠纷。

（4）理赔流程和行业统一标准缺失

车险在我国发展历程不长，我国在这方面和发达国家相比还有很大的差距，缺乏行业规范的理赔流程，大多数理赔人员还是经验优先，自主性较大，所以，实际理赔操作中透明度低，没有相应的理赔监督机制。由于相关事务全部是保险公司自己管理，相关制度由其制定，无法得到社会的监督认可，就算理赔人员尽职尽责，车主不满意的程度依旧很高，双方并未建立起真正的信任与联系。由于没有统一的保险理赔规程，所以监督检查无规则可循。

2. 健全车险理赔业务对策

（1）加快整体理赔速度

车险理赔工作是一项十分复杂的工作，整体定损理赔速度的快慢直接影响客户的体验度。所以对于理赔中各种问题，我们不仅要正视它们，而且要克服他们。所以我们必须通过强化方案、转变思想，进一步完善理赔流程，保险公司才能使车险理赔业务进一步发展。

（2）定损理赔工作的进一步升级与先进技术的创新

为了车险风控的需要，中国定损理赔案审批执行权限上报审批制度，这种流程对减少道德风险、降低车险赔付起到了一定的作用，但是随着车险的普及、车主自身保险意识的提高，客户对车险服务已经有了更高的需求，所以我们必须对现有的车险理赔规程进行升级，在风险管控方面可以学习国外的先进模式，采用云端技术，实现定损、核损云端审批，现场勘查人员可当场向客户做出理赔评估。

信科技将使车险定损理赔管理水平升级，现在国内保险公司均在加大车险在信息化，智能化方面的建设。在使用时可以采取模块化的设计建设思路，在开发新系统的同时，应加强对车险各个子系统的整合，并务必保证与原有系统的平滑连接。加大各种新兴技术的应用。

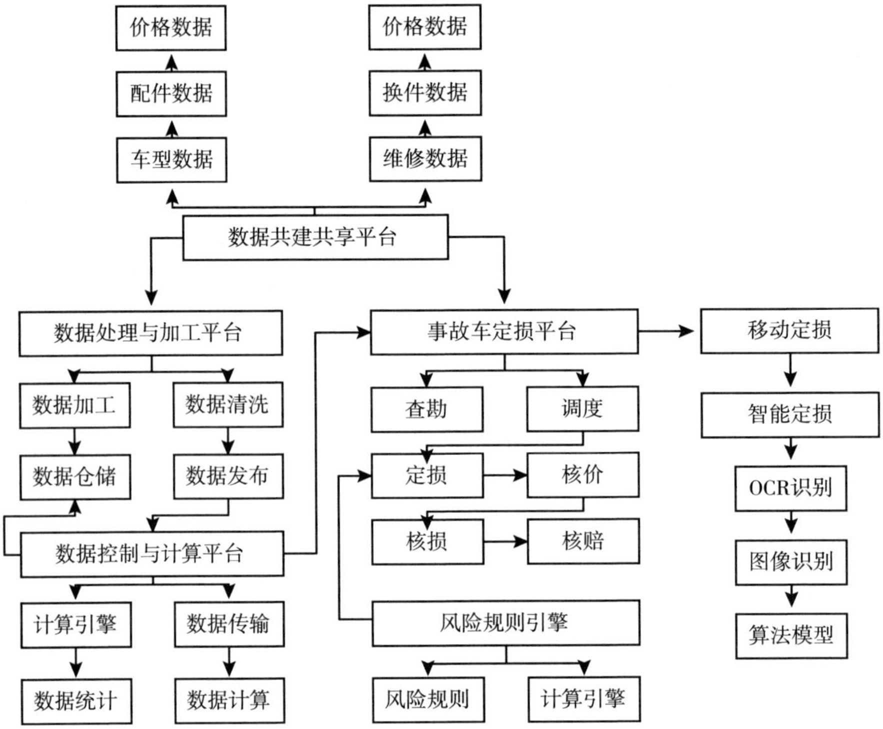

图1　基于大数据的车险理赔综合应用平台规划

（二）车险理赔综合应用平台规划研究

车险理赔综合应用平台基于车险理赔环节所应用的数据，结合实际定损理赔业务进行平台应用的规划研究，如图1所示。整体基于大数据的车险理赔综合应用平台可以分为6个主要具体应用，分别是：

数据处理与加工平台应用——进行车险理赔数据源数据的加工处理；

数据控制与计算平台应用——进行车险理赔数据的计算与输出；

事故车定损平台应用——车险理赔的核心应用，处理定损理赔业务；

风险规则引擎应用——通过风险规则、计算引擎实现定损减损率提高；

移动定损、智能定损应用——通过AI智能快速实现事故车定损；

数据共建共享平台应用——建立起汽车企业与保险企业的数据桥梁。

二 车险理赔定损环节数据应用分析

（一）车险理赔定损环节需要使用的数据分析

保险市场需要大数据技术来进行升级和发展，运用新的信息技术发展，研发新工具进而带来产品创新和商业模式的变革。在目前大数据环境下，保险行业面临互联网企业的不断挑战，依托大数据技术的运用和互联网的经营模式，不挑战传统车险经营。

1. 车险行业数据分析

目前车险行业经营中会应用到的数据主要涉及人、车、路三个方面。

“从人”数据主要是指相关人员的性别、年龄、驾龄、所在地区、历史赔付记录、历史违章记录、个人消费信用、驾驶行为习惯、驾驶风险暴露和路径集中度等风险因子数据。

“从车”数据主要是指车辆所有人、使用性质、车价、车型、车龄、车况、吨位、里程数、车况、交易记录、历史赔付记录、维修保养记录和历史修车地点等车辆自身常态风险因子数据。

“从路”数据主要是指车辆经常行驶路段的道路等级、路面平整度、道路顺畅度、道路事故发生率及当地区域气象情况等外部风险因子数据。

通过外部风险分析，结合“从人”、“从车”数据参考，对消费者车辆使用过程进行车险事故发生概率的精准画像，为保险公司自主核保定价和车险理赔提供数据参考。

2. 车险行业数据来源

车险行业数据作为保险公司经营的支撑其主要来源有三个方向：一是内部数据的自建；二是采购外部数据信息；三是与汽车企业共建共享数据。内部数据自建存在数据质量、人力投入、平台建设、成本投入等方面的制约，目前只有个别大型保险公司在实施，收效甚微；外部数据采购存在数据单一、采购成本高和数据匹配的问题，此种方案也是目前大部分保险公司采用的数据方案；对比之下，全国车险信息的共享共建最为保险企业所接受，特别是为中小企业提供了大数据应用发展的契机，为整个保险行业的健康持续发展奠定了数据基础。

3. 车险理赔环节数据应用

车险理赔标准工作流程为：车辆出险、车主报案、现场查勘、定型定损、单据核价、单据核损、单据核赔和完成支付。结合理赔工作实际操作，其重点内容可概括为案件的调查取证和车辆损失核定两部分。

在案件调查取证环节中，保险公司想获取更多的车辆信息及案件信息，便于调查核实事故的真实性。其中常用数据分为车辆信息、驾驶员信息和案件信息三大类。

（1）车辆信息中车主信息用于识别判断车主是否有风险记录；车辆使用性质用于识别判断车辆使用途径风险；车辆转移信息用于识别判断驾驶员车辆是否存在风险转移；车辆外观信息用于识别判断车辆是否存在改装及旧伤风险；车辆历史赔付记录用于识别判断车辆出险风险因子。

（2）驾驶员信息中驾驶员个人信息用于识别判断驾驶员是否有风险记录；驾驶员电话信息用于识别判断是否有异常通话及换驾风险；行为轨迹信息用于识别判断驾驶员是否符合正常的出险状态。

（3）案件信息中出险时间和报案时间信息用于识别判断客户是否第一时间报案，其间是否存在异常变数；出险地点和报案地点信息用于识别判断是否第一现场报案，车辆是否有转移风险；事故经过信息更是有助于了解事故发生原因及损失情况，对案件性质进行定性。

（二）目前在数据应用方面存在的痛点

大数据在车险领域中的发展现状，存在三大制约因素。

第一，数据存放散乱不规整，数据来源分布管理差、数据未进行关联性打通并且部分业务领域无数据支持。

第二，数据不规范，融合难度大：前期由于人们对大数据的认识不足，在对数据处理时为保证自己的使用需求，基本上还是以记录和查询为主。数据标准不统一、数据不规范，行业内在数据命名、内容、分类、处理形式、展现方式等方面标准不统一，存在“数据孤岛”，打通数据壁垒困难重重。

第三，数据共享成果利益分配不均，共享开放难以实现：大数据是通过大量的数据经过相关性研究得出的客观事实和规律，并且具有实时的变化性，其数据价值只有通过开放和共享才能发挥其最大效用。车险理赔相关精准数据一般掌握在政府和大型企业手中，里面不乏很多不便于开放的敏感及隐私数据，数据的开放共享也势必会对其垄断地位造成影响，没有国家政策性的规定和支持，打破“数据孤岛”缺乏共建动力。

（三）精准权威的数据可以为车险理赔工作提升哪些指标

1. 反欺诈数据提升保险公司减损率

反欺诈信息的精准推送可以向保险公司对事故风险进行预警提示，根据风险等级不同确定不同的理赔流程，改善车险理赔固定流程模式，优化理赔服务模式，提高服务质量和服务水平。对于高风险提示的案件可以有针对性地进行勘察，为后续理赔工作指明方向，提高公司减损率；对于低风险的案件避免过多的成本投入，精简理赔流程，提升客户满意度。

2. 精准车型配置数据提升核价核损工作效率

车辆定型是车辆定损的首要环节，精准的车辆定型不仅为定损人员和审核人员节省了工作时间，更重要的是为保险公司缩短理赔时间提供了数据支撑，降低了公司理赔成本，避免了因为定型不准确造成的理赔渗漏。

3. 精准配件数据提升原厂配件应用率

配件定损点选是整个理赔工作中最重要的一环。配件适配数据、配件覆盖数据、配件价格数据是保险公司理赔工作的数据依赖。精准的配件适配数据、全面的配件覆盖数据和丰富的配件价格数据能大大提高定损的效率和准确度，减少理赔渗漏，降低理赔成本。

三　事故车定损平台应用研究

（一）定损工具使用情况及定损应用平台建设研究

通过对14家保险公司以及11家4S店进行调研分析后，本研究共收集保险公司反馈问卷150份，4S店反馈问卷51份，形成基本分析结果。

1. 基本信息录入分析

在基本信息录入方面我们设置了两个问题，分别针对处理整个案件过程中相对耗时的部分以及操作系统时相对耗时的部分，用以分析目前事故车定损工具系统操作的时效性。

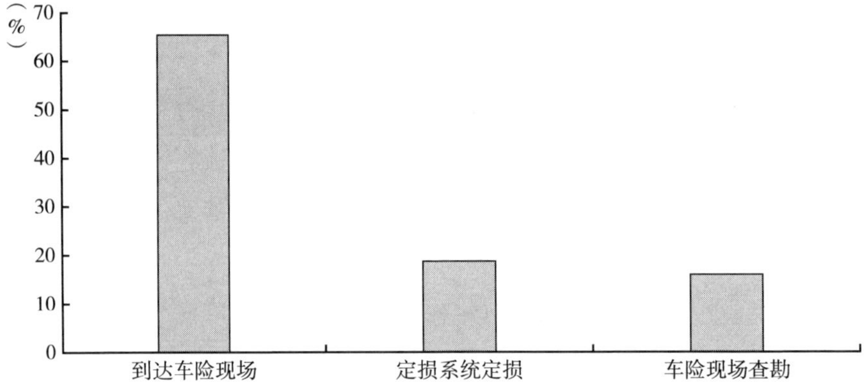

图2　查勘定损中相对耗时工作环节（保险公司）

调研的数据显示，在处理案件过程中除去交通方面因素有将近30%的样本认为使用事故车定损估价系统是整个案件流程中相对耗时的部分。而使用系统过程中有75%左右的样本选择定损信息的录入，这是耗时最多的部分（见图2~5）。从这个调研的结果分析得出，事故车定损估价系统的时效性确实不强。操作简便可以极大地缩减整个案件处理的时间，而事故车定损估价系统中基本信息的录入简便又可以极大地缩减整个系统的使用时间。因

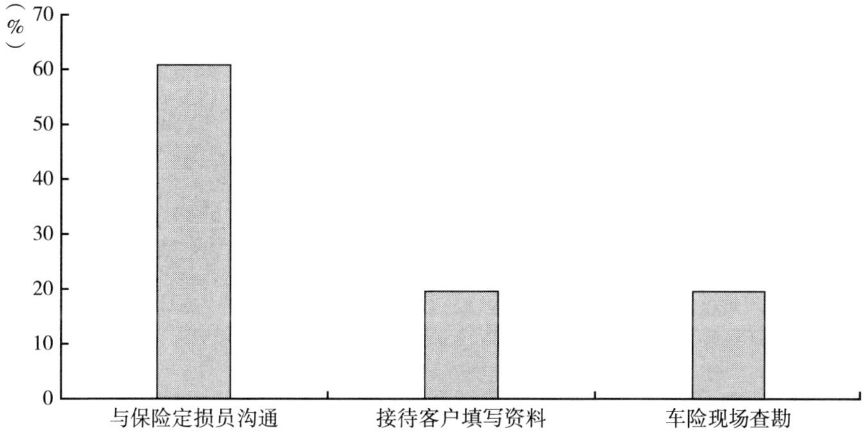

图 3　售后接待中相对耗时工作环节（4S 店）

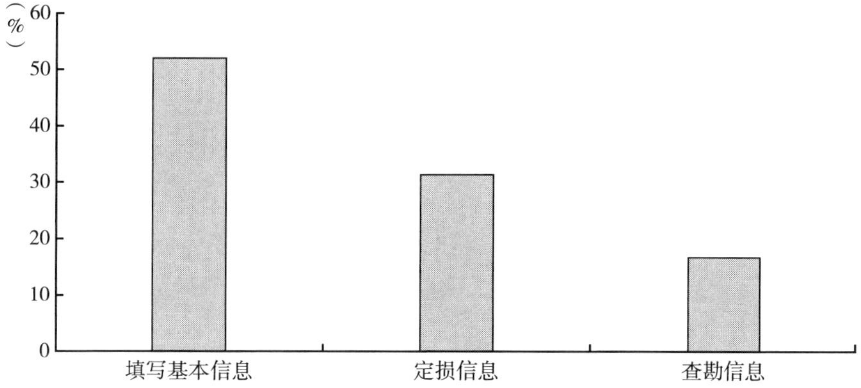

图 4　定损系统录入耗时工作环节（保险公司）

此提高系统中基本信息的填写速度可直接提升案件的处理时效。

2. 零件自定义分析

上文的调研数据显示，在定损过程中自定义零件的概率是非常高的。查勘定损员由于经验丰富使用系统时自定义零件概率在 5% ~10% 之间。保险售后人员使用系统时自定义零件的概率就非常高了，主要在 20% ~30% 之间（见图 6 ~7）。如果在一些重大案件中，由于维修反复用到的零件也会更

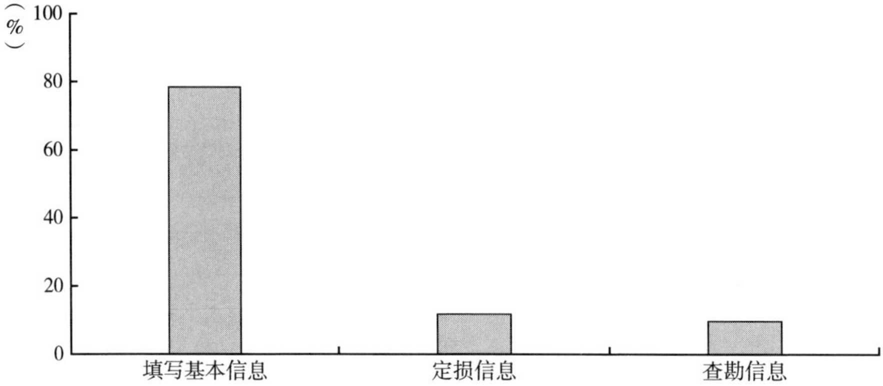

图5　多家系统录入信息耗时工作环节（4S店）

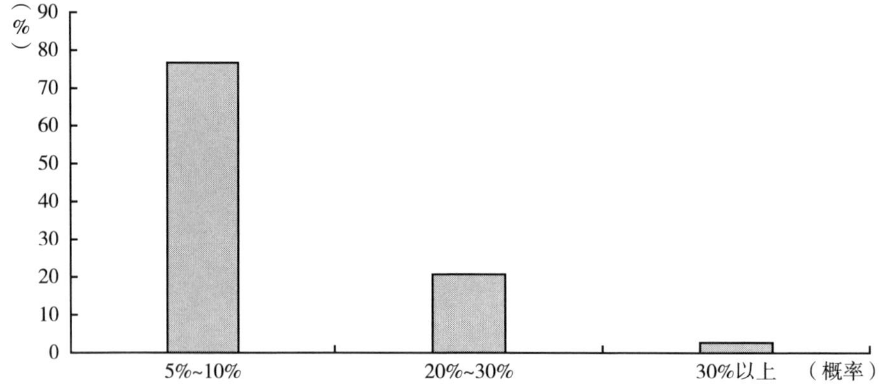

图6　定损系统中自定义添加零件概率（保险公司）

多，自定义零件的使用概率也会更大。

这些情况直接导致了零件选取不正确，自定义零件定价不准，这些现象使定损的准确性大打折扣。现在市面上事故车定损估价系统的后台数据大多由第三方提供，这就导致前端事故车定损估价系统和后台数据匹配度不高。

3. 定核损人员的信息交互分析

上述的调研数据表明，退案率在10%及以下的占90%左右，退案率在20%～30%的占15%左右，退案率在50%以上的占2%左右（见图8～9），

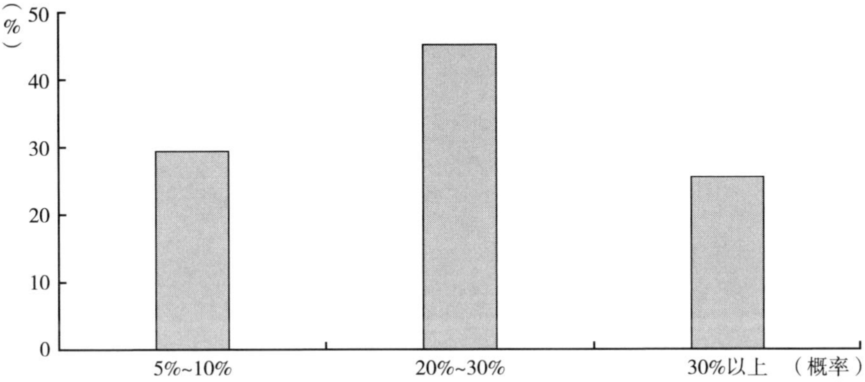

图 7　定损系统中自定义添加零件概率（4S 店）

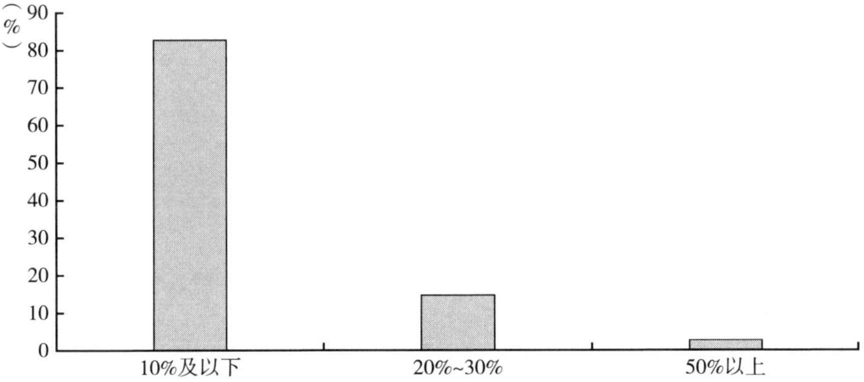

图 8　案件退案率（保险公司）

总体来说退案率还是非常高的，除去数据技术方面的原因，定损人员与核损人员沟通不畅是一个非常大的原因。

4. 定损价格应用分析

根据上述调研数据显示，在使用市面上事故车定损估价系统过程中不需要修改价格的概率只有 15% 左右，而有 85% 的概率或多或少都需要修改价格（见图 10～11），这就直接导致了定损价格不准确。

零件价格是定损过程中一个非常重要的环节，直接关系保险公司的保费

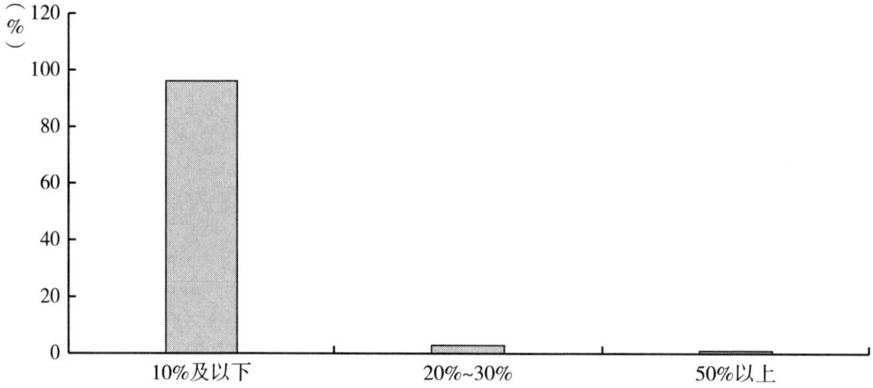

图 9　案件退案率（4S 店）

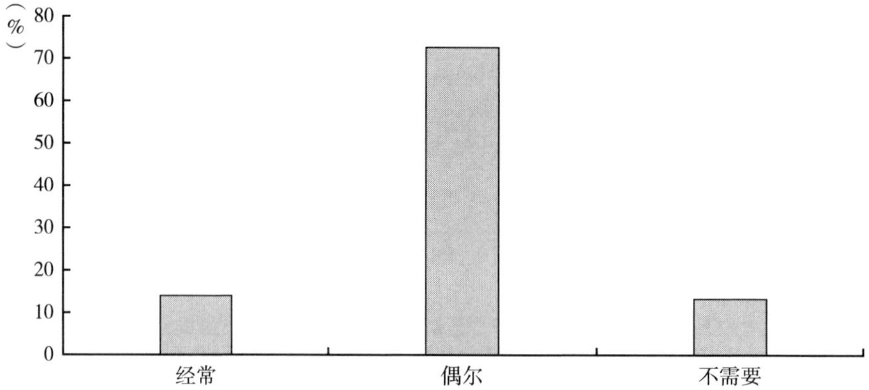

图 10　定损系统应用时是否需要改价格（保险公司）

支出。对定损精度也有很大的影响，定损价格如果不是系统规范的价格，必然会使定损结果有偏差，这也会造成案件退回率的升高，造成不必要的时间浪费，使定损的时效性受到影响。

5. 定损应用平台建设研究

基于调研分析，车险理赔综合应用平台中的核心——定损应用平台应具备以下几个建设方向。

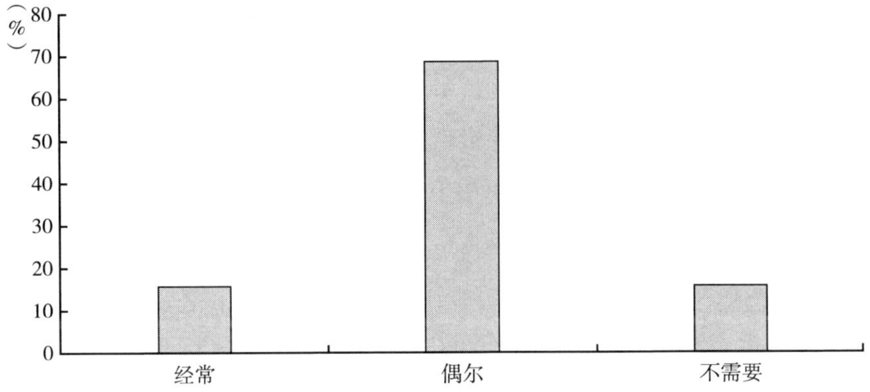

图 11　定损系统应用时是否需要改价格（4S 店）

（1）录入便捷性尤其对基本信息的精简；

（2）降低零件自定义概率；

（3）增加零件图示功能；

（4）重视系统的 UI 设计；

（5）定核损人员的信息交互；

（6）定损价格定制化。

要多从保险公司和实务人员角度出发，切实地为定损人员考虑，使定损人员使用系统时能够感觉到方便快捷，帮助定损人员提高完成案件效率，而不是使其成为定损人员负担。

（二）事故车定损平台功能业务研究

车险理赔业务流程经常会涉及众多环节，过程繁杂琐碎，而车险欺诈也隐藏在理赔流程中的各个角落，下文介绍保险公司的车险理赔基本流程，如图 12 所示。

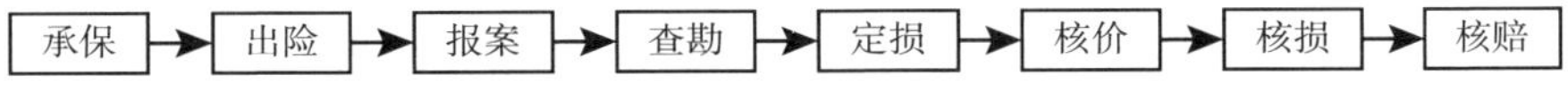

图 12　车险定损理赔流程

1. 承保

承保是车险业务的重要经营环节，即保险人对被保险人的选择，保险人决定接受或拒绝投保人投保的行为。如保险人同意承保，保险合同成立，并按照合同约定承担赔偿责任。承保环节可以有效预防欺诈的发生，在保单设计和拟定费率时充分考虑在风险评估中取得的信息，制定保单责任意外的限制承保的条款，减少或剔除极容易发生道德风险的部分。

2. 出险与报案

出险即指车辆发生事故，此环节中的欺诈可在接下来的查勘、定损等环节中辨别。报案方式有两种，一是现场报案，二是先到修理厂再报案。报案受理人员会在保险公司理赔系统中详细记录报案人信息（包括姓名、手机号、身份证号、与车主关系等）、被保险人信息（包括姓名、手机号、身份证号等）、保单号、车牌号、事故详细信息（包括时间、地点、详细经过、结果）等。报案信息中很有可能存在虚假信息，因此在报案环节中记录的信息越详细，对后续环节发现欺诈更有利。

3. 查勘

查勘的核心任务是还原案件事实真相，是下一环节定损的基础，并提供给核赔人作为决定是否给予赔付的依据，因此查勘是理赔流程中极其重要的一环，如图 13 所示。若存在欺诈行为，在查勘过程中可对照报案信息发现相关疑点，若不能发现疑点，也需细心调查，专业地记录好现场情况，为日后定损和核赔等环节发现风险提供保障。

4. 定损

定损是根据汽车构造与组装，基于专业化、科学化、系统化的查勘方式，对车辆出险事故现场进行查勘分析，对车辆损伤与碰撞修复进行评估定价的专业性工作，如图 14 所示。电子事故车定损估价系统是理赔流程中一个必不可少的工具，而事故车定损估价系统嵌入式风险规则引擎将能够有效识别并及时阻止各种不同类型欺诈，这是本部分研究的重点，同时也是本课题的创新点。

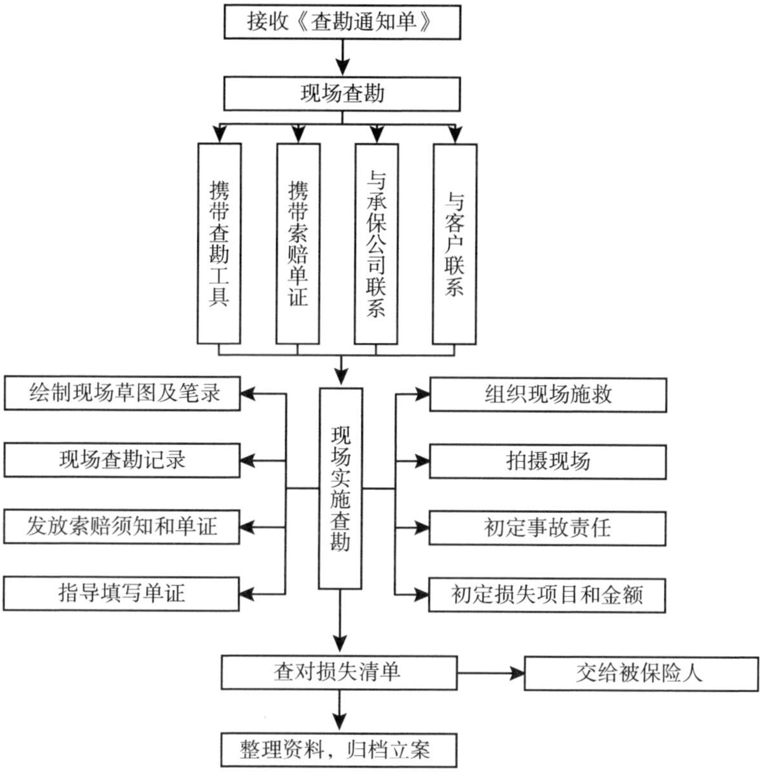

图 13　查勘流程

5. 核价与核损

核损需要确定事故真实性、核实承保信息、核定配件价格及工时的合理性、管控损耗物资、评估全损车辆的价格与合作公司车辆实际报价等，保险公司通过核损能够有效地识别并阻止欺诈的发生。保险公司还需要保持与案件相关处理人员的有效沟通，能够提高车险查勘、定损工作的专业化程度。图 14 展示了定损流程。

6. 核赔与结案

核赔是指基于案件的定损、核价、核损工作的完成，对整体案件进行确认，决定是否赔偿、如何赔偿、如何拒绝赔偿的工作。核赔是对理赔全过程进行审核和监控，分析查勘、定损、核价核损过程中存在的风险，基于规定制度进行控制，更加合理、准确地处理理赔案件。

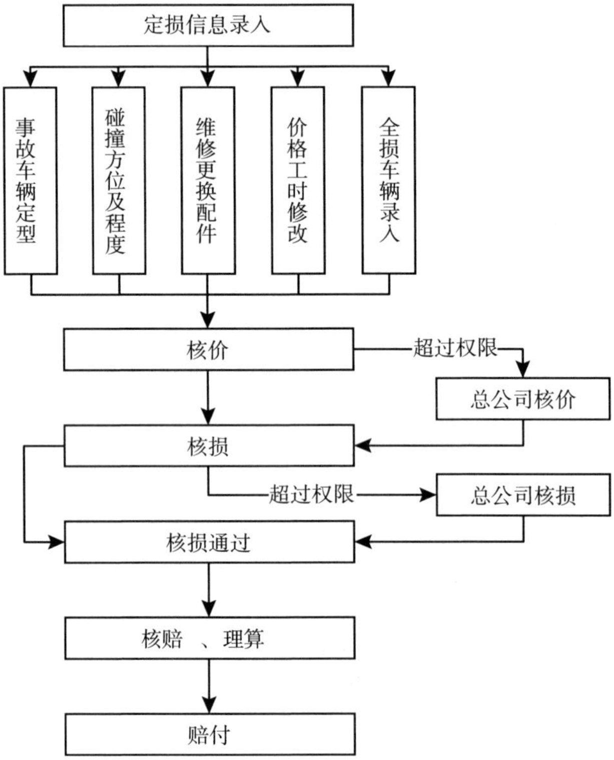

图 14　定损流程

（三）事故车定损平台应用建设研究

事故车定损估价系统总体软件设计基于 SSH（Struts2、Sping、Hibernate）框架，如图 15 所示，遵循 MVC（Model 模型层、View 视图层、Control 控制层）三层架构，从而实现软件代码结构化规范完整，复用率高，具有较为合适的耦合性和内聚性。

1. SSH 框架应用

系统底层操作系统支持 Windows、Linux、Solaris 等操作系统，数据库采用 Oracle 数据库；在此基础之上，通过 JDBC/HibernateJDBC 与数据库交互，通过 XML 和 properties 文件进行缓存、日志等的配置；上层数据层采用

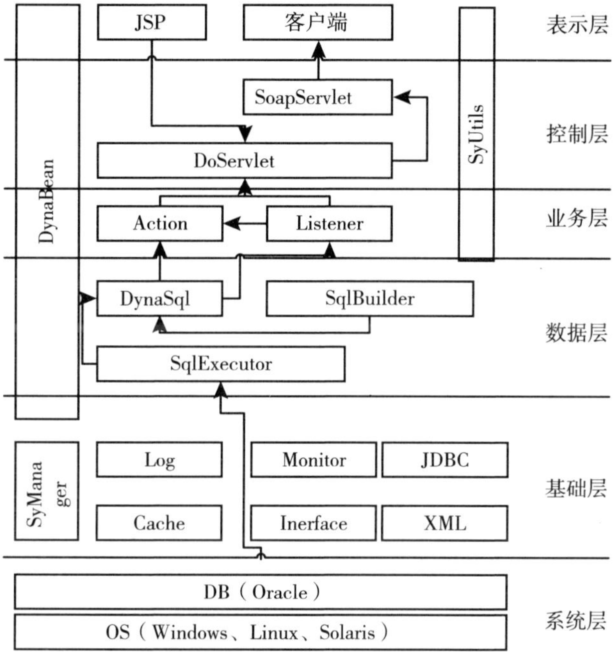

图 15　SSH 框架示意

Hibernate 和 Spring 提供的方法设计数据库相关操作；业务层基于数据库操作对业务逻辑进行处理，并且提供 app 和数据加工平台接口的服务；控制层通过 Struts2 使得业务逻辑与 web 前端页面进行交互，前端标识层由 jsp 和 Bootstrap 进行表现层的展示。

2. 组建结构

系统基于以上架构，通过设计不同的组件结构支撑上层应用，主要组件如下。

（1）权限模型：通过设置不同的权限和用户对应关系，支撑用户设置不同的访问权限；

（2）角色模型：设置不同的角色包，把系统资源进行分配；

（3）安全模型：架构设置了防 sql 注入、数据备份机制，进行安全控制；

（4）数据加工传输：采用序列化实体类对象，从而实现高效快速数据备份；

（5）定损录入管理：控制各个录入数据的分离与整合的组件。

3. 事故车定损平台软件架构研究

系统设计在中间件运行之上，通过组件服务提供8种服务组件，支撑上层交互，在展现层展示用户交互页面。整体架构设计综合视图如图16所示。

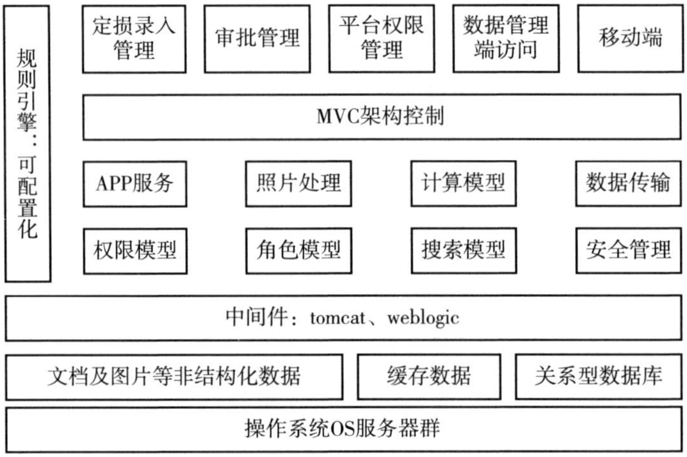

图16 软件架构示意

平台进行了规则引擎的抽离与优化设计，规则引擎的设计，直接影响将来对于规则管理的方便快捷性和合理性，如图17所示。

4. 系统功能模块

事故车定损估计系统软件整体分为以下几大模块。

模块一：系统管理（用户管理、资源管理、组织机构管理、角色管理）；

模块二：公用信息管理（承修厂管理和本地价格管理）；

模块三：定损管理（定损录入、核价、核损等）；

（1）公用信息管理模块

公用信息管理模块包括承修厂（修理厂）管理、本地价格管理。承修

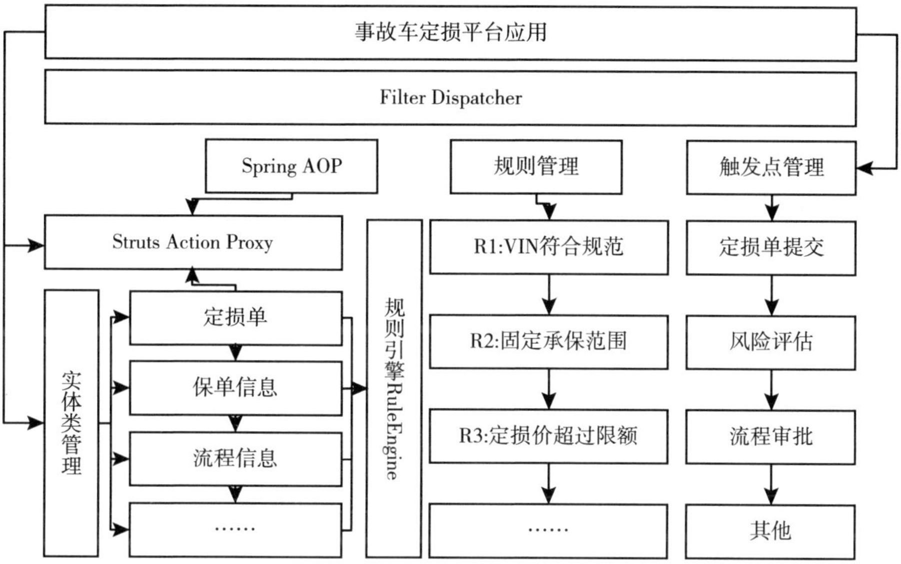

图 17　风险规则架构示意

厂（修理厂）管理可以新增、修改、删除修理厂信息；本地价格管理主要为本地价格的导入、导出和修改功能。

承修厂（修理厂）管理界面与角色管理类似，列表中显示修理厂名称、类型、地址、操作者、更新时间；本地管理界面与角色管理类似，列表中显示原厂零件号、本地价格、操作者、更新时间。

（2）定损管理模块

定损管理模块实现车辆信息、修理厂信息、车辆配置信息的确定，对零部件选择合适的维修方式（换件、拆装、检查、喷漆、维修等），通过系统内部的定损计算规则得出定损单，最终完成对定损单的审查工作。

定损管理模块为定损管理系统的业务执行模块，定损员与核损员进行定损和核损时主要操作的就是定损管理模块。

（3）系统管理模块

系统管理模块完成整个系统的管理，分为组织机构管理、资源管理、角色管理、用户管理。

组织机构管理，系统管理员对本企业部门的增删查改；资源管理，只供用户查看各功能对应的资源，不能修改和删除资源；角色管理，系统管理员通过角色管理对角色进行增删查改，系统初始设置三个角色：系统管理员、定损员和核损员，其他角色系统管理员可自行设置；用户管理，新增、修改、删除用户，禁止登录用户。

四 基于人工智能的移动定损应用

当前，在信息技术发展下，数据存储、计算能力不断提升，基于算法模型的场景应用逐渐落地使用，人工智能迎来了最好的发展环境，再次站在了科技发展的浪潮之巅。人工智能在智能机器人、智能驾驶、智能金融、智能医疗、智能教育、智能人居等领域均有广泛应用。以智能驾驶为例，通过车上搭载传感器，感知周围环境，通过算法的模型识别和计算，辅助汽车电子控制单元或直接辅助驾驶员做出决策，从而让汽车行驶更加智能化，提升汽车驾驶的安全性和舒适性。

（一）大数据是人工智能发展的基石

与早期基于推理的人工智能不同，新一代人工智能是由大数据驱动的，数据提供了丰富的分析、训练与应用资源。基于设计好的学习框架，可以根据当前设置、环境等信息的变化，不断更新参数信息，具有自主学习性。例如，在输入 30 万张人类对弈棋谱并经过 3 千万次的自我对弈后，人工智能 AlphaGo 具备了媲美世界顶尖棋手的棋技。基于大数据的人工智能也因此获得了持续快速发展的动力来源。

据统计，车险公司每年处理的小额理赔案件占全年处理案件的 80%，且大部分为车辆外观件损伤。车险公司面临出险查勘成本高、理赔渗漏风险大的问题；车主同样面临处理时效慢、纠纷多等痛点。这部分小额案件若通过智能理赔服务的方式予以解决，将有效提升理赔处理时效，并提升车主服务体验。

当前，经过多年定损理赔数据的积累，车险公司具有丰富且全面的车辆出险信息数据，涵盖出险车辆信息、出险车辆照片信息、出险车辆配件损伤信息、出险车辆修换信息等全流程数据。保险公司的历史理赔大数据为人工智能提供了丰富的数据积累和价值规律，引发分析需求，为开展基于人工智能的理赔服务研究奠定了数据资源基础。

（二）基于深度学习的图像识别算法

机器学习是通过数据和算法在机器上训练模型，并利用模型进行分析决策与行为预测的过程。深度学习作为机器学习中的一种实现技术，目前广泛应用在数据挖掘、图像识别、故障诊断、自然语言理解、机器人和博弈等领域。

基于深度学习的图像识别算法通过大规模图像训练，准确识别图片中的物体类别、位置等综合信息。在很多领域中都有应用需求，其中被广为研究的是人脸检测、行人检测、车辆检测等重要目标的检测。行人检测在视频监控、人流量统计、自动驾驶中都有重要的作用；车辆检测在智能交通、视频监控、自动驾驶中有重要的作用；交通标志如交通灯、行驶规则标志的识别对于自动驾驶也非常重要，我们需要根据红绿灯状态，是否允许左右转、掉头等标志确定车辆的行为。除了这些常见目标的检测之外，很多领域里也需要检测自己感兴趣的目标，比如工业中材质表面的缺陷检测，硬刷电路板表面的缺陷检测等；农业中农作物表面的病虫害识别；医学影像图像如 MRI 的肿瘤等病变部位检测和识别对于诊断的自动化，提供优质的治疗具有重要的意义。

近年来，随着数据的快速积累、运算能力的持续提升，应用于图像识别的算法也在不断优化。如今，基于深度学习的图像目标检测与识别成为主流方法，主要可以表示为：图像的深度特征提取 - >基于深度神经网络的目标识别与定位，其中主要用到的深度神经网络模型是卷积神经网络 CNN。可以将现有的基于深度学习目标检测与识别算法大致分为以下三大类。

➢基于区域建议的目标检测与识别算法，如 R-CNN，Fast-R-CNN，

Faster-R-CNN；

➢基于回归的目标检测与识别算法，如 YOLO，SSD；

➢基于搜索的目标检测与识别算法，如基于视觉的 AttentionNet 等。

基于车险公司丰富的理赔信息数据以及目标检测与识别算法，可将车辆整车及损伤照片数据用作训练数据，开展车辆损伤的检测。实现将车辆外观受损部件以及损伤类型的智能化识别应用于车险定损等场景，即“人工智能 + 车险理赔”的新型商业模式。

（三）基于理赔大数据与深度学习的智能定损研究

保险公司在人工智能技术不断发展和取得应用场景突破的当下迎难而上，开展了基于理赔大数据与深度学习技术的智能定损业务的自主研发。通过智能定损算法开发与智能定损系统建设，实现了“一键拍照，秒级定损”的定损理赔新模式。人工智能时代，保险公司根据实际需求并结合中国保信与中汽中心双方各自优势而开发建设一款 AI 智能定损工具，能够有效降低保险公司理赔成本，同时可以提升客户服务体验，从而解决保险公司多方面难题，助力保险行业实现智慧化转型升级。

1. 智能定损系统应用了 OCR 技术

通过 VIN 码识别，可实现车辆定型，从而关联对应配件及配件价格。中汽中心具有“一车、一码、一款、一配、一价”的完整数据，可实现识别一条 VIN 码、锁定一个款型、关联一组配置、整合一组价格。

2. 智能定损系统应用图像识别算法

通过车辆事故损伤照片实现车辆外观部件识别以及损伤识别，基于图像识别算法模型从应用静态历史数据训练到结合动态数据验证，实现了根据客观环境变化进行相应的改变和适应，可以持续提高算法的准确性与可靠性。

3. 智能定损维修更换规则应用

智能定损系统具有一套结合车型价格、车辆材质等因素整合的车辆外观件修换规则，可通过识别的部件损伤关联输出对应的修换数据，最终实现车辆定损报告的输出。

五　数据共建共享体系平台应用研究

（一）数据共建共享体系平台建设背景分析

1.《新销售管理办法》对汽车企业配件销售的影响

《新销售管理办法》下，汽车企业对经销商管理、售后分析等方面存在管理困难点。

➢经销商配件采购量与实际市场原厂配件使用量差无法监控；

➢本品二手车销售缺少事故、维修等信息支持，决策难；

➢原厂配件定价、生产规划缺少数据支持。

2.《汽车维修技术信息公开实施管理办法》的政策要求

《汽车维修技术信息公开实施管理办法》鼓励汽车企业公开维修数据，公开数据包括：VIN 款型数据、配件数据、维修手册等信息。

基于两方面的背景，体系建设的目的如下。

（1）解决主机厂目前存在的困难点，提升主机厂在售后数据分析方面的准确性；

（2）为主机厂提供长期稳定并且准确的汽车定损维修数据服务，用于主机厂售后分析、配件销售、经销商管理方面；

（3）通过与保险定损平台的数据壁垒打通，提升数据利用价值。

（二）数据共建共享平台应用建设研究

汽车售后维修数据生态体系是生态圈建设的基础，如图 18 所示，体系的建设分为两个层面：数据共建层面与数据共享层面。

1. 数据共建层面

数据共建是三方面的共建，建设的数据为事故车定损平台提供支持：

汽车企业方面进行原厂数据的建设，由主机厂向事故车定损平台提供原厂 VIN 码数据、款型数据、配件数据、价格数据、图形数据；通过对原厂

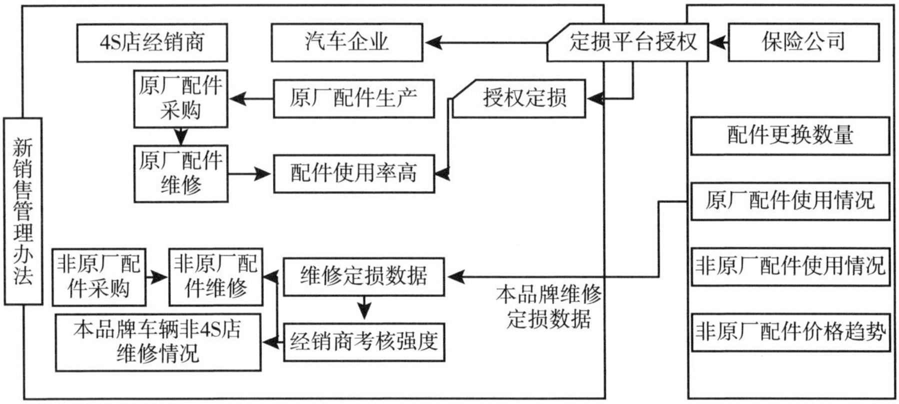

图 18　数据共建共享体系平台示意

数据进行数据开发与建设，建设出满足定损平台使用的车辆数据信息。

2. 数据共享层面

数据共享则主要服务于汽车企业与保险企业：汽车企业方面可以共享到全国范围内的本品牌车辆出险维修数据；保险企业方面可以共享到汽车企业的原厂数据支持，有效促进车辆维修定损效率。

（三）数据共建共享平台生态圈建设与价值

生态圈建设基于数据共建、共享两个层面进行，打通汽车行业与保险行业在数据方面的壁垒，将汽车企业可公开数据做到价值最大化建设，通过事故车定损平台，将更加有价值的车辆出险、维修数据提供予汽车企业，提升汽车企业在售后建设、配件生产等方面的水平。

其价值体现在如下几个方面。

➢解决汽车企业与保险公司数据一致性问题，提升定损效率及客户满意度；

➢解决汽车企业二手车置换与销售定价问题，形成准确定价，合理出售；

➢解决原厂配件更换率及配件经销商管理问题，原厂配件使用率提高；

➢为主机厂售后业务综合分析提供数据支持，如出险地点分布、新车质量分析等。

附　　录

The Appendix

B.18
附录一　2017年及2018年1~8月国产乘用车销量

单位：辆

企业	品牌	车型	2017 年	2018 年 1~8 月
宝沃汽车	企业汇总		42666	16749
	宝沃	品牌汇总	42666	16749
		宝沃 BX5	16396	11457
		宝沃 BX6	0	45
		宝沃 BX7	26270	5245
		宝沃 BXi7	0	2
北京奔驰	企业汇总		414043	318909
	奔驰	品牌汇总	414043	318909
		奔驰 C 级	124769	102569
		奔驰 E 级	113044	92578
		奔驰 GLA 级	68230	41870
		奔驰 GLC 级	107997	81890
		奔驰 GLK 级	3	2

续表

企业	品牌	车型	2017 年	2018 年 1 ~ 8 月
北京汽车	企业汇总		224990	93524
	北京	品牌汇总	42734	23773
		北京 20	23489	9678
		北京 40	353	186
		北京 40L	17236	13126
		北京 80	1582	771
		北京 90	5	5
		北汽 E 系列	69	7
	绅宝	品牌汇总	97693	42422
		绅宝 D20	129	16
		绅宝 D50	4941	12191
		绅宝 D60	190	8
		绅宝 D70	404	294
		绅宝 D80	50	9
		绅宝 X25	27049	6456
		绅宝 X35	53987	19411
		绅宝 X55	8232	3101
		绅宝 X65	2711	936
	威旺	品牌汇总	84563	27329
		威旺 M20	42594	11682
		威旺 M50F	25131	9877
		威旺 S50	16838	5770
北京汽车制造	企业汇总		6333	3031
	北京	品牌汇总	6333	3031
		北京 212	11	5
		北京 BW007	253	49
		陆霸	5	0
		勇士	183	317
		战旗	5881	2660
北京现代	企业汇总		795629	457280
	首望	品牌汇总	18	0
		首望	18	0
	现代	品牌汇总	795611	457280
		朗动	119488	27498
		领动	119440	115595

续表

企业	品牌	车型	2017 年	2018 年 1 ~8 月
北京现代	现代	名图	129051	71930
		名驭	3122	112
		瑞纳	35905	22493
		瑞奕	2852	247
		胜达	13531	6321
		索纳塔八	944	22
		索纳塔九	13745	4567
		途胜	134578	57155
		现代 ENCINO	0	2435
		现代 i30	1	1
		现代 ix25	57381	33778
		现代 ix35	34692	64720
		雅绅特	2	1
		伊兰特	251	5
		伊兰特 EV	241	194
		悦动	40247	29365
		悦纳	83017	19145
		悦纳 RV	7123	1696
北汽福田	企业汇总		20813	11106
	福田	品牌汇总	20813	11106
		伽途 im6	696	354
		伽途 im8	1302	681
		伽途 ix5	8241	3432
		伽途 ix7	2959	1320
		蒙派克 E	6154	4892
		迷迪	4	3
		萨瓦纳	1457	424
北汽泰普	企业汇总		37	32
	北京	品牌汇总	37	32
		北京 80 TAP	37	32
北汽新能源	企业汇总		102443	55154
	ARCFOX	品牌汇总	434	595
		北汽 ARCFOX Lite	434	595
	北京	品牌汇总	102009	54559
		北汽 EC 系列	78765	40035

续表

企业	品牌	车型	2017 年	2018 年 1 ~8 月
北汽新能源	北京	北汽 EH 系列	100	0
		北汽 ES210	1	0
		北汽 EU 系列	12846	3792
		北汽 EV 系列	5735	275
		北汽 EX 系列	4562	10457
北汽银翔	企业汇总		150504	50184
	幻速	品牌汇总	150504	50184
		幻速 H2	2342	435
		幻速 H2E	18896	4496
		幻速 H2V	4990	754
		幻速 H3	8551	2539
		幻速 H3F	13730	1783
		幻速 H5	0	94
		幻速 S2	3139	711
		幻速 S3	14132	3877
		幻速 S3L	50947	15982
		幻速 S5	16308	7069
		幻速 S6	15398	1832
		幻速 S7	2071	10612
比速汽车	企业汇总		29675	17627
	比速	品牌汇总	29675	17627
		比速 M3	5264	1208
		比速 T3	6367	2936
		比速 T5	18044	13483
比亚迪汽车	企业汇总		338704	244885
	比亚迪	品牌汇总	338704	244885
		比亚迪 E3	28	0
		比亚迪 E5	19014	19160
		比亚迪 E6	7280	6216
		比亚迪 F0	9737	2883
		比亚迪 F3	111311	48830
		比亚迪 F3DM	0	1
		比亚迪 F3R	0	1
		比亚迪 F6	6	5
		比亚迪 G3	1	0

续表

企业	品牌	车型	2017 年	2018 年 1~8 月
比亚迪汽车	比亚迪	比亚迪 G5	890	104
		比亚迪 G6	2051	232
		比亚迪 L3	500	132
		比亚迪 M6	528	6
		比亚迪 S6	260	21
		比亚迪 S7	15684	3258
		比亚迪秦	22067	29770
		比亚迪宋	81171	41576
		比亚迪宋 MAX	15983	64628
		比亚迪唐	12099	12018
		比亚迪元	24082	12172
		思锐	4	0
		速锐	16008	3872
昌河铃木	企业汇总		26670	9534
	铃木	品牌汇总	26670	9534
		北斗星	13453	5539
		北斗星 X5	11017	3991
		浪迪	1	0
		利亚纳	2	1
		利亚纳 A6	2195	3
		派喜	2	0
昌河汽车	企业汇总		49260	24009
	昌河	品牌汇总	49260	24009
		爱迪尔	1	1
		昌河 A6	1	1501
		昌河 M70	7850	3095
		昌河 Q25	6731	2128
		昌河 Q35	13092	5152
		昌河 Q7	0	3135
		福瑞达 M50	15	1
		福瑞达 M50S	21570	8996

续表

企业	品牌	车型	2017 年	2018 年 1 ~8 月
东风本田	企业汇总		719832	398413
	本田	品牌汇总	719820	398413
		艾力绅	39956	31544
		本田 CR - V	185876	59572
		本田 UR - V	37847	31206
		本田 XR - V	162367	98866
		哥瑞	29088	8867
		杰德	41446	24919
		竞瑞	27445	8572
		思铂睿	19984	8543
		思域	175811	126324
	思铭	品牌汇总	12	0
		思铭	12	0
东风乘用车	企业汇总		93824	46522
	东风风神	品牌汇总	93824	46522
		东风 A9	1464	490
		风神 A30	1288	199
		风神 A60	8842	3117
		风神 AX3	14593	2340
		风神 AX4	7935	7367
		风神 AX5	13888	3746
		风神 AX7	40089	24975
		风神 E30L	131	0
		风神 E70	2475	2757
		风神 H30Cross	26	4
		风神 L60	2432	1522
		风神 S30	661	5
东风雷诺	企业汇总		68427	40018
	雷诺	品牌汇总	68427	40018
		科雷傲	43031	25566
		科雷嘉	25396	14452

续表

企业	品牌	车型	2017 年	2018 年 1~8 月
东风柳汽	企业汇总		219519	99219
	东风风行	品牌汇总	219519	99219
		风行 CM7	1769	1941
		风行 F600	4514	1916
		风行 S500	13235	2038
		风行 SX6	26448	5275
		风行 T5	0	48
		风行 X5	0	2
		景逸	4	11
		景逸 S50	11405	3801
		景逸 X3	11315	1684
		景逸 X5	71115	34138
		景逸 X6	10221	8544
		景逸 X7	37	206
		景逸 XV	11	2
		菱智	69445	39613
东风汽车	企业汇总		7495	1683
	东风	品牌汇总	7467	1594
		俊风 E17	346	549
		俊风 EJ30	23	8
		俊风 ER30	7098	1037
	东风御风	品牌汇总	28	89
		御风 S16	28	89
东风日产	企业汇总		1217994	775733
	启辰	品牌汇总	137387	88834
		晨风	6	0
		启辰 D50	4579	151
		启辰 D60	12650	38175
		启辰 M50V	9234	4521
		启辰 R30	91	1
		启辰 R50	12763	1048
		启辰 R50X	587	60
		启辰 T70	56766	24930
		启辰 T90	40711	19948

续表

企业	品牌	车型	2017 年	2018 年 1 ~ 8 月
东风日产	日产	品牌汇总	1080607	686899
		劲客	31946	29174
		骏逸	1	0
		蓝鸟	60704	29139
		骊威	6478	2501
		楼兰	23347	17816
		玛驰	4	1
		奇骏	176768	124807
		骐达	74743	38820
		天籁	112256	73861
		西玛	1273	459
		逍客	153239	98600
		轩逸	403984	265755
		阳光	35863	5963
		颐达	1	3
东风小康	企业汇总		257551	140757
	东风小康	品牌汇总	257551	140757
		风光	57560	23873
		风光 360	94	5
		风光 370	34918	8293
		风光 580	157291	75726
		风光 ix5	0	11
		风光 S560	7688	32849
东风英菲尼迪	企业汇总		29665	13842
	英菲尼迪	品牌汇总	29665	13842
		英菲尼迪 Q50L	20809	11838
		英菲尼迪 QX50	8856	2004
东风裕隆	企业汇总		18402	7163
	纳智捷	品牌汇总	17821	7163
		Master CEO	22	2
		大 7 MPV	1129	248
		大 7 SUV	218	51
		纳 5	280	57
		纳智捷 U5 SUV	2505	3607
		锐 3	2423	429
		优 6 SUV	11244	2769
	裕路	品牌汇总	581	0
		裕路 EV2	581	0

续表

企业	品牌	车型	2017 年	2018 年 1 ~8 月
东风悦达起亚	企业汇总		407261	213907
	华骐	品牌汇总	468	76
		华骐 300E	468	76
	起亚	品牌汇总	406793	213831
		福瑞迪	6462	6247
		焕驰	5469	16737
		凯绅	6530	13202
		起亚 K2	80968	21134
		起亚 K2S	35	72
		起亚 K3	138248	56470
		起亚 K3S	15	3
		起亚 K4	16386	308
		起亚 K5	28348	9523
		起亚 KX Cross	19244	37370
		起亚 KX3	21985	2180
		起亚 KX5	30238	6751
		起亚 KX7	4987	2104
		锐欧	1	0
		赛拉图	7548	4806
		狮跑	218	5
		秀尔	6	2
		奕跑	0	383
		远舰	1	0
		智跑	40104	36534
东风越野车	企业汇总		1	0
	东风	品牌汇总	1	0
		猛士	1	0
东南汽车	企业汇总		152875	59095
	电咖	品牌汇总	89	899
		电咖 EV10	89	899

续表

企业	品牌	车型	2017 年	2018 年 1～8 月
东南汽车	东南	品牌汇总	150006	57766
		V3 菱悦	3069	855
		V5 菱致	4417	1717
		V6 菱仕	124	16
		东南 DX3	99606	42312
		东南 DX7	42790	12866
	三菱	品牌汇总	2780	430
		风迪思	98	2
		戈蓝	9	0
		君阁	29	6
		蓝瑟	26	6
		翼神	2618	416
福迪汽车	企业汇总		3129	1206
	福迪	品牌汇总	3129	1206
		揽福	3064	1205
		探索者 6	1	1
		探索者Ⅲ	64	0
福建奔驰	企业汇总		17344	14821
	奔驰	品牌汇总	17344	14821
		奔驰 V 级	10218	9366
		威霆	6731	5452
		唯雅诺	395	3
福建新龙马	企业汇总		1641	528
	启腾	品牌汇总	1641	528
		启腾 EX80	742	138
		启腾 V60	899	390
观致汽车	企业汇总		18344	19703
	观致	品牌汇总	18344	19703
		观致 3	4356	3699
		观致 3 都市 SUV	1507	230
		观致 5	12481	15774

续表

企业	品牌	车型	2017 年	2018 年 1～8 月
广汽本田	企业汇总		722819	417042
	本田	品牌汇总	709056	411337
		奥德赛	38894	26188
		缤智	149406	86945
		飞度	112172	71627
		锋范	68242	27892
		歌诗图	266	2
		冠道	87601	46755
		凌派	102805	59897
		雅阁	149670	92031
	理念	品牌汇总	82	1
		理念 S1	82	1
	讴歌	品牌汇总	13681	5704
		讴歌 CDX	13666	4879
		讴歌 TLX－L	15	825
广汽乘用车	企业汇总		484664	291487
	传祺	品牌汇总	484664	291487
		传祺 GA3	14	4
		传祺 GA3S	7446	1588
		传祺 GA4	0	15373
		传祺 GA5	1850	90
		传祺 GA6	22625	11676
		传祺 GA8	4660	3020
		传祺 GE3	1001	2394
		传祺 GM8	0	15166
		传祺 GS3	17129	40320
		传祺 GS4	329520	140815
		传祺 GS5	32	8
		传祺 GS5 速博	1771	104
		传祺 GS7	7103	15310
		传祺 GS8	91513	45619

续表

企业	品牌	车型	2017 年	2018 年 1 ~8 月
广汽菲克	企业汇总		188246	96225
	菲亚特	品牌汇总	3650	389
		菲翔	2489	267
		致悦	1161	122
	吉普	品牌汇总	184596	95836
		大指挥官	0	3402
		指挥官	0	244
		指南者	74414	44636
		自由光	75291	31480
		自由侠	34891	16074
广汽丰田	企业汇总		443429	336772
	丰田	品牌汇总	443429	336772
		丰田 C - HR	0	1701
		汉兰达	99567	63178
		凯美瑞	79171	94700
		雷凌	171168	118345
		雅力士	0	1
		逸致	2049	5
		致享	36945	24411
		致炫	54529	34431
广汽吉奥	企业汇总		71	2
	吉奥	品牌汇总	71	2
		E 美	2	0
		奥轩 G5	1	0
		吉奥 GX6	5	0
		星朗	63	2
广汽三菱	企业汇总		118103	86542
	祺智	品牌汇总	0	1554
		祺智	0	1554
	三菱	品牌汇总	118103	84988
		劲炫 ASX	31645	18981
		欧蓝德	82643	65994
		帕杰罗	3	2
		帕杰罗劲畅	3812	11

续表

企业	品牌	车型	2017 年	2018 年 1～8 月
国金汽车	企业汇总		11	430
	国金	品牌汇总	11	430
		国金 GM3	11	430
哈飞汽车	企业汇总		2	1
	哈飞	品牌汇总	2	1
		路宝	0	1
		赛马	2	0
海马汽车	企业汇总		127058	45386
	海马	品牌汇总	127058	45386
		爱尚	5814	6011
		福美来	15878	4254
		福美来 MPV	8461	3255
		海福星	2	0
		海马@3	135	21
		海马 E3	0	30
		海马 M3	19031	6751
		海马 M6	10855	1983
		海马 M8	399	363
		海马 S5	48106	11743
		海马 S5 Young	14971	10132
		海马 S7	3360	841
		海马骑士	4	0
		海马王子	5	0
		欢动	2	0
		普力马	7	1
		丘比特	28	1
汉腾汽车	企业汇总		37035	24696
	汉腾	品牌汇总	37035	24696
		汉腾 X5	4807	11137
		汉腾 X7	32228	13559
河北御捷	企业汇总		5333	68
	御捷马	品牌汇总	5333	68
		捷顺	16	1
		御捷 E 骋	60	0
		御捷 E 驰	595	1
		御捷 E 行	4662	66

续表

企业	品牌	车型	2017 年	2018 年 1～8 月
红星汽车	企业汇总		484	21
	红星	品牌汇总	484	21
		红星 X1	483	13
		红星 X2	0	8
		卡萨	1	0
华晨宝马	企业汇总		373591	282173
	宝马	品牌汇总	373500	282144
		宝马 1 系	32076	23304
		宝马 2 系	14969	6759
		宝马 3 系	122099	88708
		宝马 5 系	113860	99478
		宝马 X1	90496	56655
		宝马 X3	0	7240
	之诺	品牌汇总	91	29
		之诺 60H	91	29
华晨雷诺金杯	企业汇总		26626	13821
	华颂	品牌汇总	3657	1127
		华颂 7	3657	1127
	金杯	品牌汇总	22969	12694
		阁瑞斯	19629	11194
		金杯 F50	3340	1500
华晨汽车	企业汇总		50979	34131
	金杯	品牌汇总	3317	974
		金杯 S70	2120	762
		智尚 S30	32	0
		智尚 S35	1165	212
	中华	品牌汇总	47662	33157
		骏捷	188	2
		骏捷 FRV	9	9
		骏捷 FSV	306	47
		中华 H220	14	2
		中华 H230	29	18
		中华 H3	4426	1521
		中华 H320	29	0
		中华 H330	25	10

续表

企业	品牌	车型	2017 年	2018 年 1~8 月
华晨汽车	中华	中华 H530	3729	10105
		中华 V3	35654	9297
		中华 V5	2656	949
		中华 V6	417	9064
		中华 V7	0	2129
		中华豚	2	1
		尊驰	178	3
华晨鑫源	企业汇总		44889	17057
	金杯	品牌汇总	13962	3919
		金杯 750	13962	3919
	斯威	品牌汇总	30927	13138
		斯威 G01	0	489
		斯威 X3	1999	1797
		斯威 X7	28928	10852
华泰汽车	企业汇总		12442	2138
	华泰	品牌汇总	12442	2138
		宝利格	315	38
		华泰 B11	17	1
		华泰 EV160	133	280
		华泰 EV160R	3053	226
		华泰 iEV230	984	271
		华泰 XEV260	2277	70
		经典圣达菲	630	76
		路盛 E70	19	4
		路盛 E80	34	15
		圣达菲	4970	1106
		圣达菲 7	10	51
黄海汽车	企业汇总		4	1
	黄海	品牌汇总	4	1
		旗胜	3	1
		旗胜 V3	1	0

续表

企业	品牌	车型	2017 年	2018 年 1 ~ 8 月
吉利汽车	企业汇总		1183727	865404
	吉利	品牌汇总	1181995	808211
		缤瑞	0	223
		博瑞	35840	19202
		博瑞 GE	0	6222
		博越	242593	149978
		帝豪	236546	126022
		帝豪 GL	107541	90489
		帝豪 GS	151729	92368
		帝豪 GSe	0	1812
		海景	816	4
		豪情 SUV	67	10
		吉利 EC8	75	3
		吉利 GC7	10	1
		吉利 GX7	577	84
		吉利 SX7	22	1
		吉利 TX4	2	0
		金刚	51740	15510
		金鹰	3	0
		经典帝豪	1841	3027
		熊猫	1112	45
		英伦 C5	10	1
		英伦 SC6	11	1
		远景	162662	99524
		远景 S1	12351	43758
		远景 SUV	124431	72895
		远景 X1	16108	10907
		远景 X3	35889	76118
		自由舰	19	6
	领克	品牌汇总	1732	57193
		领克 01	1732	51283
		领克 02	0	5910

续表

企业	品牌	车型	2017 年	2018 年 1～8 月
江淮安驰	企业汇总		1	0
	安驰	品牌汇总	1	0
		雪豹 X50	1	0
江淮汽车	企业汇总		192097	89333
	江淮	品牌汇总	192097	89333
		和悦	563	1
		和悦 A13	5	1
		和悦 A13RS	0	2
		和悦 A30	1422	12
		江淮 iEV4	2179	18
		江淮 iEV5	1286	91
		江淮 iEV6E	23891	23514
		江淮 iEV6S	3	0
		江淮 iEV7E	2	2
		江淮 iEV7S	634	1641
		江淮 iEVA50	291	387
		瑞风	48	3
		瑞风 A60	992	634
		瑞风 M2	29	9
		瑞风 M3	38253	21680
		瑞风 M4	19091	10202
		瑞风 M5	5794	1986
		瑞风 M6	144	168
		瑞风 R3	151	3977
		瑞风 S2	16137	2994
		瑞风 S2 mini	2923	45
		瑞风 S3	62047	15286
		瑞风 S5	3596	126
		瑞风 S7	12611	6552
		瑞鹰	3	0
		悦悦	2	2

续表

企业	品牌	车型	2017 年	2018 年 1 ~8 月
江铃集团新能源	企业汇总		31478	15571
	江铃	品牌汇总	31478	15571
		江铃 E100	17133	3004
		江铃 E160	2529	339
		江铃 E200	11709	11976
		江铃 E400	107	252
江铃控股	企业汇总		38192	19503
	陆风	品牌汇总	38192	19503
		风尚	0	1
		陆风 X2	4073	11020
		陆风 X5	8856	2170
		陆风 X7	22447	4899
		陆风 X8	2807	430
		陆风 X9	1	0
		逍遥	8	983
江铃汽车	企业汇总		47745	15665
	福特	品牌汇总	14629	6929
		撼路者	9623	4655
		途睿欧	5006	2274
	江铃	品牌汇总	33116	8736
		宝威	1	0
		驭胜	16996	5159
		驭胜 S330	16119	3577
江西五十铃	企业汇总		3483	2011
	五十铃	品牌汇总	3483	2011
		五十铃 mu – X	3483	2011
九龙汽车	企业汇总		626	98
	九龙	品牌汇总	626	98
		艾菲	626	98
君马汽车	企业汇总		4	4235
	君马	品牌汇总	4	4235
		君马 MEET 3	0	756
		君马 S70	4	3144
		君马 SEEK 5	0	335

续表

企业	品牌	车型	2017 年	2018 年 1~8 月
卡威汽车	企业汇总		119	17
	卡威	品牌汇总	119	17
		卡威 E10	0	4
		卡威 E20	0	5
		卡威 W1	119	8
凯翼汽车	企业汇总		25203	9305
	凯翼	品牌汇总	25203	9305
		凯翼 C3	2752	29
		凯翼 C3R	472	6
		凯翼 E3	275	1409
		凯翼 V3	4300	873
		凯翼 X3	14308	4135
		凯翼 X5	3096	2853
康迪汽车	企业汇总		14838	1862
	康迪	品牌汇总	14838	1862
		康迪 EX3	0	14
		康迪 K10	583	6
		康迪 K12	9342	1203
		康迪 K17	4179	623
		康迪 K27	32	14
		康迪熊猫	702	2
力帆乘用车	企业汇总		37164	15329
	力帆	品牌汇总	37164	15329
		力帆 320	153	69
		力帆 330	2718	836
		力帆 520	2	1
		力帆 530	14	3
		力帆 620	431	77
		力帆 650	0	1503
		力帆 720	150	63
		力帆 820	531	84
		力帆 X50	205	63
		力帆 X60	459	55
		力帆 X80	602	320
		迈威	23075	7224
		迈威 S	0	3
		鹏飞	4	115
		轩朗	8820	4913

续表

企业	品牌	车型	2017 年	2018 年 1 ~8 月
力帆汽车	企业汇总		3010	335
	力帆	品牌汇总	3010	335
		力帆乐途	1136	127
		力帆乐途 S	1874	208
猎豹汽车	企业汇总		108570	55761
	猎豹	品牌汇总	108570	55761
		飞腾	5	1
		飞腾 C5	205	44
		黑金刚	50	7
		猎豹 CS10	78269	21067
		猎豹 CS6	1	0
		猎豹 CS9	22959	29148
		猎豹 Q6	7068	3264
		迈途	0	2227
		奇兵	13	3
奇瑞捷豹路虎	企业汇总		80161	54939
	捷豹	品牌汇总	19884	20037
		捷豹 E－PACE	0	165
		捷豹 XEL	68	7694
		捷豹 XFL	19816	12178
	路虎	品牌汇总	60277	34902
		发现神行	41341	25064
		揽胜极光	18936	9838
奇瑞汽车	企业汇总		320665	174810
	捷途	品牌汇总	0	1023
		捷途 X70	0	1023
	开瑞	品牌汇总	27783	10280
		开瑞 K50	13788	5262
		开瑞 K60	13992	5017
		开瑞优雅	3	1
	奇瑞	品牌汇总	292882	163507
		艾瑞泽 3	237	26
		艾瑞泽 5	105776	46420
		艾瑞泽 5e	1509	589
		艾瑞泽 7	6016	1337

续表

企业	品牌	车型	2017 年	2018 年 1~8 月
奇瑞汽车	奇瑞	艾瑞泽 7e	429	1
		艾瑞泽 M7	47	2
		东方之子	1	0
		风云 2	377	7
		奇瑞 A3	1	1
		奇瑞 E3	8961	3637
		奇瑞 E5	4	4
		奇瑞 eQ	7805	15
		奇瑞 eQ1	18628	17872
		奇瑞 QQ	223	13
		奇瑞 QQ3	876	538
		奇瑞 X1	1	2
		旗云 1	2	0
		旗云 2	10	2
		旗云 3	2	0
		瑞虎	1	3
		瑞虎 3	48584	20279
		瑞虎 3X	20154	18951
		瑞虎 3Xe	0	4319
		瑞虎 5	9648	2223
		瑞虎 5X	18209	22793
		瑞虎 7	45377	13998
		瑞虎 8	0	10472
		瑞麒 G6	1	0
		威麟 V5	3	3
青年莲花	企业汇总		174	30
	青年莲花	品牌汇总	174	30
		莲花 L3	26	4
		莲花 L5	148	1
		云雀 Q1	0	25
青年汽车	企业汇总		643	263
	迈迪	品牌汇总	571	167
		迈迪 i3	571	167
	欧联	品牌汇总	72	96
		欧联 M1	72	96

续表

企业	品牌	车型	2017 年	2018 年 1～8 月
庆铃汽车	企业汇总		16	0
	五十铃	品牌汇总	16	0
		竞技者	16	0
上汽乘用车	企业汇总		486695	351285
	名爵	品牌汇总	114100	108066
		MG ZS	60370	40179
		MG3	4637	2043
		MG5	74	6
		MG6	6462	50889
		锐行	13183	4905
		锐腾	29374	10044
	荣威	品牌汇总	372595	243219
		荣威 350	15655	2238
		荣威 360	54272	20410
		荣威 550	261	35
		荣威 750	40	22
		荣威 950	861	380
		荣威 E50	40	21
		荣威 e550	3710	3
		荣威 e950	2963	1564
		荣威 Ei5	0	5685
		荣威 ei6	7844	19763
		荣威 eRX5	17766	15013
		荣威 ERX5 EV	7991	3745
		荣威 i6	48570	28667
		荣威 Marvel X	0	2
		荣威 RX3	7268	32115
		荣威 RX5	205073	107851
		荣威 RX8	0	5604
		荣威 W5	281	101
上汽大通	企业汇总		20841	17833
	上汽大通	品牌汇总	20841	17833
		上汽大通 D90	2256	4804
		上汽大通 EG10	55	42
		上汽大通 G10	18530	12987

续表

企业	品牌	车型	2017 年	2018 年 1~8 月
上汽大众	企业汇总		2018724	1218640
	大众	品牌汇总	1714216	1008440
		大众 Polo	163860	86551
		辉昂	12836	15589
		朗行	50723	23241
		朗境	2476	821
		朗逸	450184	263838
		凌渡	142843	83901
		帕萨特	177666	97128
		帕萨特领驭	21	22
		桑塔纳	18	9
		桑塔纳 Cross	307	14
		桑塔纳浩纳	20592	8378
		桑塔纳尚纳	269373	163172
		桑塔纳志俊	22	11
		途安	32778	26740
		途昂	62313	58562
		途观	140529	36454
		途观 L	187675	144009
	斯柯达	品牌汇总	304507	210200
		Yeti	14335	6938
		晶锐	11513	4519
		柯迪亚克	35526	36605
		柯珞克	0	11303
		柯米克	0	5882
		明锐	113426	62177
		明锐旅行车	4089	5854
		速派	41598	28043
		昕动	23192	8915
		昕锐	60828	39964
	天越	品牌汇总	1	0
		天越	1	0

续表

企业	品牌	车型	2017 年	2018 年 1 ~ 8 月
上汽通用	企业汇总		1896299	1083706
	别克	品牌汇总	1162532	634418
		昂科拉	45874	13112
		昂科威	204281	114075
		别克 GL6	9236	22114
		别克 GL8	140820	95093
		别克 Velite 5	1378	777
		君威	62511	54264
		君越	101248	48323
		凯越	4427	2638
		威朗	177597	100386
		威朗 GS	2924	1303
		威朗轿跑	10819	3433
		英朗 GT	393522	160696
		英朗 XT	5	3
		阅朗	7890	18201
	凯迪拉克	品牌汇总	174688	129287
		凯迪拉克 ATS – L	55604	36487
		凯迪拉克 CT6	11321	9913
		凯迪拉克 XT4	0	26
		凯迪拉克 XT5	64964	45437
		凯迪拉克 XTS	42799	37424
	雪佛兰	品牌汇总	559079	320001
		爱唯欧	13	6
		创酷	21890	5374
		景程	1	0
		科鲁兹	92003	37537
		科帕奇	15475	208
		科沃兹	170830	121457
		乐风 RV	4446	995
		迈锐宝	84526	45465
		迈锐宝 XL	41906	29221
		赛欧	80486	34046
		探界者	47503	45692

续表

企业	品牌	车型	2017 年	2018 年 1～8 月
上汽通用五菱	企业汇总		1713141	932681
	宝骏	品牌汇总	1004866	551518
		宝骏 310	105152	38837
		宝骏 310W	88638	71687
		宝骏 330	9	0
		宝骏 360	0	31517
		宝骏 510	355175	215338
		宝骏 530	0	59323
		宝骏 560	173513	22689
		宝骏 610	44	0
		宝骏 630	724	38
		宝骏 730	270137	100756
		宝骏 E100	11466	11331
		宝骏乐驰	8	2
	五菱	品牌汇总	708275	381163
		五菱宏光	62	12
		五菱宏光 S	428946	211754
		五菱宏光 S1	61009	1491
		五菱宏光 S3	37737	79481
		五菱荣光 V	169768	84773
		五菱之光 V	10753	3652
神龙汽车	企业汇总		411064	193145
	标致	品牌汇总	261198	109002
		标致 2008	14965	2238
		标致 207	9	5
		标致 3008	22232	4062
		标致 301	34966	13491
		标致 307	3	5
		标致 308	56550	30614
		标致 308S	1923	212
		标致 4008	48238	22345
		标致 408	60806	22445
		标致 5008	19994	13360
		标致 508	1512	225

续表

企业	品牌	车型	2017 年	2018 年 1 ~ 8 月
神龙汽车	雪铁龙	品牌汇总	149866	84143
		C4 世嘉	23387	15501
		爱丽舍	53709	27544
		世嘉	731	19
		天逸	17078	18463
		雪铁龙 C3 - XR	30902	13142
		雪铁龙 C4L	8762	1329
		雪铁龙 C5	8288	4471
		雪铁龙 C6	7009	3674
双环汽车	企业汇总		1	0
	双环	品牌汇总	1	0
		双环 SCEO	1	0
腾势汽车	企业汇总		4727	588
	腾势	品牌汇总	4727	588
		腾势	4727	588
天津一汽	企业汇总		24866	13457
	夏利	品牌汇总	6315	1021
		夏利 N3	4	2
		夏利 N5	6251	1016
		夏利 N7	60	3
	一汽	品牌汇总	18551	12436
		骏派 A50	0	4499
		骏派 A70	4349	1237
		骏派 CX65	0	952
		骏派 D60	11829	5431
		骏派 D80	0	10
		威志 V2	0	2
		威志 V5	2373	305
威马汽车	企业汇总		0	1
	威马	品牌汇总	0	1
		威马 EX5	0	1

续表

企业	品牌	车型	2017 年	2018 年 1 ~8 月
潍柴汽车	企业汇总		12650	5072
	英致	品牌汇总	12650	5072
		英致 737	8623	3631
		英致 EX1	0	2
		英致 G3	2632	676
		英致 G5	1395	763
蔚来汽车	企业汇总		0	1462
	蔚来	品牌汇总	0	1462
		蔚来 ES8	0	1462
沃尔沃汽车	企业汇总		89399	61156
	沃尔沃	品牌汇总	89399	61156
		沃尔沃 S60L	26740	13155
		沃尔沃 S80L	1	0
		沃尔沃 S90	21018	21021
		沃尔沃 XC Classic	1	0
		沃尔沃 XC60	41639	26980
小鹏汽车	企业汇总		1	274
	小鹏	品牌汇总	1	274
		小鹏 G3	0	273
		小鹏 IDENTY X	1	1
新凯汽车	企业汇总		1	0
	新凯	品牌汇总	1	0
		凯胜	1	0
野马汽车	企业汇总		26890	12959
	野马	品牌汇总	26890	12959
		斯派卡	41	2262
		野马 EC30	105	250
		野马 F99	12	0
		野马 T70	21398	7700
		野马 T80	3910	2219
		野马 U 能 E350	1424	528

续表

企业	品牌	车型	2017 年	2018 年 1 ~8 月
一汽 - 大众	企业汇总		1943433	1205627
	奥迪	品牌汇总	552977	364668
		奥迪 A3	82247	54846
		奥迪 A4L	117223	100999
		奥迪 A6L	141874	84978
		奥迪 Q3	86424	44783
		奥迪 Q5	125209	74955
		奥迪 Q5L	0	4107
	大众	品牌汇总	1390456	840959
		宝来	244787	160302
		大众 CC	22663	11115
		高尔夫	152730	86944
		高尔夫嘉旅	46415	24664
		捷达	322085	183323
		迈腾	215459	147197
		速腾	328161	194579
		探歌	0	3290
		蔚领	58156	29545
一汽丰田	企业汇总		706553	437354
	丰田	品牌汇总	706553	437354
		丰田 RAV4	126826	91128
		花冠	5507	185
		皇冠	35219	24042
		卡罗拉	344748	232121
		兰德酷路泽	162	1
		普拉多	56986	19547
		锐志	6997	136
		威驰	97669	44400
		威驰 FS	32439	22773
		奕泽	0	3021
一汽吉林	企业汇总		55193	26381
	一汽	品牌汇总	55193	26381
		森雅 M80	8	1
		森雅 R7	54943	21340
		森雅 R9	0	5034
		森雅 S80	242	6

续表

企业	品牌	车型	2017 年	2018 年 1~8 月
一汽轿车	企业汇总		236277	134648
	红旗	品牌汇总	4452	11637
		红旗 H5	20	7439
		红旗 H7	4427	4195
		红旗 L5	5	3
	马自达	品牌汇总	124401	73200
		马自达 6	874	13
		马自达 6 阿特兹	52053	32244
		马自达 8	68	1
		马自达 CX-4	71367	40930
		马自达 CX-7	35	8
		睿翼	4	4
	一汽	品牌汇总	107424	49811
		奔腾 B30	12556	3072
		奔腾 B50	15374	4125
		奔腾 B70	1764	700
		奔腾 B90	150	18
		奔腾 X40	65799	39291
		奔腾 X80	11767	2605
		欧朗	14	0
永源汽车	企业汇总		67	6
	永源	品牌汇总	67	6
		永源 A380	67	6
云度汽车	企业汇总		2472	2002
	云度	品牌汇总	2472	2002
		云度 π1	2458	985
		云度 π3	14	1017
长安标致雪铁龙	企业汇总		6612	3370
	DS	品牌汇总	6612	3370
		DS 4S	1251	472
		DS 5LS	1448	608
		DS5	481	114
		DS6	3432	1120
		DS7	0	1056

续表

企业	品牌	车型	2017 年	2018 年 1~8 月
长安福特	企业汇总		812522	309303
	福特	品牌汇总	812522	309303
		福克斯	164260	53890
		福睿斯	286241	112580
		嘉年华	15	14
		金牛座	26487	8405
		经典福克斯	55	15
		麦柯斯	5	3
		蒙迪欧	108865	36757
		锐界	102279	51520
		翼搏	31462	12903
		翼虎	92838	33208
		致胜	15	8
长安铃木	企业汇总		85250	34401
	铃木	品牌汇总	85250	34401
		奥拓	8901	1136
		锋驭	13616	5558
		羚羊	4	0
		启悦	18885	10713
		天语 SX4	1568	230
		天语尚悦	254	108
		维特拉	27636	11544
		雨燕	14386	5112
长安马自达	企业汇总		184980	108078
	马自达	品牌汇总	184980	108078
		马自达 2	5	4
		马自达 3	7	2
		马自达 3 昂克赛拉	135882	78358
		马自达 3 星骋	279	2
		马自达 CX－5	48807	29712

续表

企业	品牌	车型	2017 年	2018 年 1 ~8 月
长安汽车	企业汇总		1040296	519912
	长安	品牌汇总	1040296	519912
		奔奔	23042	5942
		奔奔 mini	10069	2174
		凌轩	21091	11896
		欧力威	5011	335
		欧力威 X6	237	29
		欧诺	91743	13293
		欧诺 S	989	20537
		欧尚	75172	16306
		欧尚 A600	16	178
		欧尚 A800	27094	20358
		欧尚 COS1	0	196
		欧尚 X70A	97	34166
		睿骋	2515	494
		睿骋 CC	682	19393
		睿行 S50	6499	6515
		睿行 S50T	112	330
		逸动	65399	33859
		逸动 DT	21	17318
		逸动 XT	30912	11781
		悦翔	2	486
		悦翔 V3	18532	6353
		悦翔 V7	45587	7818
		长安 CS15	65327	19943
		长安 CS35	138322	68042
		长安 CS55	72880	93191
		长安 CS75	230012	80449
		长安 CS95	15521	7324
		长安 CX20	1809	62
		长安 CX30	0	1
		长安 CX70	91603	21143

续表

企业	品牌	车型	2017 年	2018 年 1 ~8 月
长城汽车	企业汇总		905475	484877
	哈弗	品牌汇总	830252	396912
		哈弗 H1	20138	1224
		哈弗 H2	137860	47822
		哈弗 H2S	81036	23256
		哈弗 H3	1	5
		哈弗 H4	0	17148
		哈弗 H5	13856	7679
		哈弗 H6	411923	203482
		哈弗 H6 Coupe	72400	42677
		哈弗 H7	30812	8731
		哈弗 H7L	7856	4148
		哈弗 H8	7880	2177
		哈弗 H9	13704	8436
		哈弗 M6	32786	30127
	欧拉	品牌汇总	0	157
		欧拉 iQ	0	157
	魏派	品牌汇总	66264	85929
		魏派 P8	0	1390
		魏派 VV5	26218	43982
		魏派 VV6	0	136
		魏派 VV7	40046	40421
	长城	品牌汇总	8959	1879
		长城 C30	8953	1876
		长城 C50	3	3
		长城 M2	1	0
		长城 V80	2	0
郑州日产	企业汇总		24206	14248
	东风	品牌汇总	3904	1262
		奥丁	1	1
		帅客	3903	1261
	东风风度	品牌汇总	10716	2300
		风度 MX3	0	25
		风度 MX5	5705	917
		风度 MX6	5011	1358

续表

企业	品牌	车型	2017 年	2018 年 1～8 月
郑州日产	日产	品牌汇总	9586	10686
		帕拉丁	23	1
		日产 NV200	9563	5486
		途达	0	5199
知豆汽车	企业汇总		35857	12106
	知豆	品牌汇总	35857	12106
		知豆	3	2
		知豆 D1	694	4
		知豆 D2	35077	11651
		知豆 D3	83	449
中兴汽车	企业汇总		67	1
	中兴	品牌汇总	67	1
		中兴 C3	67	1
众泰汽车	企业汇总		231860	111198
	江南	品牌汇总	2700	941
		江南 T11	2485	801
		江南 TT	215	140
	众泰	品牌汇总	229160	110257
		大迈 X5	29499	6323
		大迈 X7	15380	8857
		芝麻	5583	2266
		众泰 2008	5	0
		众泰 5008	11	5
		众泰 E200	16634	8421
		众泰 M300	38	12
		众泰 SR7	12499	3242
		众泰 SR9	19989	2988
		众泰 T200	13	1
		众泰 T300	12905	22916
		众泰 T500	8	8675
		众泰 T600	33542	2394
		众泰 T600 Coupe	21888	13526
		众泰 T700	30444	23198
		众泰 T800	0	576
		众泰 Z100	74	27

续表

企业	品牌	车型	2017 年	2018 年 1～8 月
众泰汽车	众泰	众泰 Z200	2	5
		众泰 Z300	6345	2204
		众泰 Z500	4868	2308
		众泰 Z700	8338	1325
		众泰云 100	11095	988

资料来源：中国汽车技术研究中心有限公司数据资源中心。

B.19

附录二　2017年及2018年1~8月二手乘用车分区域交易量

单位：辆

省　份	2017年	2018年1~8月
广　东	897175	704193
山　东	833156	597801
江　苏	804429	579561
浙　江	671385	483703
河　北	630523	461620
四　川	536938	385050
河　南	455459	346575
辽　宁	436170	317067
北　京	452137	298492
安　徽	305878	223781
湖　北	300765	217326
云　南	298099	215252
福　建	297913	208959
黑龙江	289280	214882
湖　南	285800	214085
山　西	260136	188780
内蒙古	246553	184890
广　西	246748	183817
吉　林	241262	181584
上　海	240874	172254
陕　西	233375	173423
新　疆	221919	166300
重　庆	219445	157245
贵　州	214647	159036

续表

省　份	2017 年	2018 年 1～8 月
江　西	197935	139317
天　津	184274	129714
甘　肃	121230	84550
宁　夏	67122	50563
海　南	56558	37558
青　海	33775	24773
西　藏	6725	8125

资料来源：中国汽车技术研究中心有限公司数据资源中心。

Abstract

Report on development of Chinese Automobile and Insurance Big Data (*2018*) was jointly organized and edited by China Automobile Technology and Research Center Co. , Ltd. (CATRC) and China Insurance Information Technology Management Co. , Ltd. (CIITC) . Several senior practitioners in the automobile and insurance industry have jointly written authoritative works on the development status and trend of China's automobile and insurance big data through large data analysis.

The book was divided into five parts: the general report, the automobile big data, the insurance big data, the comprehensive application, and the appendix.

Since the implementation of the national big data strategy in 2015, the big data industry has experienced explosive development, and the automobile and insurance big data industry has made great progress. In this context, the book focuses on "The Status and Prospect of ChineseAutomobile and Insurance Big Data", elaborates the development process of China's automobile and insurance big data, the development status quo and the problems and challenges faced, and puts forward the future development ideas combined with the current situation. The automobile big data partbased on the data fusion of the whole industry chain of automobile industry, the big data of automobile engineering research and development, market, new energy automobile, purchasing and used car are analyzed comprehensively and deeply. The insurance big datapart centers on the practical application of big data in the automobile insurance industry, covering new energy automobile insurance, operating fleet risk, business truck driving behavior, extended car warranty market, etc. . Based on the big data, the paper studies and publishes the national commercial automobile insurance risk map for 2017, Providing a reference for big data applications in various business areas of the auto insurance industry. The comprehensive application part combined with practical application cases of large data, combing the achievements in the application of large data, and combining with the current development, a new idea for the future application of large data is put forward.

Throughout the book, based on the case study of large data applications, in – depth analysis of the application of large data in the automotive industry, insurance industry in various areas of segmentation, while China's development of large data problems and challenges are analyzed objectively and put forward suggestions. This book has important reference value and research significance for the construction and application of large data in automobile industry, insurance industry and other related industries.

Keywords: Big data; National strategy; Application; Automobile industry; Insurance industry

Contents

Ⅰ General Report

Abstract: The "13th Five-Year Plan" outlines that the implementation of the national big data strategy, the use of big data as a basic strategic resource, the full implementation of the promotion of big data development initiatives, accelerate the promotion of data resources sharing and development and application, and help the industrial transformation and upgrading. Driven by the rapid development of big data, the trend of electric, intelligent, networking and sharing in the automobile industry is becoming increasingly obvious. The trend of accurate and scientific underwriting and intelligent and convenient claims settlement in the automobile insurance industry is accelerating day by day. Based on the analysis of the development status of big data, automobile big data and insurance big data in China, this paper objectively analyzes the existing problems in the development of big data, and puts forward the future development direction of China's automobile and insurance big data.

Keywords: Big data; Automobile industry; Insurance industry; Policy

Ⅱ The Automobile Big Data

B.2 Research on Chinese PV Market Based on Big Data

Li Bingyang, Liu Chunhui and Wang Fang / 020

Abstract: Since 2009, the scale of China's auto market has ranked the first in the world for nine consecutive years. The market growth has gradually changed from increment to stock, and entered a low - speed growth zone. Under the background of exit of the preferential policy of car purchase tax in 2018, China's PV market in 2018 presents new characteristics with the continuous promotion of policy of encouraging domestic demand, stricter environmental protection and the impact of consumption upgrading. Through a detailed analysis of the distinct characteristics of China's PV segmentation market in 2018, a thorough insight into the macro - economy, market and consumption environment, and the use of big data to analyze the development of the car parc, used car market, and replacement market, the impact on the new car market is calculated from multiple dimensions. Finally, the trend of PV market in 2018 and 2019 is forecasted.

Keywords: China's PV Market; Big Data; Analysis and Forecast

Abstract: This report describes the current situation and problems of the development of new energy passenger vehicles by analyzing the big data of new energy passenger vehicles, combining market, policy, product technology, product price and other factors. With the development of new energy technology, the proportion of new energy vehicles in the passenger vehicle market has increased steadily, accounting for more than 2. 83% in January-August 2018. The performance-price ratiohas been continuously improved, and PHEV have been growing strongly.

Keywords: New Energy; Passenger Vehicles; Big Data; Market Conversion Rate of New Energy

Abstract: Replacement market is getting more and more important in auto industry, and even became the main body in high tier cities and for premium brands. In the background of consumption upgrading of the whole economy of China, auto replacement market also takes explosive growth acompany with brand and product upgrading. Replacement market research based on big data will help us understand market trends, plan product more precisely, market effectively and buidl brand, furthermore by which we can get insights into the future.

Keywords: Replace; Consumers; Consumption upgrade; Brand Building

Abstract: As an important part of the automobile market, the used car market is of great significance to the national economy and the people's livelihood. In China, used car market is in a stage of rapid development and has received wide attention from all walks of life. At the same time, the market presents many new characteristics, which have led to a number of industry issues. In order to better grasp the law of industry development, this paper attempts to make a phased summary and prospect of the domestic used car market by interpreting the market transaction data in the first half of 2018. In the first half of 2018, the used car market showed the following characteristics: the e-commerce channel accounted for 12% of the transaction volume; the East China region had the highest transaction volume, accounting for 32. 4% ; Cars are still the mainstream of second-hand car transactions, SUV development potential is great. The used car market is developing steadily, in 2018 will exceed 12 million.

Keywords: Used car; Market Analysis; Industry Outlook

Abstract: Automotive industry is a huge system engineering. High-quality products depend not only on the oretical analysis, but also on long-term accumulated production experience and expertise.

The foreign auto industry has a history of hundreds of years, and has built a large number of product platforms. Numerous product platforms have accumulated a large amount of data by the form of databases, models and product platforms during the process of design and experiment. In contrast, the domestic automotive engineering industry still has a long way to go. With the development of the Internet, to establish the automotive engineering database and related data system under the Internet model is the fastest, most efficient and lowest cost way in the process of automobile development especially in the absence of systematic and comprehensive data accumulation in the domestic industry. The method therefore has great potential for development in the domestic automotive industry. In this paper, the development history and technical level of automobile engineering data on domestic and abroad are compared. The development of domestic automobile engineering data is expounded systematically and the data system of "automotive engineering big data" is put forward. The application of domestic automobile industry is explained combined with Internet big data, which will provide technical support for the coordinated development of automotives and communications, electronics, human body, information, transportation and other fields.

Keywords: Automotive Industry; Internet Model; Automotive Engineering Big Data

Ⅲ The Insurance Big Data

Abstract: Auto insurance, especially the commercial third-party liability insurance for motor vehicles, plays an important role in ensuring the victims of traffic accidents receive compensation according to law and promote traffic safety. Using the insurance big data from CIITC to track and analyze the national coverage of traffic accident liability insurance, we can objectively evaluate the status of China's traffic accident liability insurance coverage, comprehensively grasp the development trend of traffic accident liability insurance, timely discover problems in various regions, and provide suggestions for the insurance company's business behavior and consumer's insurance behavior.

Keywords: Traffic Accident Liability Insurance; Degree of Protection; Insurance

B. 8 2017 National Risk Map of Commercial Auto Insurance

Abstract: China has a vast territory, and the economic level varies greatly from place to place. Especially with the continuous deepening of commercial auto insurance reform, the development and risk status of commercial auto insurance in different regions have different regional characteristics. In 2017, the premium of motor vehicle insurance reached RMB793. 1 billionyuan, year-on-year growth of 12. 3% . The coverage rate of commercial auto insurance is 81. 8% , and the average premium is RMB3553 yuan. By analyzing the key indicators of commercial auto insurance underwriting and claims in details, it can clearly reflect the development and regional characteristics of each place, objectively evaluate the effectiveness of commercial auto insurance reform, timely discover potential problems of regional development, and make development recommendations.

Keywords: Commercial Auto Insurance; Risk; Map

B. 9 Research Report on the Development of Extended Car Warranty Market and Its Information Sharing Service

Abstract: The extended car warranty market in our country is still in the primary stage. The main market participants include insurance company, manufacturer/dealer and TPA. And insurance companies have not shown deserved advantages in the competition of the extended warranty market. With the continuous construction and improvement of the data sharing system, insurance companies will play a central role in the extended warranty market. This study combed the development of domestic and foreign of extended car warranty market, analyzed the problems and difficulties faced by insurance companies in the management of extended car warranty insurance and provided the ideas and solutions for promoting the development of extended car warranty insurance market from the direction of industry data sharing and improving the competitiveness of insurance industries.

Keywords: Extended Car Warranty; Insurance Company; Extended Warranty Management; Information Sharing Service

Abstract: In recent years, under the influence of national energy conservation and environmental protection policies, the new energy automobile industry has developed rapidly, and the demand for new energy automobile insurance is increasing day by day. The technology of new energy vehicle iterating fast, and the risk difference between new energy vehicles and traditional automobiles is significant. The risk research of this special vehicle type has practical significance for the product innovation and risk management of automobile insurance. To this end, we use the relevant insurance data and vehicle model data of the national auto insurance information platform to explore and analyze the risk status of the new energy vehicle business, and make preliminary suggestions on the development of new energy vehicle insurance.

Keywords: New Energy Vehicles; Risk Analysis; Differentiation

B. 11 Risk Analysis on Fleet of Business Trucks

Zhou Na, Jiang Cheng / 157

Abstract: As one of the most important kind of cars, business trucks are serving for areas including transportation, expressage, distribution. Insurance companies intend to underwrite business trucks to increase premium, as well as to identify risks accurately. Because fleet could implyment risk management, make cost xontrol, standardize operation and offer professional service to customers in operating business trucks, this article will focus on whether fleet information will improve the ability to identify risks in business trucks.

Keywords: Risk; Fleet; Bussiness Trucks; Premium

B. 12 Analysis of Driving Behavior of Business Trucks

Zhou Na, Zhang Yong / 167

Abstract: Business trucks have the characteristics of high risk and high insurance premiums, which often make insurance companies want to do more business to expand the scale of premiums, and also hope to accurately identify risks to control company compensation. Due to the lack of risk research on the business trucks in the insurance industry, the introduction of Zhongjiao Xing Road's operational monitoring data for heavy-duty trucks will help improve the risk screening capability of business trucks and improve their risk management systems. Therefore, this paper focuses on the impact of business truck network data on the risk of business trucks, and builds a precise portrait model that depicts the risk of business trucks.

Keywords: Heavy-duty Trucks; Vehicle Network Data; Generalized Linear Model

Abstract: This paper provides support for researches on the standardization of auto parts names by gathering and analyzing the original data we collect.

Data in this research are based on the auto parts names of "Accident Vehicle Insurance Cloud Platform" of China Insurance Information Technology Management Co., Ltd. (CIITC) and "Auto Parts Standard Database" of Shanghai branch, combining with data of EPC and Original Equipment Manufacturers at the same time. This paper selects 3 to 5 insurance companies and 3 to 6 Original Equipment Manufacturers from each area, and then gathers and removes duplicate data of insurance companies and Original Equipment Manufacturers according to the areas and eliminates lower effective fields. According to statistical analysis, auto parts names of insurance companies and Original Equipment Manufacturers cover all the automobile panels and vulnerable parts, separately achieve 93% and 87% of the whole auto parts. The of auto parts of insurance companies and Original Equipment Manufacturers occccpies 97% of the whole auto parts after the eliminating data duplication process, which meets the requirements of data acquisition.

In conclusion, it can be inferred that the data we collect achieve a high coverage and data quality is excellent, which meets the requirements of further research.

Keywords: Auto Parts; Standardization; Insurance Company

Ⅳ The Comprehensive Application

B. 14 Research on Intelligent Driving Automobile Insurance Based on Big Data *Wang Yan, Liu Dong and Guo Weiming* / 200

Abstract: Recently, with the rapid development of the intelligent driving automobile market, Tesla, GM, NIO and other automotive manufacturers, Bosch, Delphi and other first-class automotive industry suppliers, Google, Baidu, Uber and other technology companies have entered the market. Intelligent driving, as an important part of national strategic emerging industries, is reshaping the entire automotive industry, but also for insurance companies to face new challenges. Starting from the definition of intelligent driving vehicle, this paper expounds the development status of intelligent driving vehicle at home and abroad, analyzes the development of intelligent driving vehicle based on big data, and puts forward relevant suggestions for the development of intelligent driving vehicle insurance.

Keywords: Intelligent Driving; Big Data; Insurance

B. 15 Research and Application of Great Wall Motor Based on Big Data *Lu Xun, Li Qi* / 212

Abstract: Based on the intelligent networked vehicle data, Great Wall Motor Co. , Ltd. integrates vehicle data, customer data, third-party data, etc. , and develops a big data storage platform. Based on this, customer image analysis, vehicle fault diagnosis and driving behavior analysis are developed. And other applications, at the same time developed user event track on HUT, collecting user operation information, technical research in machine learning and driverless.

Keywords: Great Wall Motor; Big Data Platform; Intelligent Network Vehicle; Driverless Car

Abstract: In order to fully utilize the experience of Automotive Data Center in the construction of automatic driving virtual simulation platform, Automotive Data Center comprehensively summarizes the research on the construction of the automatic driving virtual simulation platform based on driving scenarios data from the five aspects, including driving scenarios research and classification, scenarios data collection, scenarios data processing and analysis, scenarios database construction and virtual simulation platform construction, which provides practical technical support for the industry, satisfies the requirements of enterprises in the intelligent connected vehicle research and development, and solves the painful problem of the industry in the evaluation of localized functional safety.

Keywords: Intelligent Connected Vehicle; Driving Scenarios; Virtual Simulation; Test Evaluation System

Abstract: Since 2000, China's auto insurance premium income has remained at more than 60% of the property insurance premium income, it's an important pillar of property insurance income. However, while the auto insurance business has achieved impressive results, with the rapid growth of vehicle ownership and auto insurance market size, high payout ratios, claims disputes, fraud frauds and other issues are increasingly prominent in China's auto insurance market, Vehicle damage claims disputes and complaints increased dramatically, aggravating the imbalance of income and expenditure in China's auto insurance industry. Based on the current status of auto insurance claims, the report cards out the data needs in the auto insurance claims section, through the system underlying data architecture design, maintenance logic settings, intelligent graphics recognition algorithm research, big data storage and mining technology applications to construct automobile insurance claims comprehensive application platform, Serving the insurance and automotive industries, improve the service capability of auto insurance claims and lead the industry to build a platform, promote healthy and orderly development of the automotive aftermarket.

Keywords: Car Insurance Claims; Application Platform; Intelligent Algorithm; Big Data Mining

V The Appendix